智慧轨道交通研究丛书

● 广东省教育科学规划课题"粤港澳大湾区与台湾地区产业联动机制及路径研究（2019GXJK107）"部分研究成果

城市群多层次轨道交通融合发展研究

Chengshiqun Duocengci Guidao Jiaotong Ronghe Fazhan Yanjiu

刘 鹏 郝斯琪 著

华南理工大学出版社

·广州·

内容简介

本书从我国城市群都市圈多层次轨道交通的发展现状与存在的问题、国内外城市群都市圈轨道交通的发展经验与启示、多层次轨道交通一体化规划建设管理、多层次轨道交通票务一体化、轨道交通融合现代新兴技术与智慧化管理、多层次轨道交通一体化融合评价等方面进行深入分析研究，旨在探索我国城市群都市圈多层次轨道交通一体化融合的理论方法与实施路径，促进我国多层次轨道交通融合发展，实现"一张网、一张票、一串城"的目标。本书集中体现了我国多层次轨道交通融合发展研究方面的最新动态和发展趋势，可供轨道交通运输规划的研究人员、管理人员、技术人员、作业人员以及开设交通运输专业的高等院校相关人员学习、研究和参考，也可供社会上关心轨道交通发展的人士阅读。

图书在版编目（CIP）数据

城市群多层次轨道交通融合发展研究／刘鹏，郝斯琪著. -- 广州：华南理工大学出版社，2024.6. -- ISBN 978-7-5623-7766-5

Ⅰ. F299.21；U239.5

中国国家版本馆 CIP 数据核字第 20240QG828 号

城市群多层次轨道交通融合发展研究
刘　鹏　郝斯琪　著

出 版 人：柯　宁
出版发行：华南理工大学出版社
　　　　　（广州五山华南理工大学17号楼　邮编：510640）
　　　　　http://hg.cb.scut.edu.cn　E-mail: scutc13@scut.edu.cn
　　　　　营销部电话：020-87113487　87111048（传真）
策划编辑：吴翠微
责任编辑：同浩泽　刘　锋
责任校对：盛美珍
印 刷 者：广州小明数码印刷有限公司
开　　本：787mm×960mm　1/16　印张：14　字数：244千
版　　次：2024年6月第1版　印次：2024年6月第1次印刷
定　　价：50.00元

版权所有　盗版必究　　印装差错　负责调换

序

在城市群的建设发展中,特别是轨道交通发展中,仍然存在许多问题还没有得到很好的解决:

(1) 多层次轨道交通"由线到网"的网络化进程在城市群、都市圈建设的背景下该何去何从?

(2) 多层次轨道交通"由建向管"的高质量转型如何管控?

(3) 轨道交通"由粗向细"的精细化管理如何提升其精准调度能力?

(4) 多层次轨道交通"由独立走向融合"的一体化转型如何实现轨道交通互联互通与运营协同管理?

(5) 多层次轨道交通"由经验到数据"的数字化转型如何达成智能化的目标?

刘鹏博士和郝斯琪博士长期从事轨道交通领域的研究,其研究内容涉及城市群出行客流特征与需求分析、城市群多层次轨道交通一体化建设、城市群轨道交通多源数据融合与智能决策技术、智慧车站与智慧化管理、智能乘务、智慧运维等方面,并在国内外学术刊物上发表过多篇论文。他们围绕广州航海学院、广州交通大学(筹)交通运输工程学科发展的需要聚焦城市群多层次轨道交通发展中的痛点、难点问题,花费了数年时间编写出了本书——《城市群多层次轨道交通融合发展研究》。

本书试图探索城市群多层次轨道交通一体化融合的理论方法与实施路径,促进城市群多层次轨道交通融合发展,实现"一张网、一张票、一串城"的目标。

刘鹏博士和郝斯琪博士指出,现行的交通出行普遍存在中心主城区客流拥挤,郊区和卫星城镇出行不便和行程不畅、交通枢纽换乘效率低、出行时间过长等系列问题。如果缺乏统一的规划、管理,缺乏统一的政策制度设计和统一的指挥协调,将会造成大量自相矛盾的结果。

刘鹏博士和郝斯琪博士在书中提出了他们对于城市建设轨道交通的新观点,并且试图说明当代城市建设的时代局限性。对此读者可以见仁见智,仔细琢磨,慢慢品味。

总之，纵观科学史，科学理论的发展需要百家争鸣，需要经过大量的、长期的实践检验。城市建设是一门发展中的科学。刘鹏博士和郝斯琪博士对城市建设中轨道交通现象的新探索是值得鼓励的。希望这本书能够得到读者广泛的关注。

广州交通大学（筹）　毕修颖

2023年10月

前 言

近年来,我国城市群多层次轨道交通取得了快速发展和很大成就,但由于历史原因,在大多数城市群中,只有由国铁集团主导的干线铁路和由地方政府主导的地铁得到了大力发展,城际铁路和市域(郊)铁路规划建设仍然比较缓慢,从而导致多层次轨道交通供给体系与需求结构不匹配,出现了"异地同城化、同城异地化"的尴尬景象。大多数城市群仍然存在缺乏统一完善的政策制度设计和统一的指挥协调机构、轨道交通多城跨区域融合不力、多网跨制式融合不足、产城融合与站城融合效果不佳、轨道交通多运营主体协同不足、域内客流出行不畅和出行时间过长等系列问题。

为了贯彻落实国家提出的城市群都市圈发展战略部署,本书结合当前国家推进多层次轨道交通融合的迫切需求和未来的研究趋势,围绕城市群都市圈轨道交通发展中的实际问题,以粤港澳大湾区为例进行城市群多层次轨道交通融合发展的实证分析研究。

5.6万平方千米的粤港澳大湾区,集聚了约8600万人口,以不到全国0.6%的土地创造出超全国10%的经济总量,与旧金山湾区、纽约湾区、东京湾区并称为世界四大湾区。推进粤港澳大湾区建设是习近平总书记亲自谋划、亲自部署、亲自推动的重大国家战略,是我国面向未来国际合作与竞争的战略性举措,承担着为全面深化改革向纵深推进、进一步扩大对外开放探路的时代重任,也是推动"一国两制"事业发展的崭新实践。

2019年2月,中共中央、国务院发布《粤港澳大湾区发展规划纲要》,明确要求"为全国推进供给侧结构性改革、实施创新驱动发展战略、构建开放型经济新体制提供支撑,建设富有活力和国际竞争力的一流湾区和城市群,打造高质量发展的典范"。2023年4月,习近平总书记在广东考察时再次对粤港澳大湾区建设作出指示和要求:粤港澳大湾区在全国新发展格局中具有重要战略地位。广东要认真贯彻党中央决策部署,把粤港澳大湾区建设作为广东深化改革开放的大机遇、大文章抓紧做实,摆在重中之重,以珠三角为主阵地,举全省之力办好这件大事,使粤港澳大湾区成为新发展格局的战略支点、高质量发展的示范地、中国式现代化的引领地。

粤港澳大湾区是"一带一路"建设的重要支撑，服务于国际、国内两个市场资源的有效对接，起着国际综合交通枢纽和国际贸易桥头堡的功能作用。交通运输是粤港澳大湾区协同发展的主骨骼系统，理应成为粤港澳大湾区建设率先突破的重点领域。当前，广东正以习近平新时代中国特色社会主义思想为指导，全面加快推进交通基础设施互联互通，加快完善"三横六纵两联"综合立体交通网主骨架，统筹推进公路、铁路、水运、民航融合发展，进一步提升区域交通基础设施均衡通达程度；加快建设高质量的综合立体交通网，助推区域协调发展。

经过多年的建设与积累，粤港澳大湾区干线铁路、城际铁路、城市轨道交通等发展迅速。其中，高铁运营线路 6 条，在建线路 5 条，大湾区里程合计近 1500 km；普铁（含客运和货运）运营线路 11 条，大湾区里程近 1000 km（在建 4 条，大湾区里程超 100 km）；城际铁路运营线路 7 条，大湾区通车里程近 500 km（在建线路 13 条（15 段），在建里程超 500 km）。广州、深圳、佛山、东莞四市城市轨道交通运营总里程突破 1000 km，其中，广州和深圳已经实现网络化运营。未来，大湾区轨道交通规划（含国铁、城际、地铁）总里程超 10 000 km，其中，国铁＋城际超过 5000 km，地铁超 5000 km。

本书致力于城市群多层次轨道交通融合发展方面的研究，针对大湾区轨道交通发展中的实际问题，力图探索出多层次轨道交通一体化融合与高质量发展的理论方法与实施路径，为国家、省、市政府推动轨道交通"四网融合"和粤港澳大湾区建设，加快形成"轨道上的大湾区"，增强中心城市辐射力，提高城市群竞争力，促进大湾区经济发展提供参考依据。相关理论成果推广应用到我国其他城市群，对于推进多层次轨道交通融合发展，方便老百姓安全、舒适、便捷出行具有重大理论意义与实际价值。

在本书的编写过程中，毕修颖教授对本书的内容和编排提出了宝贵的修改意见，曲思源教授级高级工程师对本书内容做了具体修正。我们在此对两位专家学者表示衷心的感谢！

由于作者水平有限，书中观点和论述难免欠妥或存在不当之处，敬请广大读者批评指正！

作者

2023 年 9 月

目 录

第1章 绪 论 ·· 1
1.1 研究背景与问题的提出 ·· 1
1.2 研究目的和意义 ··· 3
1.3 研究现状 ··· 4
1.4 研究思路与内容框架 ··· 5

第2章 城市群交通圈层划分与轨道交通功能定位 ···················· 8
2.1 城市群及都市圈交通圈层划分 ·· 8
2.2 城市群多层次轨道交通功能定位与建设条件 ··················· 15
    2.2.1 干线铁路 ·· 15
    2.2.2 城际铁路 ·· 16
    2.2.3 市域（郊）铁路 ·· 17
    2.2.4 城市轨道交通 ··· 18
2.3 城市群多层次轨道交通与多尺度圈层空间协同优化 ·········· 19

第3章 城市群多层次轨道交通发展现状与存在问题 ················ 21
3.1 城市群多层次轨道交通发展现状与规划情况分析 ············· 21
    3.1.1 城市群多层次轨道交通发展现状分析 ······················· 21
    3.1.2 城市群多层次轨道交通规划情况分析 ······················· 23
3.2 城市群多层次轨道交通供给结构与需求匹配问题 ············· 25
    3.2.1 粤港澳大湾区与世界三大湾区轨道交通发展比较分析 ··· 25
    3.2.2 城市群市域（郊）铁路覆盖不足和地铁"错位"问题 ···· 26
3.3 城市群多层次轨道交通发展体制机制问题 ······················· 27
    3.3.1 城市群轨道交通缺乏统一的政策制度设计 ················· 27
    3.3.2 城市群轨道交通缺乏统一的指挥协调机构 ················· 28

  3.3.3 城市群多层次轨道交通投融资与可持续发展问题 ………… 28
 3.4 城市群多层次轨道交通规划整合问题 …………………………… 29
  3.4.1 城市群轨道交通跨层级融合问题 ………………………… 29
  3.4.2 城市群轨道交通跨制式融合问题 ………………………… 30
  3.4.3 城市群轨道交通跨区域融合问题 ………………………… 30
  3.4.4 城市群轨道交通复合通道资源利用问题 ………………… 30
 3.5 城市群多层次轨道交通站城失调与枢纽不畅问题 ……………… 31
  3.5.1 产城融合问题 ……………………………………………… 31
  3.5.2 站城融合问题 ……………………………………………… 31
  3.5.3 枢纽融合问题 ……………………………………………… 31
 3.6 城市群多层次轨道交通运服脱节问题 …………………………… 31

第4章 国内外城市群都市圈多层次轨道交通融合发展经验启示与借鉴 …… 33
 4.1 国外主要城市群都市圈多层次轨道交通发展经验启示与借鉴 … 33
  4.1.1 巴黎大区 …………………………………………………… 33
  4.1.2 东京湾区 …………………………………………………… 36
  4.1.3 纽约湾区 …………………………………………………… 38
  4.1.4 国外城市群都市圈多层次轨道交通融合发展
     经验启示与借鉴 …………………………………………… 39
 4.2 国内城市群都市圈多层次轨道交通融合发展探索实践与启示 … 40
  4.2.1 国内城市群都市圈多层次轨道交通融合发展探索实践 … 40
  4.2.2 国内城市群都市圈多层次轨道交通融合发展探索启示 … 43

第5章 城市群多层次轨道交通一体化融合规划 ………………………… 44
 5.1 城市群出行客流特征与需求分析 ………………………………… 44
  5.1.1 城市群通勤轨道交通供给现状分析 ……………………… 44
  5.1.2 城市群轨道交通出行客流特征分析 ……………………… 45
  5.1.3 广州都市圈轨道交通通勤客流特征分析 ………………… 50
  5.1.4 城市群主要客流廊道客流特征与需求分析 ……………… 52
 5.2 珠三角城市群多层次轨道交通功能分工与功能交叉兼容规划 … 55

5.3 城市群多层次轨道交通网络一体化融合规划 ·················· 57
  5.3.1 城市群多层次轨道交通融合规划协调机制与机构 ·········· 57
  5.3.2 城市群多层次轨道交通规划整合与市域（郊）铁路
        专项规划 ··· 58
  5.3.3 城市群多层次轨道交通线网规划优化 ······························ 59
  5.3.4 城市群多层次轨道交通互联互通互运互维与衔接规划 ······ 59
5.4 珠三角城市群多层次轨道交通互通跨线规划 ······················ 61
  5.4.1 珠三角城市群干线铁路互通跨线需求分析 ······················ 61
  5.4.2 珠三角城市群城际铁路与干线铁路互通跨线需求分析 ······ 64
  5.4.3 珠三角城市群既有城际铁路引入中心城区规划及互通
        跨线方案探索 ··· 64
  5.4.4 珠三角城市群市域（郊）铁路规划与互通跨线方案探索 ··· 68

第6章 城市群多层次轨道交通一体化建设 ···························· 73
6.1 城市群多层次轨道交通一体化建设领导体制机制 ··············· 73
6.2 城市群多层次轨道交通投融资与可持续发展 ······················ 74
6.3 城市群轨道交通互联互通互运互维技术标准融合与一体化建设 ···· 76
  6.3.1 城市群轨道交通互联互通互运互维技术标准体系建设 ······ 76
  6.3.2 城市群轨道交通跨层级融合 ·· 78
  6.3.3 城市群轨道交通跨制式融合 ·· 79
  6.3.4 城市群轨道交通互联互通互运互维设施一体化建设 ········· 79
6.4 城市群轨道交通站城融合建设 ··· 81
  6.4.1 城市群轨道交通跨区域融合 ·· 81
  6.4.2 城市群轨道交通站城综合体建设 ···································· 84
  6.4.3 城市群轨道物业反哺互动一体化机制建设 ······················· 85
6.5 城市群轨道交通枢纽换乘衔接设施一体化建设 ··················· 86

第7章 城市群多层次轨道交通运营管理一体化 ······················ 88
7.1 建立统一完善的城市群轨道交通运营管理法规政策 ············ 88
7.2 珠三角城市群多层次轨道交通运输组织一体化 ··················· 92

7.2.1　珠三角城市群轨道交通协同运输标准体系建设 …………… 92
　　　7.2.2　珠三角城市群多层次轨道交通网络调度
　　　　　　与应急指挥一体化 ………………………………………… 92
　　　7.2.3　珠三角城市群多层次轨道交通运营企业联盟
　　　　　　与"一张票"目标 …………………………………………… 94
　7.3　珠三角城市群多层次轨道交通资源整合与通勤效率提升 ………… 94
　7.4　城市群多层次轨道交通与其他交通方式旅客联程运输 …………… 96
　7.5　城市群轨道交通助力货物运输难题解决与多式联运 ……………… 97
　7.6　城市群轨道交通运营安全保障体系 …………………………………… 98
　　　7.6.1　城市群轨道交通运营安全影响因素与保障体系现状分析 … 98
　　　7.6.2　城市群轨道交通运营安全保障功能需求 …………………… 99
　　　7.6.3　构建安全保障体系的总体思路和理念 ……………………… 101
　　　7.6.4　城市群轨道交通运营安全保障体系 ………………………… 102
　7.7　建设城市群统一的信息共享平台 …………………………………… 107

第8章　城市群多层次轨道交通票务一体化 ……………………………… 111
　8.1　票务一体化概述 ……………………………………………………… 111
　8.2　票务一体化清分规则 ………………………………………………… 113
　　　8.2.1　票务一体化清分原理 ………………………………………… 113
　　　8.2.2　珠三角城市群轨道交通清分现状分析 ……………………… 115
　　　8.2.3　一体化清分案例分析与经验借鉴 …………………………… 117
　　　8.2.4　一体化清分管理 ……………………………………………… 120
　　　8.2.5　大湾区票务一体化清分规则 ………………………………… 121
　8.3　票务一体化计费规则 ………………………………………………… 124
　8.4　城市群多层次轨道交通一体化票制及清分系统方案探索 ………… 125

第9章　城市群轨道交通融合利用现代信息技术与智慧化管理 ………… 126
　9.1　城市群轨道交通大数据分析与智能决策支持系统 ………………… 126
　9.2　城市群轨道交通多源数据融合与智能决策技术 …………………… 128
　　　9.2.1　轨道交通车站多源数据分析 ………………………………… 128

9.2.2 轨道交通车站智能化管理与智能决策技术 …………………… 132
9.2.3 珠三角城市群轨道交通智能化管理
与智能决策技术探索与应用 ………………………………… 149
9.3 城市群轨道交通智慧车站与智慧化管理 ……………………………… 151
9.3.1 智慧车站 …………………………………………………… 151
9.3.2 智慧化管理 ………………………………………………… 155
9.4 城市群轨道交通智慧乘务 …………………………………………… 161
9.4.1 智慧乘务内涵与概述 ……………………………………… 161
9.4.2 城市群轨道交通智慧乘务平台功能 ……………………… 163
9.5 城市群轨道交通智能运维 …………………………………………… 169
9.5.1 智能运维内涵与基本概述 ………………………………… 169
9.5.2 轨道交通智能运维平台模块 ……………………………… 170
9.5.3 珠三角城市群轨道交通智能运维平台发展趋势 ………… 171
9.5.4 轨道交通设备运维智能化系统设计 ……………………… 172
9.5.5 工务设备养护维修 ………………………………………… 176
9.5.6 电务设备养护维修 ………………………………………… 180
9.5.7 供电设备养护维修 ………………………………………… 181
9.5.8 动车组运用维修 …………………………………………… 185

第10章 城市群多层次轨道交通一体化融合综合评价 …………………… 194
10.1 城市群多层次轨道交通一体化融合评价指标体系 ………………… 194
10.1.1 城市群多层次轨道交通一体化融合评价指标的
选取原则与方法 …………………………………………… 194
10.1.2 城市群多层次轨道交通一体化融合评价指标体系构建 … 195
10.2 城市群多层次轨道交通一体化融合评价指标体系释义 …………… 197
10.2.1 城市群多层次轨道交通网络一体化融合评价指标 ……… 197
10.2.2 城市群多层次轨道交通通道一体化融合评价指标 ……… 199
10.2.3 城市群多层次轨道交通枢纽一体化融合评价指标 ……… 200
10.2.4 城市群多层次轨道交通运营一体化融合评价指标 ……… 202
10.3 城市群多层次轨道交通一体化融合评价指标赋权与计算 ………… 203

参考文献 ……………………………………………………………………… 206

第1章 绪 论

1.1 研究背景与问题的提出

当前,世界经济低迷,保护主义上升,全球市场萎缩,美国市场去中国化对我国经济发展造成一定负面影响。在此背景下,党中央审时度势,提出"逐步形成以国内大循环为主体、国内国际双循环相互促进的新发展格局"的战略构想,是应对世界百年未有之大变局和当前国内外经济形势变化的重要举措。

在贸易保护主义、逆全球化的冲击下,我国过去形成的对外产业链、供应链遭受重创。当前形势下,我国充分发挥国内超大规模市场优势,逐步形成以国内大循环为主体、国内国际双循环相互促进的新发展格局,提升产业链供应链现代化水平,大力推动科技创新,加快关键核心技术攻关,打造未来发展新优势乃是重中之重。

在此背景下,作为产业链、供应链组织基本单元的城市群、都市圈的发展功能作用立刻凸显,充当起"双循环"新发展格局的重要抓手和空间载体,被赋予历史使命和重要意义,成为承担起"双循环"功能的重要门户、节点和平台。充分发挥城市群都市圈在"双循环"中的支点、载体、门户、节点与平台作用有助于城市群区域问题的解决,有利于区域经济循环的畅通,进而有利于"双循环"新发展格局的构建。而"双循环"新发展格局的纵深发展有利于增强城市群、都市圈内部城市之间的协作关系与注入发展活力,促进都市圈供应链安全稳定、产业链分工协作、创新链深度融合,通过良性互动与循环形成富有韧性的"链"上都市圈。

《交通强国建设纲要》提出推动交通发展由追求速度规模向注重质量效益转变,由各种交通方式相对独立发展向注重一体化融合发展转变,由依靠传统要素驱动向注重创新驱动转变;《国家综合立体交通网规划纲要》提出推进区域交通运输协调发展,使粤港澳大湾区实现高水平互联互通,巩固提升港口群、机场群的国际竞争力和辐射带动力,建成具有全球影响力的交通枢纽集群;《粤港澳大湾区规划发展纲要》要求坚持极点带动、轴带支撑、辐射周边,推动大中小城市合理分工、功能互补,进一步提高区域发展协调性,提升中心城市的辐射力,促进区域融合。

2019年,国家发展改革委出台的《关于培育发展现代化都市圈的指导意见》明确提出,都市圈是城市群内部以超大特大城市或辐射带动功能强的大城市为中心、以1小时通勤圈为基本范围的城镇化空间形态。近年来,国内都市圈建设呈现较快发展态势,已初步形成34个都市圈。初步分析都市圈发展的现状可知,目前主要存在都市圈内城市间交通一体化水平不高、分工协作不够、低水平同质化竞争严重、协同发展体制机制不健全等突出难题。

由于轨道交通是城市群都市圈大容量、快速性的骨干交通系统,因此城市群都市圈多层次轨道交通融合不足是造成城市群都市圈综合交通一体化水平不高的主要原因。从国内主要城市群都市圈中心城市内部以及中心城市与卫星城市之间的交通出行现状来看,珠三角城市群、上海都市圈等典型城市群都市圈普遍存在中心主城区客流拥挤、郊区与卫星城镇出行不便和行程不畅、交通枢纽换乘效率低、出行时间过长等系列问题。造成这些问题的因素可能有多个方面,但其关键原因是城市群都市圈多层次轨道交通缺乏统一的规划、标准、管理,缺乏统一的政策制度设计和统一的指挥协调机构。

为了贯彻落实党中央提出的城市群都市圈发展战略部署,本研究结合当前国家推进多层次轨道交通融合的迫切需求和未来的发展趋势,围绕城市群都市圈中心城市主城区客流拥挤、郊区与卫星城镇出行不便和行程不畅、交通枢纽换乘效率低、出行时间过长等系列问题,借助系统科学理论、协同学理论、交通规划理论探索问题的成因和演化规律;借鉴日本太平洋沿岸城市群、法国巴黎城市群、上海大都市圈等国内外城市群都市圈在轨道交通融合研究与实践方面的成功经验,通过理论研究与实证分析相结合,探索适合城市群多层次轨道交通一体化融合发展的方案对策与实施路径。研究成果可为城市群轨道交通相关部门决策提供理论基础与方法支撑,有利于提高城市群客流出行的便捷性、畅通性和快速性,对畅通"双循环"堵点,促进城市群经济社会融合与快速发展有着非常重要的理论指导意义与具体实践意义。

1.2 研究目的和意义

多层次轨道交通是引导和支撑城市群、都市圈形成和发展的重要基础设施。近年来，国内诸多城市群、都市圈取得了举世瞩目的成就，但也存在一些突出问题，主要体现在各层次轨道交通系统发展相对独立、功能分工不尽合理、枢纽节点衔接不够紧密、互联互通融合程度不高等方面。国家层面相继出台一系列宏观政策，对多层次轨道交通一体化融合发展等均提出了指导性要求。例如，《交通强国建设纲要》要求交通发展由追求速度规模向注重质量效益转变，由各种交通方式相对独立发展向注重一体化融合发展转变，由依靠传统要素驱动向注重创新驱动转变；《国家发展改革委关于培育发展现代化都市圈的指导意见》提出打造轨道上的都市圈，推动干线铁路、城际铁路、市域（郊）铁路、城市轨道交通"四网融合"；《交通运输部关于广东省开展基础设施高质量发展等交通强国建设试点工作的意见》要求推进轨道交通"四网融合"，推动建立大湾区轨道交通协调机制，统筹服务标准、管理流程，提升"四网融合"服务质量；《粤港澳大湾区发展规划纲要》提出构建以高速铁路、城际铁路为主体的快速交通网络，力争大湾区主要城市间 1 小时通达，推进大湾区城际客运公交化运营，推广"一票式"联程和"一卡通"服务。

2020 年，国务院办公厅发布《关于推动都市圈市域（郊）铁路加快发展的意见》，同时国家发展改革委召开城际和市域（郊）铁路建设专题会议，部署整体推进京津冀、长三角、珠三角城市群三大区域城际和市域（郊）铁路建设；同年，广东省政府决策探索大湾区城际铁路运营主体多元化，将大湾区城际铁路分别交由广州地铁集团和深圳地铁集团负责运营；2021 年，交通运输部发布的《综合运输服务"十四五"发展规划》提出了新的目标和任务：加快城市群都市圈运输一体化发展；推进城市轨道交通与干线铁路、城际铁路、市域（郊）铁路融合发展，构建运营管理和服务"一张网"。

鉴于现有研究成果在城市群多层次轨道交通融合发展应用效果不佳的现状，本研究结合当前国家、省、市推进轨道交通"四网融合"的迫切需求和研究趋势，针对城市群多层次轨道交通发展"制度配合"不足，轨道交通供给"错位、缺位""站城失调""运服脱节"等系列问题，开展城市群多层次轨道交通融合发展方面的研究。本研究提出以政策制度设计为导向，以出行客流需求为目标，以都市圈内1小时、城市群内2小时出行时间为约束的方案，开展城市群多层次轨道交通规划建设运营一体化融合闭环分析，构建"政策设计—需求目标—时间约束—模式选择—衔接布局—协同运营"六位一体协同优化的框架体系，提出城市群多层次轨道交通一体化融合发展的理论方法与对策建议，力图在促进城市群多层次轨道交通融合发展和丰富城市群都市圈综合交通一体化发展理论体系方面做一些探索，以期抛砖引玉。

1.3 研究现状

欧美日国家得益于较早进入工业化、城市化时代，在多层次轨道交通发展起步方面也先于中国，因而在巴黎大区、纽约湾区、东京湾区多层次轨道交通融合发展方面的成功经验也就成为国内众多多层次轨道交通研究者和实践者们考察、学习和研究的典范。华智（2017）详细介绍了东京湾区轨道交通发展的成功经验与启示，建议利用轨道交通拓展城市空间，塑造城市形态；倪金城（2021）重点介绍了市域（郊）铁路在巴黎大区城区与郊区融合的纽带作用。东京湾区、巴黎大区多层次轨道交通融合发展的成功经验的确值得我们借鉴，但因为国情体制、发展路径都不相同，完全照搬未必行得通。例如，珠三角城市群城市用了三十年左右的时间就基本完成了欧美日国家上百年才能完成的城市化进程，远快于轨道交通的建设步伐；城市群都市圈各大城市建成区绵延成片，给多层次轨道交通线位站点布设与融合发展造成了较多的困难。

国内研究者在吸收国外成功经验的基础上，结合国内实际情况做了许多卓有成效的研究工作。景国胜（2019）提出大湾区轨道交通体系应集中力量规划建设高标准城际铁路网，积极谋划高等级市域（郊）铁路网，大力推进同城化地区的跨市地铁一张网规划；陶志祥（2020）提出基于"空间、需求、供给"理论基础的"四网融合"规划理念，主张从网络、通道、枢纽、运营等方面提高一体化水平；陈川（2022）提出大湾区应强化重要廊道跨城轨道设施布局，促进"多网融合、多线共廊"。此类规划理念固然先进，但其可操作性还需提高；又如，陈小鸿（2017）提出进行多层次轨道交通网络与多尺度空间协同优化，构建1小时约束的上海都市圈交通廊道识别、节点选择、枢纽体系设计方法和方案；马小毅（2020）提出建立面向用户的轨道交通规划的思想，以单程通勤出行时间不超 45 分钟作为都市圈轨道交通通勤的判断指标。这种以时间约束作为规划控制的手段在应用可操作性方面前进了一大步，但在具体应用实践上还是会遭遇线位资源紧缺、复合通道利用、枢纽衔接、造价控制、各方利益诉求差异等诸多系统性的难题。

在多层次轨道交通建设运营研究与实践领域，王修华（2022）指出由于建设、运营的主体不同，各种轨道交通实现物理上的"硬连通"存在各种制约，建议通过运营管理创新来实现各层次轨道交通的"软连通"；刘新杰（2022）指出大湾区范围内约90%的出行距离是公路汽车的竞争优势范围，需从设计速度、服务水平、出行便捷化等方面提高轨道交通竞争力。这些建设管理理念较为务实，但是驱动互联互通、运营"软连通"和竞争力提升的机制还需进一步研究。

在多层次轨道交通建设审批机制和运营管理机制研究与实践方面，谭国威（2018）指出深莞惠都市圈内，城际轨道交通线网规划难以全面落实都市圈的实际需求，都市圈存在部分城市（如惠州）尚未达到建设城市轨道交通的要求，无法上报轨道交通建设规划的情况，一些城市为规避审批程序，以城际轨道交通的名义审批城市轨道交通。这些问题说明都市圈轨道交通审批机制尚不完善，因此需要开展城市群都市圈轨道交通建设与管理机制的研究。

综上所述，虽然国内在多层次轨道交通协同发展相关研究方面已取得比较丰富的成果，在城市群都市圈多层次轨道交通规划、建设、管理等领域也有不少先进的规划理念和对策，但这些理念和对策缺乏系统性的整体应对，容易出现"按下葫芦浮起瓢"的情况，在应用上往往可操作性不强或者出现较大偏差。城市群多层次轨道交通一体化融合发展系统是一个包含轨道交通制式标准、土地开发、客流需求、投融资、体制机制、多运营主体等多个要素的复杂非线性系统，需要经过系统性的综合考量。

1.4 研究思路与内容框架

本研究以国内外城市群都市圈多层次轨道交通融合发展现有的理论方法与成功案例为基础，结合对珠三角城市群、长三角城市群等我国主要城市群城市政府部门和轨道交通建设运营企业现场调研收集的数据资料，以珠三角城市群为实例进行城市群多层次轨道交通融合发展实证分析，力图探索出行之有效的对策办法、运行机制与实施路径。本研究的主要框架如下。

（1）城市群出行客流特征与需求分析。根据城市群交通网络现状及规划，借助腾讯位置大数据，通过算法定义、数据清洗、数据融合等获取与筛选城市群主要廊道出行客流数据；结合现场调研与调查获取的资料数据，进一步对客流数据进行挖掘分析，揭示城市群主要廊道客流出行距离、时间、密度、方向等方面的需求特征与规律。

（2）城市群范围内国铁干线、城际铁路、市域（郊）铁路、地铁"四张网"的规划建设运营现状分析，以及实现"四网融合"目标所要解决的问题。根据城市群出行客流的需求目标，对照多层次轨道交通融合发展的要求，分析都市圈范围内国铁干线、城际铁路、市域（郊）铁路、城市轨道交通"四张网"的规划建设运营现状，找出实现"四网融合"目标所要解决的问题。为解决历史遗留问题，都市圈内已经建设运营的国铁干线、城际铁路、地铁基本上修改各自规划建设成网。目前，市域（郊）铁路规划建设滞后，总体上呈现出轨道交通层次结构不合理、相互衔接不畅、换乘走行距离较远、换乘时间较长、政策衔接不完善等诸多问题。

（3）国内外城市群都市圈多层次轨道交通融合发展现状与经验借鉴研究。对日本太平洋沿岸城市群、美国东北部大西洋沿岸城市群、法国巴黎城市群、上海都市圈等国内外城市群都市圈的概况，其轨道交通层次划分与构成，其多层次轨道交通互联互通、运营管理一体化等发展情况进行分析与经验启示研究。

（4）城市群轨道交通"四张网"的衔接规划研究。国铁、城际铁路、市域（郊）铁路、地铁组成的轨道交通系统同样遵循系统科学的普遍原理；系统中各类硬件、软件要素之间相互作用与耦合，共同组成城市群都市圈客流出行的基础轨道交通系统。根据系统科学理论，从城市群、都市圈两个层面，重点从功能层次、互联互通等方面开展城市群多层次轨道交通衔接规划研究。

（5）城市群多层次轨道交通一体化建设研究。开展推动城市群干线铁路、城际铁路、市域（郊）铁路、城市轨道交通按照"互联互通、互运互维"的理念进行一体化建设，助力推行"建管运"一体化运作机制的研究。

（6）城市群多层次轨道交通运营管理一体化研究。借助系统科学和协同学理论进行城市群都市圈多层次轨道交通运营协同与旅客联程联运的市场体制机制与服务体系研究。

（7）城市群多层次轨道交通票务管理一体化研究。基于管理权限和外部对接中存在的工作难题，进行分区域、分阶段破解轨道交通"票务一体化融合"政策和监管体系壁垒研究；遵循先易后难的原则，以珠三角城市群为例进行大湾区层面开展公交化运行轨道交通线路的票务一体化探索研究。

（8）城市群轨道交通融合利用现代信息技术与智慧化管理研究。致力于城市群轨道交通多源数据融合与智能决策技术、智慧车站与智慧化管理、智能乘务、智慧运维等方面的研究。

（9）城市群多层次轨道交通一体化融合评价研究。结合城市群多层次轨道交通绿色、智能、融合、开放、共享等方面的发展需求，采用层次分析法构建城市群多层次轨道交通一体化融合评价指标体系；结合专家打分法与集对－熵组合赋权分析法，科学确定主客观指标权重；构建模糊综合评价模型进行综合评价；根据综合评价与反馈结果分析进行一体化融合方案优化，提出相应对策。

第 2 章 城市群交通圈层划分与轨道交通功能定位

2.1 城市群及都市圈交通圈层划分

城市群是城市发展到成熟阶段的最高空间组织形式,是指在特定地域范围内一般以一个以上特大城市为核心,由三个以上大城市为构成单元,依托发达的交通通信等基础设施网络所形成的空间组织紧凑、经济联系紧密,并最终实现高度同城化和高度一体化的城市群体,是由在地域上集中分布的若干特大城市和大城市集聚而成的庞大的、多核心的、多层次的城市集团,是大都市区的联合体。

都市圈在世界范围内概念不一,含义多样,因人而异,但其划定要素往往具有综合性的特征。中国学界比较认可的概念是"以一个或多个中心城市为核心,以发达的联系通道为依托,由核心城市及外围社会经济联系密切的地区所构成的城市功能地域"。关于都市圈与其他尺度城市区域概念的辨析,学界基本达成的共识包括:

(1) 都市区、都市圈、城市群、都市连绵区(大都市带)是大城市区域化发展到不同阶段出现的城镇空间组合形式。

(2) 在中国城市管治背景下的都市区空间范围一般界定在中心城市行政管辖的地域范围内;都市圈是跨市域的地域空间组织,是都市区发展的高级阶段,其地域空间范围大于都市区。

(3) 都市圈是城市群形成发育的前期阶段,是城市群中核心城市及外围城镇形成的紧密联系区,可看作是城市群中的次区域。

(4) 都市圈是都市连绵区的基本单元,都市连绵区是若干个都市圈的有机整合体。

2018 年 11 月 18 日,中共中央、国务院发布的《关于建立更加有效的区域协调发展新机制的意见》明确指出,以京津冀城市群、长三角城市群、粤港澳大湾区城市群、成渝城市群、长江中游城市群、中原城市群、关中平原城市群等城市群推动国家重大区域战略融合发展；建立以中心城市引领城市群发展、城市群带动区域发展新模式，推动区域板块之间融合互动发展；以北京、天津为中心引领京津冀城市群发展，以上海为中心引领长三角城市群发展，以香港、澳门、广州、深圳为中心引领粤港澳大湾区建设，以重庆、成都、武汉、郑州、西安为中心引领成渝、长江中游、中原、关中平原城市群发展。

世界著名的都市圈主要有纽约都市圈、伦敦都市圈、巴黎都市圈、东京都市圈、名古屋都市圈、大阪都市圈等。到2023年底，中国已初步形成的有首都都市圈、上海大都市圈、广州都市圈等34个都市圈，此外也有汕潮揭都市圈、湛茂都市圈等部分都市圈在规划与酝酿当中。

珠三角城市群在我国经济社会发展水平、综合交通发达程度、多层次轨道交通发展规模等方面都走在前列，具有代表性。下面，我们重点以珠三角城市群为实例展开城市群、都市圈的空间圈层划分及与多层次轨道交通功能的耦合分析。

《广东省国民经济和社会发展第十四个五年规划和2035年远景目标纲要》提出优化"一群五圈"城镇空间格局，加快建设珠三角世界级城市群，构建现代化都市圈体系，其中"一群"是指珠三角城市群，"五圈"是指广州、深圳、珠江口西岸、汕潮揭、湛茂五大都市圈。

（1）广州都市圈包括广州、佛山全域和肇庆、清远、云浮、韶关等四市的都市区部分。充分发挥广州国家中心城市对周边地区的辐射带动作用，疏解转移与广州国家中心城市定位不符的功能和产业，不断强化广州市创新能力、文化软实力、国际竞争力和门户城市功能；深入推动广佛全域同城化发展，支持广佛共建国际化都会区，联动肇庆、清远、云浮、韶关，"内融外联"打造具有全球影响力的现代化都市圈建设典范区。

（2）深圳都市圈包括深圳、东莞、惠州全域和河源、汕尾等两市的都市区部分。充分发挥深圳核心城市带动作用，进一步拓展深圳发展空间；推动深莞惠一体化发展，加强三市基础设施规划建设统筹协调，建设跨区域产城融合组团；推进河源、汕尾主动承接核心城市功能疏解、产业资源外溢、社会服务延伸，加快吸引现代要素流动集聚，打造具有全球影响力的国际化、现代化、创新型都市圈。

（3）珠江口西岸都市圈包括珠海、中山、江门、阳江四市。强化珠海作为珠江口西岸核心城市的定位，加快推动珠中江协同发展，共建珠江口西岸高端产业集聚发展区，联动阳江协同建设辐射带动粤西地区发展的重要增长极；推动珠江口西岸城市在人口、产业、空间、基础设施等方面统一规划，构建新型都市圈，为粤港澳大湾区建设和全省区域经济协调发展提供有效支撑。

（4）汕潮揭都市圈包括汕头、潮州、揭阳三市和梅州都市区。加快推动汕潮揭同城化发展，联动梅州都市区协同发展，重点依托汕潮揭临港空铁枢纽，共建汕潮揭高质量产城融合发展试验区，打造连接粤闽浙沿海城市群与粤港澳大湾区的战略枢纽；统一谋划区域内基础设施建设，发挥临海资源和产业基础优势，打造开放型经济引领区，建设高端公共服务体系，加强粤港澳大湾区与粤闽浙沿海城市群的联动发展；高标准建设汕头，使其成为21世纪海上丝绸之路的战略支点，形成全方位、多层次、宽领域的对外开放格局。

（5）湛茂都市圈包括湛江、茂名两市。促进湛茂联动一体发展，重点强化都市圈内部基础设施互联互通，优化升级石油化工、钢铁制造等优势传统产业，培育高端装备制造、新能源等战略性新兴产业，增强就业人口吸纳能力和综合服务功能，增强对北部湾城市群和我国西南沿海地区的辐射带动作用；进一步发挥东连粤港澳大湾区、西接北部湾其他城市的门户和枢纽作用，为国家构建全方位开放新格局提供重要支撑，共建连接国家西部陆海新通道与沿海经济带的战略支点。

然而，根据自然资源部编制的《都市圈国土空间规划编制规程》（报批稿）中对都市圈的定义——以超大、特大城市为中心，以1小时通勤圈（大都市圈1.5小时为基本范围的城镇化空间形态。很显然，广州都市圈外围的云浮和韶关两市的都市区部分、深圳都市圈外围的河源和汕尾两市的都市区部分等区域与核心城市广州、深圳的人口通勤量非常小，联系更多是一种经济、商务联系，而非通勤关系。

据统计数据分析，广佛之间、深莞之间每天都有超过30万人跨城通勤。从这个角度看，广州都市圈和深圳都市圈相对成熟，这是因为应对高频互动的人员流动，在公服供给、城际交通诸多领域开展规划协同和合作。然而，另外三个都市圈都还在发育、培育之中。

2022年，面对广东五大都市圈不同的发展现实与差异，广东省自然资源厅发布的《广东省都市圈国土空间规划协调指引》（以下简称《指引》），界定了广州都市圈、深圳都市圈、珠西都市圈、汕潮揭都市圈和湛茂都市圈内需要重点协调的地域空间范围，并对五大都市圈提出了不同的空间格局。

（1）对广州都市圈，强化都市圈强核心簇群式空间布局模式，推动广州、佛山城市中心功能重组与裂变，进一步提升能级，构建多中心的都市圈核心区；依托轨道交通网络加快培育都市圈核心区外围产城融合节点，保育有机嵌套的多元化农业生态区域，维育都市圈边缘的韧性缓冲地带。

（2）对深圳都市圈，将区域核心功能分散至距离主城 30 km 左右的若干节点与重点平台，形成多中心分布式的空间拓展模式；打造关键廊道和枢纽节点，通过增强城市边界地区资源要素的共享互通满足都市圈复杂的功能供给需求，和广州都市圈共同支撑"黄金内湾"建设。

（3）对珠西都市圈，构建"一极三核多节点、内联外接多轴带、蓝绿网络高品质"的多中心环布式都市圈结构。其中，"一极"是珠海中心城区及横琴粤澳深度合作区；"三核"是中山城区（包括火炬区、翠亨新区等）、江门城区（包括江门高新区等）、珠海高栏港与江门银湖湾等形成的三个发展核，提升"一极三核"发展能级，承载区域高端功能；"多节点"包括珠海、中山、江门等重要城市和产业功能平台，逐步启动建设珠海鹤洲市级中心，以功能平台参与区域竞合。着力打造环珠江口 100 km "黄金内湾"，加强珠西都市圈与广州、深圳等城市的联系；依托深中通道、深珠通道、港珠澳大桥构建珠江东西两岸融合发展轴，沿西江打造高质量发展带，沿海岸带打造创新集聚走廊。

（4）对汕潮揭都市圈，空间拓展模式为多中心环布式，以廊道式交通通道串联，打造"紧凑型组合城市+开敞型区域"都市圈空间形态。构建"一核两轴两带"的培育核心格局。其中，"一核"即汕头、潮州和揭阳主城区组成的组合核心区域，是汕潮揭都市圈区域功能重组和集聚新型都市圈功能的重点区域。"两轴"即沿海发展轴和汕揭梅发展轴，沿海发展轴依托广汕高铁、汕漳高铁、宁莞高速公路、广东滨海公路、厦深铁路、沈海高速公路，向西串联潮阳、潮南、揭阳粤东新城，形成以临港产业、商贸服务、装备制造、能源保障、滨海旅游为主题的都市圈协同发展轴；汕揭梅发展轴依托梅汕铁路等通道打造梅州连通都市圈的经济走廊，形成以城市功能协作和潮汕文化与客家文化交融的协作轴。"两带"即榕江生态带和韩江生态带，依托榕江、韩江两大跨区域廊道形成上下游统筹协调的流域协同发展格局。

（5）对湛茂都市圈，构建"双核两廊多节点"的多中心分布式结构。其中，"双核"即湛江、茂名两市中心城区，重点提升辐射影响力；"两廊"包括以广湛客专、深湛铁路、高快速路等，串联两市中心城区、湛茂空港经济区、湛江临港大型产业集聚区等所形成的新兴产业带，以及由高快速路、滨海旅游公路等串联滨海旅游资源、重点平台所形成的特色滨海服务带。外围培育节点包括湛江临港大型产业集聚区、湛茂空港经济区、茂名南组团（水东湾新城和电白城区）、滨海新区等重要平台以及吴川、化州等主要城镇。

2023年12月20日，广东省人民政府发布关于印发《广州都市圈发展规划》《深圳都市圈发展规划》《珠江口西岸都市圈发展规划》《汕潮揭都市圈发展规划》《湛茂都市圈发展规划》的通知，进一步细化广东五大都市圈的发展空间范围。

（1）广州都市圈范围包括广州、佛山全域，肇庆市端州区、鼎湖区、高要区、四会市，清远市清城区、清新区、佛冈县，土地面积约20 000 km²，2022年的常住人口约3257万人，规划有关任务举措涉及清远英德和云浮、韶关部分地区。

（2）深圳都市圈位于粤港澳大湾区东部，由深圳、东莞、惠州全域和深汕特别合作区组成，土地面积约16 273 km²，2022年的常住人口3415万人，规划有关任务举措涵盖河源市和汕尾市部分区域。深圳都市圈各市同属东江流域，历史同源、地缘相接、人文相亲，经济发展动力强、创新活跃度高、城镇化高度密集，具备建设现代化都市圈的良好基础。

（3）珠江口西岸都市圈位于珠江口西部，范围包括珠海、中山、江门、阳江四市所辖行政区域，土地面积约21 000km²，2022年的地区生产总值达1.3万亿元，常住人口1435.3万人。建设珠西都市圈，推进珠海、中山、江门、阳江四市协同发展，既是四市经济社会发展的内生需求，也是提升地区整体竞争力的必然要求，既是建设粤港澳大湾区、打造新发展格局战略支点的重要支撑，也是促进珠江口东西两岸融合互动发展、推动区域协调发展的有力抓手，将为广东省在推进中国式现代化建设中走在前列提供有力支撑。

（4）汕潮揭都市圈位于广东东部沿海，是粤闽浙沿海城市群和广东省沿海经济带的重要组成部分，规划范围包括汕头、潮州、揭阳三市全域，又增加梅州都市区为联动发展区，土地总面积 10 611.1 km^2，2022 年的常住人口 1375 万人，位列东亚地区 25 大城市地区之一，具备建设现代化都市圈的基本条件。

（5）湛茂都市圈位于广东省西南部沿海，是广东省沿海经济带的重要组成部分，包括湛江、茂名两市全域，土地总面积 24 700 km^2，2022 年的地区生产总值达 7617 亿元，常住人口 1327 万人，具备建设现代化都市圈的基本条件。以湛茂都市圈建设为抓手，推动两市完整、准确、全面贯彻新发展理念，形成一体化发展共识，实现协同高质量发展，加强与广州、深圳、珠江口西岸、汕潮揭都市圈的协同联动，推动沿海经济带西翼高质量发展，是贯彻落实习近平总书记关于把湛江作为重要发展极的重要指示，是促进全省区域协调发展、提升全省新型城镇化高质量发展水平的重要举措，将为广东省在推进中国式现代化建设中走在前列提供重要支撑。

通过研读《广东省都市圈国土空间规划协调指引》《广州都市圈发展规划》《深圳都市圈发展规划》《珠江口西岸都市圈发展规划》《汕潮揭都市圈发展规划》《湛茂都市圈发展规划》可知，广东省在全面考察、研究了全省各市县自然生态本底、人口集聚与流动、建设用地布局、社会经济和基础设施建设等情况后，充分借鉴吸收了东京湾区、旧金山湾区等国际先进湾区都市圈的成功发展经验，利用大数据技术，重点分析人口密度、人口流动、通勤轨迹、用地连绵等因素，将中心城市周边通勤 1 小时左右范围作为都市圈规划协调指引的重点"聚焦"地区，而非简单地划定都市圈范围。

《粤港澳大湾区规划发展纲要》提出要坚持极点带动、轴带支撑、辐射周边，推动大中小城市合理分工、功能互补，进一步提高大湾区区域发展协调性，提升中心城市的辐射力，促进三大都市圈区域融合发展，加快形成广佛－深港－珠澳三个极点带动、广深港－广珠澳两条轴带支撑、辐射周边的发展格局。

珠三角城市群所涵盖的广州都市圈、深圳都市圈和珠西都市圈既有各自的核心城市引领其他次级城市紧密协作，相互之间也存在功能交叉重叠的区域，呈现出联动发展的气象。共同着力推动环珠江口"黄金内湾"建设，加快建成轨道上的大湾区，形成协同融合发展的局面。

下面，从都市圈层面出发，我们重点以广州都市圈为例，进行都市圈交通圈层空间的划分分析。

都市圈是城市群内部以超大、特大城市，或辐射带动功能强的大城市为中心、以1小时通勤圈为基本范围的城镇化空间形态。

圈层组织是都市圈的典型空间组织模式，从国外典型都市圈的空间结构来看，一般包括中心区、近郊区、远郊区以及周边城镇4个圈层。不同圈层城市功能和交通需求特征均有所不同，需要提供差异化的轨道交通服务，具体如下：

（1）中心区（0～15 km）：是高度密集的城市化地区，需要大运量、高频率、高可靠性的公共交通服务，主要依靠地铁提供服务，采用分线运营模式，需要通过换乘其他线路到达目的地。

（2）近郊区（15～30 km）：多为中心城周边的新市镇，以居住功能为主，就业依赖于中心城，客流向心性、潮汐特征显著，主要通过中心城地铁向外延伸或依靠市域快速轨道交通提供服务。

（3）远郊区（30～70 km）：适宜布局新城，可形成相对完善的城市功能，与中心城之间联系仍然紧密，通勤客流仍占据主要部分，由于距离市中心较远，需要设置快速轨道交通满足出行时效性，一般以市域（郊）铁路为主，宜地面敷设。

（4）周边城镇（70～100 km）：主要是周边综合性功能较强的邻近城市，以商务、探亲等中长距离客流为主，通勤客流不占主导部分，客流需求特征为对出行的时效性和舒适性要求较高，一般以都市圈城际铁路为主。

此外，还有城市群、城市群对外交流圈，具体如下：

（1）城市群（100～300 km）：是城市绵延地区，以商务、旅游等中长距离客流为主，通常兼顾通道内部分通勤客流，客流需求特征为对出行的时效性和舒适性要求高，一般多以区域城际铁路为主。

（2）城市群对外交流圈（300 km以上）：主要是国家层次的城市群之间的经济交流，以商务、旅游等长距离客流为主，客流需求特征为对出行的舒适性要求高，一般以国铁干线铁路为主。

一般情况下，从经济交流、通勤功能角度来看，广州都市圈包括广州市、佛山市全域和距离广佛核心区70～100 km的周边城镇。珠三角城市群及广州都市圈交通圈层划分参见表2-1。

表 2-1 珠三角城市群及广州都市圈交通圈层划分

广州都市圈圈层组织	主要客流	出行时长	主要出行方式	典型地区
中心区 (0~15 km)	通勤、通学客流	30 min	地铁、轻轨	越秀、荔湾、海珠、天河、南海、禅城等区
近郊区 (15~30 km)	通勤、通学客流	45 min	地铁、快轨	白云、黄埔、番禺等区
远郊区 (30~70 km)	通勤、休闲客流	60 min	市域（郊）铁路	花都、从化、增城、南沙、顺德、三水等区
周边城市 (70~100 km)	通勤、休闲客流	1 h	市域（郊）铁路	中山、江门、东莞、清远、肇庆等城市
珠三角城市群 (100~300 km)	商务、探亲客流	1~2 h	城市群城际铁路	惠州、深圳、香港、澳门、珠海等城市
大湾区对外交流圈 (300 km 以上)	商务、旅游客流	0.5 d 可达	干线铁路	长三角、长江中游等城市群

2.2 城市群多层次轨道交通功能定位与建设条件

2.2.1 干线铁路

1. 功能定位

根据城市群区位、空间分布、城镇结构、出行需求特征，高速铁路宜定位于珠三角城市群广佛肇、广深港、广清、广珠澳主轴，并建立与粤东西北及周边经济区的高速联系，增强大湾区对外辐射能力，构建珠三角城市群与粤东西北、主要城市群 2~8 小时对外通达圈，以承担跨区域中长途客流为主，在部分单一高铁通道中兼顾城际联系客流；重点包含国家综合立体交通网主骨架中"6 轴、7 走廊、8 通道"的高速铁路通道，增强大湾区对外联系的区域连接线。

展望未来更高标准高速铁路宜定位为在 4 极之间 6 主轴通道内大点长途联系客流，构建大湾区与其他 3 极之间 3 小时以内通达圈。

2. 建设条件

（1）高铁主通道项目：规划建设联通珠三角城市群与其他城市群，或者贯通省会及特大城市,且近期双向客流密度 2500 万人次/年以上、中长途客流比重在 70% 以上的高铁主通道,建议采用时速 350 km/h 标准。例如,京港澳高铁通道联通珠三角城市群与长江中游城市群、中原城市群、京津冀城市群,串联香港(澳门)、深圳(珠海)、广州、长沙、武汉、郑州、石家庄、北京等多个省会城市及特区。这些通道一般为国家综合立体交通网主骨架通道,对于部分既有通道,建议逐步改造成以 350 km/h 时速标准为主的高速铁路通道。

(2)区域连接线项目:规划建设增强珠三角城市群对外辐射能力,串联规模较大的地级以上城市、近期双向客流密度 2000 万人次/年以上、路网功能较突出的高铁线路,建议采用时速 350 km/h 标准。例如,广州至河源铁路是增强广州枢纽与粤东北地区对外辐射能力的重要铁路,串联省会城市广州和地级城市河源,并衔接沟通梅龙铁路至梅州;广清永高铁可以完善国家铁路网,从永州向西北接渝怀形成新广、成广、渝广高铁,从永州向北接呼南高铁形成二广、西广、呼广高铁,是华中、西北地区连接华南地区的快速通道,将以广州、深圳为核心的珠三角与以湖南乃至重庆、成都、西安、太原为核心的经济圈联为一体,意义重大,影响深远。

(3)构架综合立体交通网,实现 4 极的 6 主轴与其他 3 极高速联通,建议规划预留更高标准高速铁路通道。

2.2.2 城际铁路

1. 功能定位

根据珠三角城市群空间尺度相对较小、出行需求具有多样性等特征,结合"极点带动、轴带支撑"空间结构,珠三角城市群内城际铁路主要服务大湾区城市间的中途出行,满足城市群 1 小时交通圈需要;珠三角城市群外城际铁路主要服务超大城市与周边卫星城市之间的以生活、商务、公务为主的中短途出行。

2. 建设条件

在广州都市圈与深圳都市圈之间、广州都市圈与珠西都市圈之间、以广州市为核心与周边卫星城市之间的片区内,中小城镇节点密集,人口密度高,已形成较为密集的城镇走廊带。该城镇走廊带具有一定的通勤、通学需求,包括商务、公务、探亲、访友、休闲等明显的需求,空间距离覆盖在 100 km 以内,客流以中短距离出行需求为主。

建设条件为现状人口密度大于或等于 800 人/km²，现状人均 GDP 大于或等于 4 万元/年，地方财政一般预算收入大于或等于 750 亿元，日均近期单向客流密度大于或等于 1050 万人 km/km，日均远期客流密度大于或等于 1750 万人 km/km，土建工程长期贷款率小于或等于 80%，土建工程造价小于或等于 2.0 亿元/km，城际铁路融资成本小于或等于 12%，票价率范围为 [0.3, 0.5]，政府补贴能力（单位里程 10 年累计补贴额）大于或等于 2500 万元/km。

例如，珠三角城市群内佛山经广州至东莞的城际（28 号线），主要实现佛穗莞中心通道内佛山、广州、东莞之间中小城镇与中心城市，以及中小城镇与重要城镇组团之间的出行联系，走廊内城镇节点分布多、人口密度高，沿线城镇距离分布在 10 km 以内，需要增加设站点更好地服务沿线客流，一般不直接与大路网联通，客流出行距离一般在 40 km 以内，建议中心城区采用 160 km/h 标准，远郊区采用 200 km/h 标准。

2.2.3 市域（郊）铁路

1. 功能定位

市域（郊）铁路是连接超大城市中心城区和周边城镇组团，为通勤客流提供快速度、大运量、公交化运输服务的轨道交通系统。

从功能定位来看，市域（郊）铁路主要布局在经济发达、人口聚集的中心城市，联通城区与郊区及周边城镇组团，采用灵活编组、高密度、公交化的运输组织方式，重点满足 1 小时通勤圈快速通达的出行需求；应突出对都市圈主要功能区进行支撑和引导，尽可能串联 5 万人及以上的城市组团和重要工业园区、新区、旅游景点等并设站，提高客流聚集能力。从技术标准看，市域（郊）铁路新建线路单程通行时间不宜超过 1 小时，设计速度为 120～160 km/h，平均站间距原则上不小于 3 km，早晚高峰发车间隔不超过 10 min。

发展市域（郊）铁路，对优化城市功能布局、促进城市各组团协调发展、扩大有效投资等措施具有一举多得之效，有利于发挥城市核心区的辐射带动作用，有利于扩大公共交通服务供给、能有效缓解城市交通拥堵、推进新型城镇化发展。

2. 建设条件

通过梳理国内部分都市圈城际线路和市域（郊）铁路的运营和设计客流指标，我们提出市域（郊）铁路在满足沿线通勤、通学客流需求的基础上要重视全日客流效益。参考以运营和规划市域（郊）铁路的客流特征，通过总结人口、经济、客流等方面的要求，市域（郊）铁路建设条件如下：

（1）以 10 km 物理圈内覆盖的常住人口密度作为判定指标。当都市圈中所有圈层的常住人口密度均大于 1000 人/km² 时，该城市可以修建市域（郊）铁路。

（2）从城市财力方面考虑准入条件：年度计划投资占城市 GDP 比例不高于 5%，年计划资本金占一般公共预算财政收入比例不高于 10%。

（3）市域（郊）铁路在满足沿线通勤、通学客流需求的基础上更应重视全日客流效益，为保障拟建线路初期客流效益，应满足下列指标中的任意两项：①日均运距不宜小于 12 km；②日均负荷强度不宜小于 0.3 万人次/km；③日均客流强度不宜小于 3.6 万人次 km/km。

2.2.4 城市轨道交通

1. 功能定位

依据《城市公共交通分类标准》（CJJ/T 114—2007）有关城市轨道交通的定义，城市轨道交通主要服务于城市主城内部通勤客流出行需求。乘客平均出行距离一般在 5～30 km 之间，出行时间宜控制在 1 h 以内。有客流需求的地方可适当延伸到都市圈范围。

按照旅行速度可将城市轨道交通划分为普线、快线两个等级，其中普线指旅行速度在 45km/h 以下的城市轨道交通线路，快线指旅行速度在 45 km/h 及以上的城市轨道交通线路。

2. 建设条件

《国务院办公厅关于进一步加强城市轨道交通规划建设管理的意见》对城市轨道交通提出了如下建设条件：

（1）城市轨道交通系统，除有轨电车外，均应纳入城市轨道交通建设规划并履行报批程序。

（2）地铁主要服务于城市中心城区和城市总体规划确定的重点地区，申报建设地铁的城市一般公共财政预算收入应在 300 亿元以上，地区生产总值在 3000 亿元以上，市区常住人口在 300 万人以上；申报建设轻轨的城市一般公共财政预算收入应在 150 亿元以上，地区生产总值在 1500 亿元以上，市区常住人口在 150 万人以上。

（3）拟建地铁、轻轨线路初期客运强度分别不低于每日 0.7 万人次/km、0.4 万人次/km，远期客流规模分别达到单向高峰 3 万人次/h 以上、1 万人次/h 以上。

以上申报条件将根据经济社会发展情况按程序适时调整。

2.3 城市群多层次轨道交通与多尺度圈层空间协同优化

城市群多层次轨道交通主要由干线铁路（设计时速是 250～350 km/h 及以上）、城际铁路（设计时速是 160～250 km/h）、市域（郊）铁路（设计时速是 120～160 km/h）和城市轨道交通（设计时速是 80～120 km/h）组成。

城市群交通圈层空间与轨道交通网络互动、优化的关键在于把握出行活动的时空约束关系及基本规律。针对不同空间尺度界定骨干交通模式的服务目标，构建适应圈层、轴带、珠链等不同空间形态的轨道交通系统结构及模式。首先，需要分析城市群轨道交通网络与城镇空间的发展历程及问题，以轨道交通对都市圈不同区位和不同增长模式的适配程度为切入点，提炼空间 - 交通互动作用在出行时间与活动空间、时间尺度与空间形态、新城发展与区域城镇格局、交通设施与增长形态四个方面的规律；其次，需要确定城市群总体规划的目标，针对都市圈核心功能区、通勤圈等不同空间尺度范围的布局特征，确定多模式轨道交通层次结构、功能定位、网络形式等系统设计准则和策略导向；最后，需要根据都市圈 1 小时通勤和城市群 1 小时通达时间作为目标约束条件进行城市群交通廊道识别、节点选择和枢纽体系设计及优化。下面，我们以珠三角城市群为实例，进行城市群多层次轨道交通与多尺度交通圈层空间耦合优化，并形成推荐方案，参见表 2-2。

珠三角城市群多层次轨道交通融合发展主要为适应新型城镇化发展格局的需要，在资源共享前提下，通过规划整合、枢纽融合、运服联合、制度配合等方面的协同发展，构建合理的功能级配结构体系，发挥多层次、多模式、多制式轨道交通网络技术优势，满足不同尺度圈层多层次、差异性的出行需求，实现"功能互补、服务兼顾、互联互通、资源共享"一体化的旅客联程运输服务。

表2-2　珠三角城市群多层次轨道交通与多尺度交通圈层空间耦合优化推荐方案

类型	服务交通圈层范围	设计速度/(km·h^{-1})	平均站间距/km	线路长度/km	供电模式	乘坐方式	敷设方式	造价/(亿元·km^{-1})
干线铁路	大湾区对外交流圈(大于300 km)	250～350	30～60	>300	交流AC25kV	座位	地面或高架为主	1～1.5
区域城际铁路	城市群商务圈(90～300 km)	160～250	5～20	>100	交流AC25kV	座位	地面或高架为主	0.8～1.1
都市圈城际、市域(郊)铁路	都市生活商务圈(60～100 km)	140～160	3～7	30～100	交流AC25kV或直流DC1500V	座位为主	地面或高架为主	0.7～1.5
市域(郊)铁路	远郊区、都市通勤圈(30～70 km)	120～160	3～5	30～70	交流AC25kV或直流DC1500V	座位为主	地面或高架为主	0.7～1.5
地铁快线	近郊区(15～30 km)	100～120	1～2	<40	直流DC1500V	站位为主	地下或高架为主	地铁：6～8
地铁普线	中心城区(0～15 km)	80～100	0.5～1	<30	直流DC1500V	站位为主	地下或高架为主	轻轨：2～3地铁：6～8

注：表中造价主要包括线路和车站工程建设成本，不含车辆购置费等设备费用。

第3章 城市群多层次轨道交通发展现状与存在问题

3.1 城市群多层次轨道交通发展现状与规划情况分析

3.1.1 城市群多层次轨道交通发展现状分析

我们以珠三角城市群为例进行城市群多层次轨道交通发展现状与典型存在问题分析。

1. 珠三角城市群城市轨道交通发展现状

《2022年广州市交通发展年度报告》显示,广州、深圳、佛山、东莞等4市城市轨道交通已运营总里程突破1000 km。其中广州和深圳已经实现网络化运营;广州市地铁运营线路16条(含广佛线和APM线),里程合计621.0 km,在建线路10条,里程合计201.9 km。

2. 珠三角城市群城际铁路发展现状

《2022年广州市交通发展年度报告》显示,珠三角城市群城际铁路运营线路7条,运营里程近500 km,车站81座,其中运营线路分别是广珠城际铁路、珠机城际铁路一期、穗莞深城际铁路、莞惠城际铁路、佛肇城际铁路、广清城际铁路一期和新白广城际铁路一期;在建线路13条(15段),在建里程超500 km,车站89座,其中在建线路分别是广清城际铁路北延段、广清城际铁路二期、芳白城际铁路、广佛环线城际铁路南环段、佛莞城际铁路、穗莞深城际铁路琶洲支线、广佛环线城际铁路东环段、广花城际铁路、新白广城际铁路二期、珠机城际铁路二期、穗莞深城际铁路南延段、深惠城际铁路、深惠城际铁路大鹏支线、深大城际铁路和莞惠城际铁路二期,预计2030年前建成通车,里程将超1000 km。珠三角城市群城际铁路发展现状参见图3.1。

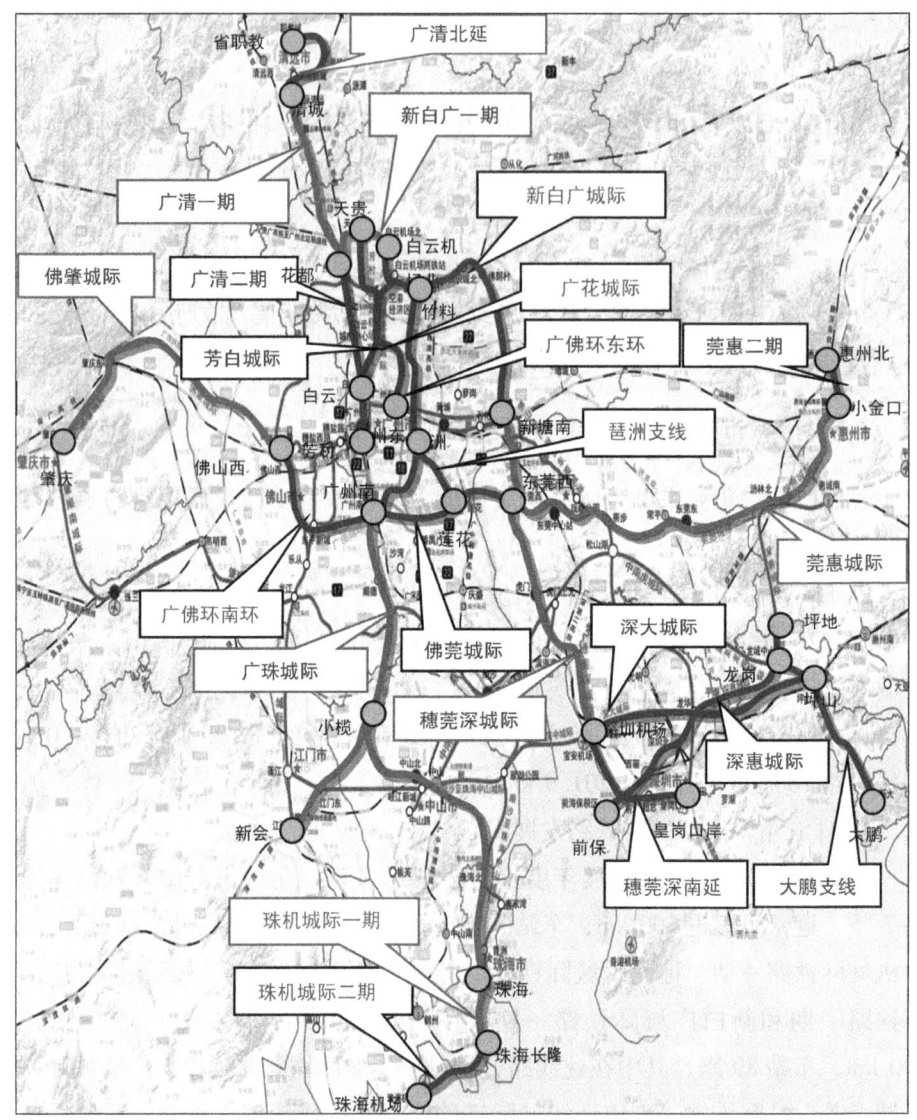

图 3.1 珠三角城市群城际铁路发展现状

3. 珠三角城市群干线铁路发展现状

《2022 年广州市交通发展年度报告》显示，珠三角城市群高铁运营线路 6 条，在建线路 5 条，大湾区里程近 1500 km。干线铁路普速线（客运和货运）运营线路 11 条，大湾区里程近 1000 km；在建线路 4 条，大湾区里程超 100 km。珠三角城市群干线铁路发展现状以参见图 3.2。

第 3 章 城市群多层次轨道交通发展现状与存在问题

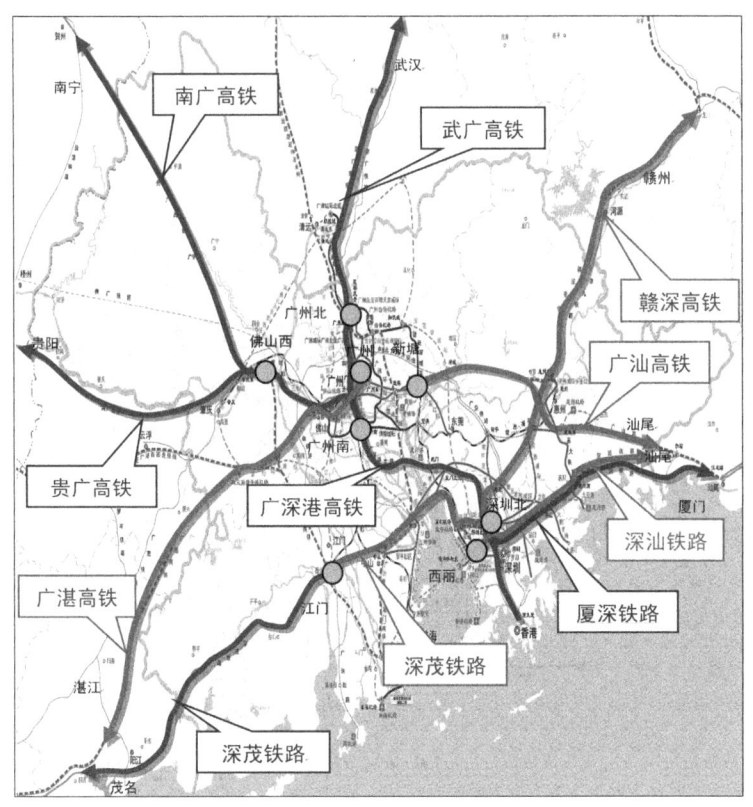

图 3.2 珠三角城市群干线铁路发展现状

3.1.2 城市群多层次轨道交通规划情况分析

1. 珠三角城市群城市轨道交通线网规划情况

《2022 年广州市交通发展年度报告》显示，广州、深圳、佛山、东莞、中山、惠州、江门、珠海等 8 市远期规划总里程突破 5000 km。广州市规划了市域高速轨道＋地铁快线＋地铁普线的多层次市域轨道交通网络，其中高速地铁 5 条，在广州市境内规模超 450 km；快速地铁 11 条，在广州市境内规模超 600 km；普速地铁 37 条，在广州市境内规模约 1000 km。远期规划至 2035 年，广州城市轨道交通线网总里程突破 2000 km。广州市城市轨道交通线网规划参见图 3.3。

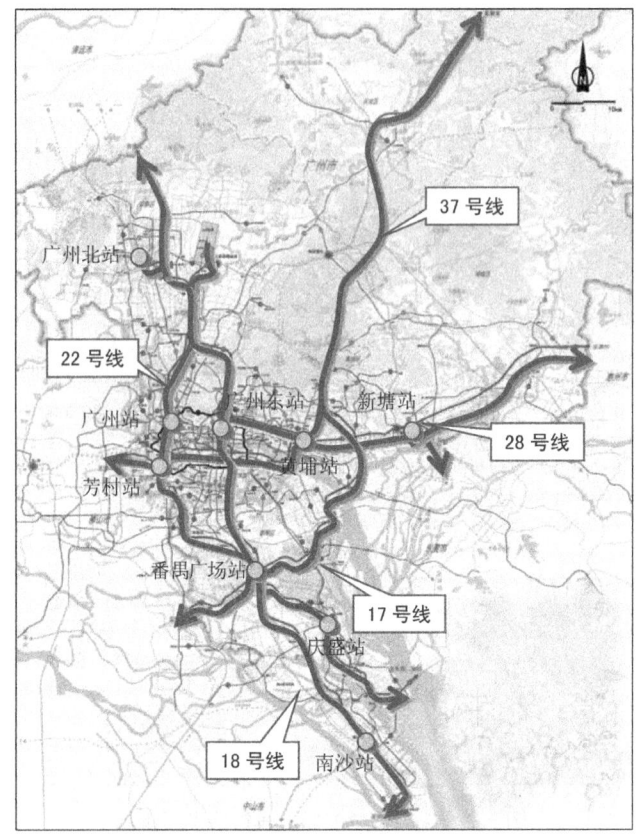

图 3.3 广州市城市轨道交通线网规划

2. 珠三角城市群城际铁路与干线铁路线网规划情况

《2022 年广州市交通发展年度报告》显示,珠三角城市群城际铁路线网共规划 24 条线路,线路总里程超 2000 km,其中近期规划建设 13 条城际铁路和 5 个枢纽项目,总里程约 775 km。加快形成主轴强化、区域覆盖、枢纽衔接的城际铁路网络。规划至 2025 年,珠三角城市群城际铁路和干线铁路线网规模达 4700 km,覆盖大湾区中心城市、节点城市和广州、深圳等重点都市圈;规划至 2035 年,珠三角城市群城际铁路和干线铁路线网规模达 5700 km,覆盖 100% 县级以上城市、80% 规划人口 5 万以上城镇。

3. 珠三角城市群多层次轨道交通线网规划总体情况

《2022 年广州市交通发展年度报告》显示,珠三角城市群多层次轨道交通线网规划(含干线铁路、城际铁路、城市轨道交通)总里程超 10 000 km,其中城际铁路和干线铁路总里程超过 5000 km，城市轨道交通总里程超 5000 km。

3.2 城市群多层次轨道交通供给结构与需求匹配问题

综合分析我国城市群多层次轨道交通发展现状可知，虽然大多数城市群多层次轨道交通取得了快速发展，但与新型城镇化战略下都市圈的发展定位和多层次轨道交通融合发展的内在要求还有较远的差距。由于历史原因，国铁集团侧重全国性主要通道线网的规划建设，地方政府侧重城市内部轨道交通线网的规划建设，因此我国大多数城市群内由国铁集团主导的干线铁路和由地方政府主导的地铁取得了快速发展。然而，服务于城市群城市间的城际铁路和服务于中心城区与外围卫星城镇之间的市域（郊）铁路建设并未引起足够重视，规划建设比较缓慢，特别是市域（郊）铁路规划建设滞后，所以大多数城市群多层次轨道交通供给体系与需求结构不匹配，出现了"异地同城化、同城异地化"的尴尬景象。

3.2.1 粤港澳大湾区与世界三大湾区轨道交通发展比较分析

我们对粤港澳大湾区与世界三大湾区轨道交通数据指标进行比较分析，具体参见表 3-1。

表 3-1 粤港澳大湾区与国际三大湾区轨道交通数据指标（2022 年 12 月数据）

项　目			东京湾区	纽约湾区	旧金山湾区	粤港澳大湾区（含港澳）
面积/万 km^2			3.68	2.15	1.79	5.60
人口/万人			4383	2340	760	8617
线网规模/km	总量		3894	8937	1702	3850.5
	干线铁路	高速铁路	228	0	0	1321
		普速铁路	0	0	0	792
	城际铁路		1550	3248	511	368
	市域（郊）铁路		1758	5309	883	36
	城市轨道交通		358	380	308	1333.5

续表

项　目		东京湾区	纽约湾区	旧金山湾区	粤港澳大湾区（含港澳）
线网构成比例/%	干线铁路	5.86	0	0	54.88
	城际铁路	39.80	36.34	30.02	9.56
	市域（郊）铁路	45.15	59.40	51.88	0.93
	城市轨道交通	9.29	4.25	18.10	34.63
线网密度/(0.01 km/km²)	总量	10.58	41.57	9.51	6.88
	干线铁路　高速铁路	0.62	0	0	2.35
	干线铁路　普速铁路	0	0	0	1.41
	城际铁路	4.21	15.10	2.85	0.66
	市域（郊）铁路	4.78	24.69	4.93	0.06
	城市轨道交通	0.97	1.77	1.72	2.38
人均里程/(km/万人)	总量	0.89	3.82	2.24	0.45
	干线铁路　高速铁路	0.05	0	0	0.15
	干线铁路　普速铁路	0	0	0	0.09
	城际铁路	0.35	1.39	0.67	0.04
	市域（郊）铁路	0.4	2.27	1.16	0.004
	城市轨道交通	0.08	0.16	0.41	0.15

由表3-1可知，从城际铁路和市域（郊）铁路的线网规模、线网密度、人均密度、构成比例四个指标来看，粤港澳大湾区在这四个方面的数值都比其他三大湾区都低很多。其中粤港澳大湾区城际铁路、市域（郊）铁路占比仅为9.56%、0.93%，而东京湾区分别为39.80%、45.15%，纽约湾区分别为36.34%、59.40%，旧金山湾区分别为30.02%、51.88%。由此可见，粤港澳大湾区轨道交通供给体系构成不合理，城际铁路建设缓慢，市域（郊）铁路规划建设严重滞后。市域（郊）铁路作为都市圈通勤的主要交通方式，城际铁路作为城市群、大都市圈城际出行主要的交通方式急需加快规划建设。

3.2.2　城市群市域（郊）铁路覆盖不足和地铁"错位"问题

（1）城市群远郊区及外围城镇组团轨道交通覆盖不足。从前述分析可知，珠三角城市群外围城际铁路和市域（郊）铁路存在交通覆盖不足，时效性不强，对通勤客流缺乏吸引力，外围依旧以公路通勤为主的情况。

（2）地铁和城际铁路"错位"问题较为突出。市域（郊）铁路本是都市圈通勤交通的主力，但由于发展不足，导致珠三角城市群部分地铁、城际铁路延伸至市域（郊）铁路的服务范围，从而造成地铁和城际铁路"错位"问题较为突出。鉴于都市圈通勤客流向心特性强，时效性要求高，且三种轨道交通的功能作用、站间距、时效性差异大，因此地铁站间距较小和站站停，只能服务中心城区通勤客流的需要，无法满足都市圈远郊及外围城镇组团客流的站间距、时效性的要求。2022年，广州地铁郊区线路50%的线路里程承担全网客运量不足13%，说明地铁在外围中长通勤领域不具备竞争力。城际铁路功能定位于满足城市群主要通道城市之间的商务、旅行客流需求，站间距和发车间隔通常较大，也无法满足都市圈通勤客流的站间距、高密度、高频次和向心的要求。

（3）部分轨道交通管理人员对市域（郊）铁路的通勤功能认识不足。在珠三角城市群地方政府部门和企业调研交流中，我们了解到部分轨道交通管理人员对市域（郊）铁路的通勤功能认识不足，他们认为都市圈有地铁、城际铁路和干线铁路就足够了，因此高速地铁可以代替市域（郊）铁路。过去，由国铁集团主导的干线铁路和地方政府主导的地铁发展很快。从2007年国家发展改革委提出10大城市群到2018年国务院批复9个国家级城市群，城市群对应的城际铁路从规划提出到建设实施历经数年已初具规模；从2014年中共中央、国务院提出都市圈到2023年底，南京、福州、成都、长株潭、西安、重庆、武汉、杭州、青岛、济南、广州、深圳、郑州等国家级都市圈先后获得批复，其中重庆都市圈已经着手双流制市域（郊）铁路规划建设，加强了市域（郊）铁路与地铁、城际铁路的互联互通，极大方便了都市圈客流的出行。

3.3　城市群多层次轨道交通发展体制机制问题

3.3.1　城市群轨道交通缺乏统一的政策制度设计

目前，珠三角城市群现有的干线铁路、城际铁路和城市轨道交通运营主体都出台了各自独立的运输决策、管理条例和规范标准，但部分内容冲突较大，如安检互认政策、实名制政策、客票优惠政策、车辆制式标准等，导致多层次轨道交通融合发展难度较大；另外，与城市群多层次轨道交通融合发展相关的法制建设较为滞后，导致该领域政策制定和实施随意性较大，连贯性与可持续性较差。城市群和都市圈政府可以借鉴欧盟等地区机构制定运输政策的规范程序，就运输政策、运输规划和体制改革问题专门立法，减少政策制定和实施的随意性，也可以设立主要由专家学者组成的城市群和都市圈运输政策咨询委员会，为城市群和都市圈政府和立法机构在运输政策的制定领域提供咨询建议。

3.3.2 城市群轨道交通缺乏统一的指挥协调机构

（1）管理衔接体制不完善。城市群都市圈多层次轨道交通网络建设管理层级分布过大，项目综合协调议事缺乏上级部门统一决策，由于国铁集团和城市群都市圈中心城市政府在城际铁路的规划建设上占主导地位，地方政府在参与线站方案、建设模式、一体化运营等过程中发挥的作用极其有限，导致没有形成稳定有效的议事机制，没有发挥实质性的作用。从管理协调机制来看，干线铁路、城市轨道交通建设由国家发展改革委负责审批，而各市之间轨道建设管理的职权分散在多个主体，再加上市级交通管理单位之间的互通互联没有形成长效机制，因此城市群都市圈核心城市与周边各市的建设规划及管理机制，包括贯通运营的轨道机车标准，均未达成一致。因此，城际铁路被分割成各市管辖区内线路网，既难以与周边都市连接，也无法外拓与国铁干线互联互通，间接导致城市群都市圈多层次交通一体化进程受阻。

（2）缺乏省级层面的统一指挥协调机构。由于缺乏省级层面的统一指挥协调机构，很多跨市轨道交通项目在线站位方案、建设模式、投融资等重大问题方面很难达成一致，导致项目协调推进缓慢。

3.3.3 城市群多层次轨道交通投融资与可持续发展问题

（1）轨道交通项目与周边土地一体化开发不足。土地综合开发收益反哺轨道交通建设在城市群多层次轨道交通发展中起到了非常重要的推动作用，但也出现了一些新的问题。例如，《国务院办公厅关于支持铁路建设实施土地综合开发的意见》和广东省政府《关于支持铁路建设推进土地综合开发的若干政策措施》等文件中的"新建铁路项目已确定投资主体但未确定土地综合开发权的，综合开发用地采用招标拍卖挂牌方式供应，并将统一联建的站场、线路工程及相关规划条件、铁路建设要求作为取得土地的前提条件"等规定与《招标拍卖挂牌出让国有建设用地使用权规定》中"出让人在招标拍卖挂牌出让公告中不得设定影响公平、公正竞争的限制条件"的规定存在冲突，导致轨道交通项目的综合开发用地捆绑出让无法实施。因此，城市群如何加强国家、省、市土地综合开发政策研究，并积极争取国家支持，进一步明确设定捆绑出让条件，确保轨道交通项目建设投资主体取得开发用地的操作办法，是一个非常值得探讨研究的课题。

（2）城市群内轨道交通项目与沿线及周边土地综合开发、土地开发收益反哺轨道交通建设、社会资本引入、投融资创新等未形成良好的联动机制和发展模式；轨道交通建设投融资困难，项目协调推进缓慢。

（3）城市群各市财政实力参差不齐，跨城轨道交通项目、属地建设费用分担、运营补亏等资金筹措压力巨大，筹措能力差别大，跨城轨道交通项目协调推进困难重重。

3.4 城市群多层次轨道交通规划整合问题

3.4.1 城市群轨道交通跨层级融合问题

（1）层级功能定位不清晰。由于城际铁路和城市轨道交通在审批程序和深度上存在差异，有些地方为了规避审批程序，将规划的市域（郊）轨道交通项目纳入城际铁路规划上报审批，实际则按城市轨道交通建设。

（2）各层级衔接不畅。由于城市群内地铁、干线铁路、城际铁路分属不同部门管理，规划建设相对比较独立，导致都市圈多层次轨道交通之间及与机场衔接不畅情况比较普遍，造成旅客换乘困难，出行不便，不利于城市群都市圈"四网融合"和多层次轨道交通的高质量发展。2018年，尽管广东省在全国率先探索接管委托广铁集团运营的城际铁路，但由于正值广东省与广铁集团就广东珠三角城际轨道交通有限公司股权置换问题谈判进展缓慢阶段，移交工作开展得并不顺利；到2023年底，仅有广清城际铁路成功移交给广州地铁集团，而广珠城际、穗莞深城际、佛肇城际、莞惠城际仍未移交成功。

3.4.2 城市群轨道交通跨制式融合问题

轨道交通系统各制式融合是城市群多层次轨道交通系统规划建设中亟待解决的难题。在各制式融合过程中，我们需要全面分析轨道交通系统车辆型式、最高运行速度、列车编组和对应区域客流规模等特点，才能确定相应线路的运营方案。目前，珠三角城市群多层次轨道交通建设运营过程在跨制式融合方面难度很大，主要是由于干线铁路、城际铁路、地铁等轨道交通有各自不同的管理模式和技术体系，导致各制式轨道交通互联互通改造成本巨大。

3.4.3 城市群轨道交通跨区域融合问题

跨区域轨道交通融合是城市群交通一体化的发展方向，是提升都市圈客流出行效率的有效途径。跨区域轨道交通线路是指跨城市的轨道交通线路，由于线路连接不同的城市，因此跨区域线路的运输组织、调度指挥、票务清分、信息沟通等运营业务的效率受制于跨区域政府及运营主体之间的协同管理水平。

目前，珠三角城市群多层次轨道交通存在路省合作、省市合作、市市合作、市单独建设等多种模式，且项目规划、审批、建设和运营等各个阶段程序的运作模式差异较大。受制于行政条块分割和各方利益诉求不同，都市圈各专项规划不能有机衔接，存在技术标准不统一等情况，不利于珠三角城市群多层次轨道交通的融合发展。

3.4.4 城市群轨道交通复合通道资源利用问题

在城市群内的多层次轨道交通规划中，由于缺乏城市群层面的一体化规划协调机制，在行政条块分割和各方利益诉求的驱使下，存在不同项目抢占通道资源、技术标准不统一等现象，不利于通道资源的复合利用，也为未来的多层次轨道交通融合发展制造了许多技术难题和高昂的改造成本。我国众多城市群中，部分如长三角城市群、京津冀城市群、长江中游城市群等城市群跨越了省级行政区域，相互的协调需要在国家层面才能解决；珠三角城市群、中原城市群等部分城市群需要在省级层面协调解决。例如可尝试在省级层面进一步明晰部门职能，明确省级部门统筹、地市参与的城市群轨道交通一体化研究机制。规划研究中，应充分结合城市群都市圈实际情况和各地市发展规划，科学客观研究路网布局、通道结构、项目功能定位和技术标准，并积极争取国家相关部委支持，确定城市群都市圈多层次轨道交通主骨架和复合通道方案。

3.5 城市群多层次轨道交通站城失调与枢纽不畅问题

3.5.1 产城融合问题

城市群多层次轨道交通规划建设中，许多轨道交通线位、站点与属地城镇的产业、空间、人口规划缺乏一体化规划，产城融合效果不理想；都市圈部分轨道交通线路及站点选址布局与区域空间功能谋划缺乏联动，部分线路站点过度饱和，部分客流不足；重点交通廊道没有预留发展用地，且沿线地区普遍开发强度较大，发展复合交通廊道困难。

3.5.2 站城融合问题

许多城市群轨道交通站点与周边土地开发利用、城市综合交通衔接的联动发展不够，导致站城融合效果不佳。目前，城市群大城市中心城区人口密度过大，交通拥堵严重，新建铁路客站过于外围且换乘不便，导致出行时间过长。基于轨道交通站点的开发不足，导致站点停车和换乘（P+R）设施缺乏，轨道交通站点末端出行和最后一千米出行困难。

3.5.3 枢纽融合问题

目前，城市群中心城市存在轨道交通枢纽数量少、相互换乘距离长的问题。具体来说，缺乏多中心、网络型枢纽布局，铁路客站联络线建设不足；市域（郊）铁路、城际铁路、干线铁路之间的过轨运输和直通运输组织困难，旅客换乘次数较多；衔接换乘设施不足，换乘距离和换乘时间较长，不利于都市圈1小时生活圈目标的实现。

3.6 城市群多层次轨道交通运服脱节问题

以珠三角城市群为例，目前珠三角地区存在拥有广铁集团、广州地铁集团、深圳地铁集团、东莞地铁集团、佛山铁投等多个运营主体和多个调度指挥中心的格局。同时也存在许多不足的地方,例如相同制式轨道列车的共线运营、过轨运输,不同制式轨道列车的运能匹配、到发时刻衔接。

从行车组织方面来看,城市群多层次轨道交通缺乏一体化的调度指挥协调中心,多层次轨道交通互联、互通、互运、互维体系尚未建立。轨道交通网络运营非常复杂,统一调度指挥对轨道交通网络正常运营与应急处置至关重要。

从乘客服务方面来看,城市群多层次轨道交通缺乏一体化的票务清分中心,行政藩篱、管理壁垒阻力重重,旅客联程运输实施困难。乘客在一趟城市群城际出行过程中需要进行多次安检、多次购票,由城市群城际高速通行节约下来的时间在交通站点换乘中消耗殆尽。

第4章 国内外城市群都市圈多层次轨道交通融合发展经验启示与借鉴

4.1 国外主要城市群都市圈多层次轨道交通发展经验启示与借鉴

4.1.1 巴黎大区

1. 巴黎大区市域（郊）铁路概况

第二次世界大战后，大巴黎地区基础设施明显落后。从1950年开始，建设区域快线（RER）的观点逐渐浮出水面。在政府部门的支持下，巴黎公交公司（RATP）提出了一个建设RER的初步设想，主要目标是实现乘客快速穿越整个巴黎市和从近郊不经换乘就可以到达市中心。RER建成前，郊区乘客需要在城市边缘换乘地铁进入市中心。当时地铁的速度仅为25 km/h，从郊区到达市中心耗时长，导致卫星城的发展受到了限制。郊区与郊区之间的交通则更加不方便，至少需要在城市边缘换乘2次才能到达目的地。为了实现"保护旧城区，发展卫星城"的目标，使人们向郊区迁移，巴黎市政府决定修建RER线路，将既有市域（郊）铁路通过城市中心区连接起来，实现卫星城—中心城—卫星城之间的直通服务。

在规划RER时，巴黎公交公司（RATP）研究了两种建设方案：①将地铁向郊外延伸；②将市域（郊）铁路引入城市中心。最终，RATP采用了利用既有市域（郊）铁路（将其电气化）并在中心城修建新线的RER方案。在城市中心区，RER以地下线形式穿过，并通过换乘站与巴黎地铁网连接为一个整体，互相补充并构成了城市轨道交通网络的主骨架；在郊区，利用铁路既有线路降低了成本，并根据需要采用地面线路延伸方案，连接了部分支线，连接了城市的主要卫星城，最大限度地满足了乘客的出行需求。

除RER线外，巴黎还有8条市域（郊）铁路。市域（郊）铁路总长1296 km，有443个车站，由法国国营铁路总公司（SNCF）运营；网络呈发散形，以市内的5个火车站作为终点，分别服务不同的方向，其主要功能是加强周边城镇与市中心的联络。市域（郊）线路通常站间距较大，运营速度较高，服务范围为整个巴黎大区，服务半径为60 km。

RER线本质上是市域（郊）铁路很特殊的一部分，但是它衔接市区和郊区穿城而过，容量大，频率高，速度快；市域（郊）铁路接驳火车站，频率低。

RER线与市域（郊）铁路总体呈贯穿式+放射式布局。RER线包括五条线路，覆盖了巴黎大区的1~5圈，主要用于郊区与市区的通勤。线路从郊区进入中心城区后没有终止，而是在地铁的下方修建新线，分别沿东西、南北两个方向贯穿巴黎市区；在市区的停站少，主要通过若干换乘枢纽与地铁系统接驳；出市区后由地下转到地面，与多条市域（郊）铁路线相连，通向巴黎郊区的卫星城镇。市域（郊）铁路各条线路始于巴黎市内的火车站，不穿越市区，而是呈发散形向不同方向辐射至远郊地带。RER线贯通式+市域（郊）铁路放射式的总体布局模式，既不干扰城市交通，又能便捷快速地输送市郊—市郊、市郊—市中心的客流。

2. 巴黎大区多层次轨道交通分工与衔接

巴黎大区多层次轨道交通由地铁、RER、市域（郊）铁路、国铁四种轨道交通方式组成。巴黎地铁与区域RER及市域（郊）铁路网参见图4.1。

巴黎的地铁系统主要布局在巴黎的市区，主要服务于市区人口密集地区及市区与近郊区之间的运输；巴黎的市域（郊）铁路及区域RER线主要布局在市区与新城、远郊之间的走廊，主要服务于新城、远郊与市区之间的通勤客流运输。

巴黎的地铁系统与RER、市域（郊）铁路分工明确，形成良好的衔接换乘系统。巴黎的轨道交通系统发达、完善，在城市综合交通体系中处于主体地位。

RER线从郊区进入中心城区后以地下线形式穿过，与巴黎地铁网通过换乘站连接成一个整体，不过轨运营，互相补充构成了城市轨道交通网络的主骨架。

RER线及市域（郊）铁路运营商有两家，分别是RATP和SNCF，其中RATP运营2条RER线（A、B号线），SNCF运营3条RER线（C、D、E线）和市域（郊）铁路。因此，虽然5条RER线都属于市域快线，但分属于不同的运营公司。为了提高旅客的直通性以及充分利用通道资源，RATP公司和SNCF

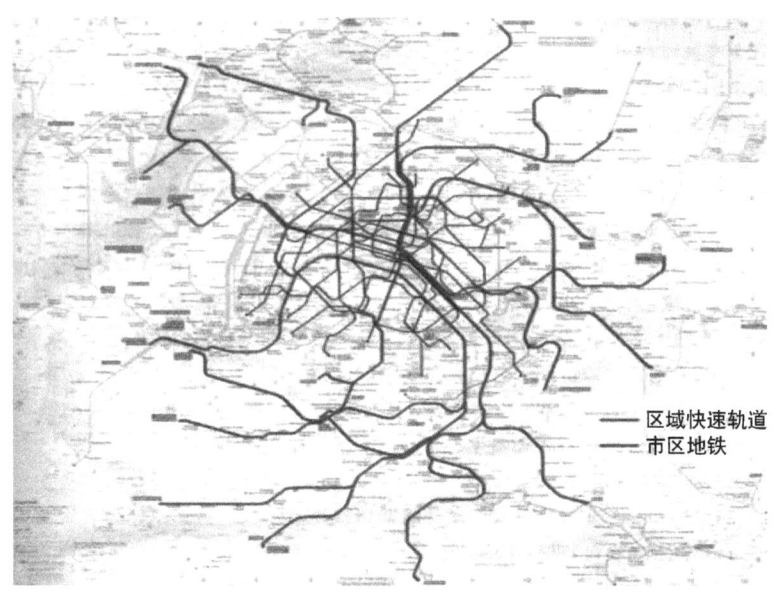

图 4.1　巴黎地铁与区域 RER 及市域（郊）铁路网

公司在线路技术标准、运营管理上进行协商，最后达成一致，所管辖的 RER 线之间可实现互联互通。在市区，为了充分利用通道资源，由 RATP 公司经营的 RER-B 线列车和由 SNCF 公司所经营的 RER-D 线列车共线运营；在郊区，RER 线列车还与市域（郊）铁路实现互联互通。

3. 市域（郊）铁路主要技术标准

（1）基础设施系统：RER 线基础设施采用的标准与法国国铁基本一致，具体是机车车辆限界宽度为 3150 mm，车站站台长度为 230 m。RER 线路的最小曲线半径为 650 m，最大坡度为 3‰，最小竖曲线半径为 5000 m。在郊区，RER 线可以实现与国铁的跨线运行。

（2）牵引供电系统：RER 线采用标准制式和架空线电力牵引。从供电制式来看，RATP 公司经营路段采用 DC1.5 kV，SNCF 公司所经营路段采用 AC25 kV。为实现互联互通，RER 线互联互通列车包含两套牵引传动系统，以兼容这两种电源。

（3）车辆系统：RER 线通过准确统计长短途旅客的数量确定合理的车门和座位比例。例如，RER-A 线采用车门多（每边 4 个）、座位少的布局，RER-B 线和 RER-C 线采用车门少、座位多的布局。RER 线还利用双层车辆，提高每列车的席位数，RER-D线和RER-E线上均同时运行着单层车和双层车。

4. 运营管理

目前，RATP运营地铁、2条RER线（A、B号线）和其他地面交通，SNCF运营3条RER线（C、D、E线）、市域（郊）铁路和国铁。虽然运营公司不同，但是在都市圈的售检票系统却实现了一体化。

巴黎大区的票制不考虑交通方式，主要依据使用时间和使用范围进行划分，其使用时间分为一次、一天、一段时间，使用范围是从巴黎大区核心的第1圈到最外围的第5圈。还有针对青少年的打折票，针对游客的观光票。人们在车站可以通过人工或自动售票机购票。

4.1.2 东京湾区

1. 东京湾区市域（郊）铁路概况

东京有"轨道上的城市"之美誉，是全世界成功发展市域（郊）铁路的最佳典范，拥有全世界最大的通勤轨道交通网络。其交通网络主要由原日本国有铁道公司分割民营化后组建的JR东日本公司管辖的铁路（简称JR线）、由多家民营公司经营的私营铁路（简称私铁）、地铁和新型轨道交通系统组成。东京首都圈内参与公共交通的轨道交通线路里程为2305 km，其中市域（郊）铁路2013 km，包括JR线（不包括新干线）887 km、私铁（包括单轨铁路）1126 km。JR线属于原国铁系统，拥有站场及线路，既经营市区线路，又经营远郊线路，站间距5～6 km，运营时速50～60 km/h。私铁主要分布在JR山手环线外围，连接市区和外围主要居民区，站间距2 km左右，运营时速40～45 km/h。这样的线路形式可以充分发挥轨道交通的环线和市中心已有轨道交通线路的功能，使郊区乘客通过轨道交通之间的换乘进入市区。东京湾区市域（郊）铁路线路密度和长度都居世界大城市的前列。

东京湾区轨道交通布局形态为环形+放射线，其中一环是山手环线，二环是武藏野环线，放射线25条（JR线14条，私铁11条）。环线有机衔接地铁及市域（郊）铁路，其中山手环线衔接57条线路，市域（郊）铁路基本从环线上放射。

2. 东京湾区多层次轨道交通分工与衔接

东京湾区内多层次轨道交通的衔接是非常灵活的，从整体来说可以分为三类：

（1）市域（郊）铁路止于JR山手环线。市域（郊）铁路通过JR环线上的换乘站实现与市区线路换乘，其中29个车站中的24个可与其他线路实现换乘。但是，随着市域（郊）铁路客流的不断增加，换乘站的拥挤问题日益严重。为了解决市域（郊）铁路与环线换乘拥堵的问题，人们发展出另外两种衔接方式。

（2）市域（郊）铁路与其他线路在市域（郊）建立换乘枢纽。市域（郊）铁路与其他线路在外围进行换乘，根据换乘站点的数量又可以分为单点换乘和多点换乘。

（3）市域（郊）铁路与市区线跨线运营。东京中心区轨道交通与放射轨道直通运转，使得郊外居住者可乘坐放射线直通列车直达市中心，缓解高峰时段线路和换乘枢纽的拥堵，提高通勤轨道交通服务水平。东京湾区轨道交通直通运营参见图4.2。

图4.2 东京湾区轨道交通直通运营

3. 市域（郊）铁路主要技术标准

（1）基础设施系统：东京 JR 线、私铁共有 1067 mm、1372 mm 和 1435 mm 三种轨距，对技术标准进行统一后基本为 1067 mm。由于东京地铁与 JR 线、私铁进行直通运营，地铁线路中选择轨距时与其相邻的 JR 线或私铁采用相同的轨距。

（2）牵引供电系统：东京 JR 线、私铁及地铁牵引供电系统均采用 DC1.5 kV 接触网供电。

（3）车辆系统：东京 JR 线、私铁及地铁系统车辆编组比较灵活，即使在同一条线路上，根据列车类型不同采用的列车编组也不相同。

4. 运营管理

东京湾区中，不同轨道交通方式、同一轨道交通方式内部通常包含多家运营主体。在地铁层面，运营主体有东京地铁和都营地铁；在市域（郊）铁路层面，运营主体有京城、京急、东武、西武等；在国铁层面，运营主体拥有 JR（长距离）和新干线等。另外，还有多家新交通（单轨、导轨）公司。尽管都市圈内轨道交通运营公司的数量很多，但是日常运营井井有条，以负责各自的线路为首要原则，同时相互协作，提升运营水平。此外，东京湾区新干线、JR（长距离）、JR（通勤）由不同公司来运营。JR 公司专门为游客提供了单日旅游通票，可以在一天内不限次数乘坐相应的新干线及 JR 线路。

4.1.3 纽约湾区

1. 纽约湾区市域（郊）铁路概况

纽约湾区市域（郊）铁路是指服务于外围地区和邻近地区居民至纽约通勤出行的铁路，总长 1632 km，其中中心城 167 km，郊区 1465 km。通勤铁路网在中心城外 80 km 左右的交通圈内线网密度达到 0.11 km/km^2，高于伦敦水平；80～150 km 交通圈内密度较低，仅为 0.03 km/km^2，反映了通勤铁路主要服务于近郊 80 km 以内的都市圈。由于纽约通勤铁路主要为郊区的居民提供上下班的通勤服务，因此即使在中心城内，其站间距也较大。在中心城内，纽约通勤铁路平均站间距为 4 km 左右；在中心城外 80 km 交通圈内，其平均站间距为 3 km 左右；80 km 以外的远郊区，其平均站间距为 6 km 左右。纽约湾区市域（郊）铁路标准与其国家铁路标准相同，最高速度可达 160 km/h。

2. 纽约湾区多层次轨道交通分工与衔接

曼哈顿是纽约的核心,也是纽约真正具有就业吸引力和商业辐射力的地区。因此,无论是通勤线路的乘客还是运营公司都关注线路在曼哈顿地区的衔接情况。纽约湾区市域(郊)铁路与地铁系统形成的衔接方式大多被总结为半径线式。具体来说,都市圈市域(郊)铁路均深入中心城内部,并终止于曼哈顿中央火车站、宾夕法尼亚火车站、长岛火车站等铁路车站,通过铁路车站的城市轨道交通再换乘衔接中心城区交通。由于这些市域(郊)铁路主要为郊区居民提供通勤服务,因此其站间距在中心城内较大,车站主要承担市郊出行旅客的集散功能。此外,在部分客运需求较大的区段,并行的地铁线路承担市内客流,并可与市域(郊)铁路换乘。

3. 市域(郊)铁路主要技术标准

(1) 基础设施系统:纽约湾区市域(郊)铁路采用国铁标准,最高速度可达 160 km/h。

(2) 牵引供电系统:纽约北方铁路供电方式为第三轨和接触网两种方式,电压为 DC750 V 或 AC12.5 kV(哈德逊河以东线路);长岛铁路供电方式为第三轨,电压为 DC750 V。

4.1.4 国外城市群都市圈多层次轨道交通融合发展经验启示与借鉴

我们对巴黎大区、东京湾区和纽约湾区的概况、轨道交通层次划分与构成、多层次轨道交通互联互通、运营管理一体化等进行分析,总结出以下主要发展经验与启示。

1. 多层次轨道交通网络衔接

(1) 巴黎大区轨道交通分工明确,主要在于:高铁、普铁对外,地铁负责中心城区内。RER、市域(郊)铁路服务周边城镇与中心城区快捷联系。地铁系统与其他轨道交通均以换乘的方式进行衔接;RER 与市域(郊)铁路可互通跨线。巴黎大区 RER、市域(郊)铁路运输组织模式灵活多样,主要有快慢车、多交路、主支线贯通运营、共线运营等组织模式。运营主体多元化,但在票务系统方面实现了运营管理一体化。

(2) 东京湾区市域(郊)铁路与其他轨道交通衔接关系比较灵活,主要有市域(郊)铁路与 JR 山手线环线换乘、与其他铁路线路在外围进行多节点换乘、与市区地铁线路跨线运营。直通客流比重大是互联互通过轨运营的基础要求，东京湾区直通线路跨线客流比重基本在50%以上。除早期建设的几条线外，东京地铁系统后期规划建设的地铁线路在设计阶段充分考虑了与市域（郊）铁路的贯通运营需求。

（3）纽约市域（郊）铁路均深入中心城区内部，与地铁系统以换乘形式衔接，在大型对外交通枢纽可与其他铁路线路换乘。此外，在部分客运需求较大的区段，并行的地铁线路承担市内客流，并可与市域（郊）铁路换乘。

多式联运是多层次轨道交通衔接的主导模式。可在站点内实现多种交通方式的同站或同台换乘。例如，纽约市宾州车站是包含地铁、通勤铁路和城际轨道交通三种轨道交通的综合服务车站。珠三角城市群可以借鉴以上交通接驳模式，实现国铁干线、城际铁路、市域（郊）铁路、城市轨道交通等多层次轨道交通网络的无缝衔接。

2. 不同运营主体相互协作与运营一体化

（1）东京湾区中，不同轨道交通方式、同一轨道交通方式内部通常包含多家运营主体。在地铁层面，运营主体有东京地铁和都营地铁；在市域（郊）铁路层面，运营主体有京城、京急、东武、西武等；在国铁层面，运营主体拥有JR（长距离）和新干线等。另外，还有多家新交通（单轨、导轨）公司。虽然都市圈内轨道交通运营公司的数量很多，但是日常运营井井有条，在票务系统、调度管理等方面实现了运营管理一体化。

（2）巴黎大区多层次轨道交通由地铁、RER线、市域（郊）铁路、国铁等四种轨道交通方式组成，其中RATP运营地铁、2条RER线（A、B号线）和其他地面交通，SNCF运营3条RER线（C、D、E线）、市域（郊）铁路和国铁。虽然运营公司不同，但在都市圈的售检票系统实现了一体化。

4.2 国内城市群都市圈多层次轨道交通融合发展探索实践与启示

4.2.1 国内城市群都市圈多层次轨道交通融合发展探索实践

目前，国内城市群都市圈轨道交通以各线独立运营为主；少数市域（郊）铁路与地铁线路有贯通运营的情况，如北京的地铁1号线与八通线、地铁4号线与大兴线、地铁8号线与昌平线等。此外，也有上海、重庆、广州、浙江等地区正在进行多层次轨道交通互联互通与一体化融合发展探索。

4.2.1.1 广州 18 号线和 22 号线

广州市在都市圈多层次轨道交通融合发展方面做了一些探索和努力。例如，城市轨道交通快线 18 号线的速度为 160 km/h，规划衔接广州东站，增强广州东站的综合交通枢纽功能；城市轨道交通快线 22 号线的速度为 160 km/h，规划衔接广州南站，实现南沙新区、番禺核心区、荔湾白鹅潭地区与广州南站之间的快速轨道交通联系，增强广州南站的综合交通枢纽功能。城市轨道交通快线 18 号线和 22 号线在番禺广场站实现贯通运营，承担连通万顷沙、广州南站、广州东站、白鹅潭四大枢纽功能，远期进一步连接广州火车站、广州北站、白云机场三大枢纽的功能。

4.2.1.2 上海机场联络线

1. 线路概述

上海新建市域（郊）铁路机场联络线自虹桥综合交通枢纽内预留的虹桥磁浮车场引出，沿沪杭客专东侧向南穿过沪杭铁路通道后折向东沿春申塘走行，而后穿越黄浦江，沿外环线、迎宾高速南侧走行，经三林南、张江、迪士尼至浦东机场，出浦东机场后接入上海东站的机场线车场，全长 68.66 km，其中地下线路长 56.66 km，高架线路长 7.69 km。

机场联络线是上海城市总体规划确定的市域（郊）铁路的重要组成部分，联通"两场三站"，主要包含三大功能：①通过国铁网络的互联互通实现沪宁铁路通道和沪杭铁路通道向浦东地区延伸，增强浦东综合交通枢纽对长三角区域的服务功能，支撑全球城市核心功能的发挥；②建立虹桥和浦东两大综合交通枢纽的快速通道，控制枢纽之间的运行时间在 40 min，进一步整合航空、铁路等对外交通资源；③上海市东西主轴内的市域快速通道是城市轨道交通网的重要组成部分，是张江科学城、国际旅游度假区等重点地区与两大综合交通枢纽的快速联系通道。提升重点发展地区的轨道交通服务水平。

2. 主要技术标准

①设计速度：160 km/h；②供电制式：交流 25 kV；③车辆型式：国铁 CRH 动车组、城际 CRH6 动车组。

3. 运输组织模式

上海浦东国际机场是中国三大门户复合枢纽之一，是长三角地区国际航空货运枢纽群核心成员,其功能定位决定了其构成客流既有上海大都市区范围内中短途客流,也有长三角片区乃至全国的中长途客流,从轨道交通层面则反映出强烈的中长途客流直达上海浦东国际机场的需求。上海机场联络线作为联系虹桥枢纽与浦东枢纽的重要轨道交通线路,必然需要承担起城际客车下线运行的功能,因此采用跨线城际列车与本线市域(郊)列车共线运行的运输组织模式。

根据本项目在枢纽内与国铁的衔接方式,城际列车的主要运输路径为:①沪宁城际、沿江城际等方向列车经虹桥综合场—沪昆线—李莘联络线—上海南—三林南—本线—上海东站;②沪杭客专方向列车经沪杭客专—上海南—三林南—本线—上海东站。

4.2.1.3 浙江金义东市域(郊)铁路

1. 线路概述

新建金华—义乌—东阳市域(郊)铁路由金华—义乌线和义乌—东阳(横店)线两条线路组成。其中,金义段起于金华站,止于义乌市秦塘站,线路总长58.396 km,设站16座,平均站间距约3.86 km;义东段起于义乌站,止于横店客运中心站,线路总长48.75 km,设站15座,平均站间距约3.45 km。

金义东市域(郊)铁路贯穿金华—义乌都市区的核心区域,联系城市群核心区域与东部城镇集群,强化金义主轴线和东阳—义乌发展带的发展。结合浙中城市群轨道交通线网整体构架和功能特点,金义东(横)市域(郊)铁路是衔接金华、义乌中心城与东阳、横店之间一条重要的骨架线路,是浙中城市群轨道交通网络的重要组成部分。

2. 主要技术标准

①设计速度:120 km/h;②供电制式:直流1.5kV;③车辆选型:地铁B型车。

3. 运输组织模式

金义东市域(郊)铁路贯穿金华—义乌都市区的核心区域,是衔接金华、义乌中心城与东阳、横店之间一条重要的骨架线路。金义线与义东线之间存在强大的客流交换需求,在秦塘站呈"十"字交叉,组织开行跨线列车,即组织金华站—横店客运中心站跨线列车,正好覆盖金义线和义东线高客流断面区域。金义线、义东线各自开行一个大交路,其中金义线开行金华站—苏溪北站交路,义东线开行下塘线—横店客运中心站交路。

4.2.1.4 重庆市多层次轨道交通

重庆的城市轨道交通环线与 5 号线通过联络线在重庆西站进行跨线，环线与 4 号线通过联络线在民安大道站进行跨线，4 号线与 10 号线通过联络线在重庆北站北广场站进行跨线。

重庆市域（郊）铁路江跳线与地铁 5 号线贯通运营，其中地铁 5 号线采用直流供电制式，江跳线采用交流供电制式。为实现贯通运营，5 号线和江跳线采用双流制 As 车，可以同时在交流/直流两种供电区段运行，其中在交流区段最高速度可达 120 km/h。

4.2.2 国内城市群都市圈多层次轨道交通融合发展探索启示

我们对国内上海机场联络线、浙江金义东市域（郊）铁路、广州 18 号线和 22 号线、重庆市多层次轨道交通融合发展探索实践等案例进行分析，得到国内都市圈（都市区）多层次轨道交通融合发展探索启示。

（1）在轨道交通规划层面，应统筹考虑各种轨道交通方式服务范围，做好通道各方式的资源整合及预留；突破国铁集团、住建部和相关地方政府之间的行政壁垒，最重要的是在轨道交通规划阶段做好融合发展协调机制的建设。

（2）在枢纽布局与衔接方面，要做好多层次轨道交通之间的无缝衔接，建立"以人为本""便捷换乘"的综合交通枢纽；应当逐步建立以铁路车站为核心的综合交通枢纽，实现国铁干线、城际铁路、市域（郊）铁路和城市轨道交通的衔接。

（3）在轨道交通运营层面，要做好不同轨道交通方式之间的换乘，将不同类型的网络"串联"起来，在服务链上相互渗透，在轨道交通功能上互为补充，优化都市区内外轨道的交通通道与服务质量；要加强运营主体之间的沟通协调。

（4）在售检票系统一体化方面，应逐步优化不同轨道交通之间的方式。目前，干线铁路和城际铁路是以国铁集团为主体的客票发售，城市轨道交通是以地方政府为主体的客票发售；对于市域（郊）铁路应力争做好与其他轨道交通方式之间的售检票一体化，方便乘客出行。

（5）在轨道交通资源层面，应逐步共享不同轨道交通方式之间车辆基地、停车场等。

第5章 城市群多层次轨道交通一体化融合规划

随着我国城市群区域经济的集聚发展和综合运输体系的日趋完善，经济发达地区出现了城市轨道交通等多层次轨道交通方式。为了提高城市群区域轨道交通后期的运营效率，前期的规划配合衔接等多层次轨道交通一体化融合规划至关重要，是后期高效开行方案和运营组织的关键。本章以珠三角城市群为例进行城市群多层次轨道交通一体化融合规划实证研究。

5.1 城市群出行客流特征与需求分析

城市群区域客流主要由区域内出行客流、区域对外客流和部分过境客流组成，其中区域内出行客流又分为城际客流与城内客流。这些客流具有不尽相同的特性。城市群城内客流绝大部分是通勤、通学、购物、休闲客流，城际客流主要是商务、旅游、探亲和打工求职客流等。未来，伴随着城市群一体化进程的加快、居民消费水平的提高、交通基础设施的完善以及城市化进程和同城化的加快，农村人口进城务工并定居的比重将会增加，城际出行打工求职客流的比例将会减小，城市群城际与城内出行客流差别将呈缩小趋势。

5.1.1 城市群通勤轨道交通供给现状分析

城市群内部各大都市圈通勤轨道交通主要由城市轨道交通、市域（郊）铁路、城际铁路、干线铁路组成。其中，城市轨道交通主要服务城市 30 km 内中心区、近郊区的通勤客流，是中心城市中心城区通勤主力；市域（郊）铁路主要服务中心城市 30～70 km 远郊区、卫星城镇通勤客流，是都市圈通勤主力；城际铁路兼有服务城市群城际通道上通勤客流的作用；干线铁路兼有服务通道沿线通勤客流的作用。

以珠三角城市群为例，三大都市圈通勤轨道交通经过多年的建设与发展取得了有目共睹的成就，主要由地铁、城际铁路和干线铁路组成。得益于多年来广佛同城工作的持续推进，广佛两市城市轨道交通融合发展与跨城通勤走在了全国前列，逐步进入"融网"状态。到2022年底，广州、佛山两市地铁运营总里程已达653 km，其中广州地铁集团运营的地铁里程达621 km（含佛山境内广佛线和广州7号线），位居全国第三。

5.1.2 城市群轨道交通出行客流特征分析

根据第2章分析可知，广东省"一群五圈"的城镇空间格局中，广州都市圈包括广州、佛山全域和肇庆、清远、云浮、韶关四市的都市区部分，深圳都市圈包括深圳、东莞、惠州全域和河源、汕尾两市的都市区部分，珠江口西岸都市圈包括珠海、中山、江门、阳江四市。由于广州都市圈中的核心城市——广州经济发达，是强省会城市，对清远、云浮、韶关的都市区有较强的客流吸引力，深圳都市圈中的核心城市——深圳是广东省第一经济大市，对河源、汕尾的都市区也有较强的客流吸引力，因此在客流预测中把其纳入交通小区划分中参与客流预测。珠西都市圈呈现多中心环布结构，由于不存在一个凌驾于其他城市之上的强中心城市，空间上又无相向而行，如江门的珠西枢纽朝银洲湖方向，中山通过深中通道往深圳方向靠拢，珠海则通过横琴往澳门方向走；珠西三个城市相互之间的客流吸引力比较低，自然对偏居一隅的阳江市的客流吸引力就更低。鉴于客流预测的核心是基于人的流动，侧重关注人的流动带来轨道交通基础设施的规划需求，因此本研究淡化政府规划文件中城市群都市圈的地理概念范围，聚焦城市群都市圈核心城市跟周边城市有较强客流的跨行政区域范围的交界地区。因此，在客流预测交通小区划分中，把清远、云浮、韶关的都市区纳入广州都市圈客流预测中的交通小区里，把河源、汕尾的都市区纳入深圳都市圈客流预测中的交通小区里，把阳江从珠西都市圈客流预测中的交通小区中剔除。

由于三大都市圈包含的城市数量较多，且侧重分析的对象是三大都市圈之间及内部城市之间的客流交流，因此本章以每个城市作为一个交通小区单元进行客流预测，不涉及每个城市内部的出行客流。我们根据三大都市圈的统计年鉴及规划文件资料数据进行整理，采用TransCAD软件进行客流预测，得到珠三角城市群三大都市圈城际交通出行现状预测客流量，参见图5.1。

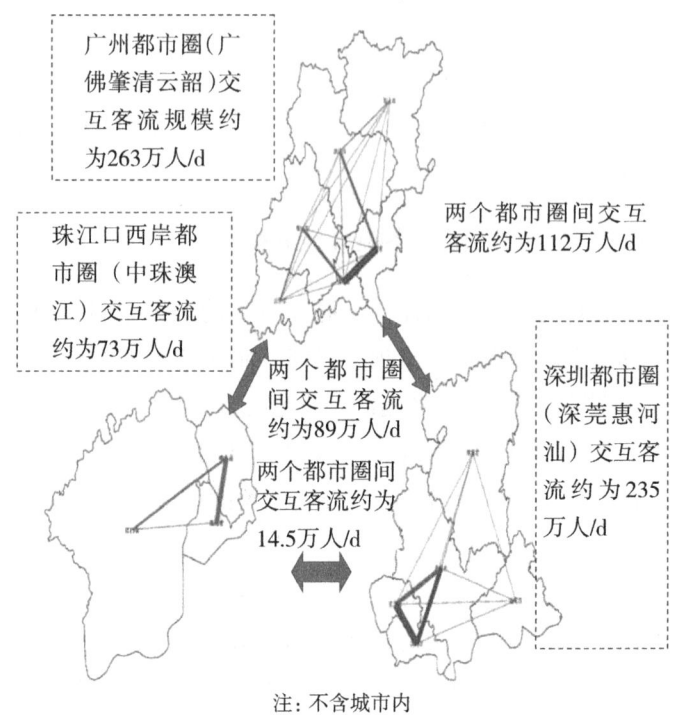

图 5.1　珠三角城市群三大都市圈城际交通出行现状客流预测量（2022 年数据）

由图 5.1 可以看出，广州都市圈、深圳都市圈内部城市间交互客流分别约为 263 万人/d、235 万人/d，比珠江口西岸都市圈内部城市间 73 万人/d 的交互客流大得多；广州都市圈与珠江口西岸都市圈之间交互客流约为 89 万人/d，跟广州都市圈与深圳都市圈之间 112 万人/d 的交互客流相比，差距不是很大；但是，深圳都市圈与珠江口西岸都市圈之间交互客流仅约为 14.5 万人/d，比前两者低许多，受珠江口阻隔和过江通道太少的影响明显；值得注意的是，广州都市圈与珠江口西岸都市圈之间交互客流约为 89 万人/d，比珠江口西岸都市圈内部城市间 73 万人/d 的交互客流还大，说明广州都市圈核心城市——广州对珠江口西岸都市圈的客流吸引力非常明显。

进一步分析珠三角城市群多层次轨道交通的结构、规模和客流出行轨道分担率可知，目前珠三角城市群城际间轨道服务类型单一，以城际铁路和高铁出行为主，市域（郊）铁路出行缺失，城际出行轨道方式线路里程与密度仍然偏低，且和相对平行的高快速路比较缺乏竞争力。由此看来，"轨道上的大湾区"

刚刚起步，轨道规模及客流分担还有较大的提升空间。珠三角城市群三大都市圈轨道交通结构参见图 5.2，高铁、城际铁路里程与密度参见图 5.3，粤港澳大湾区内出行公路与轨道分担率参见图 5.4。

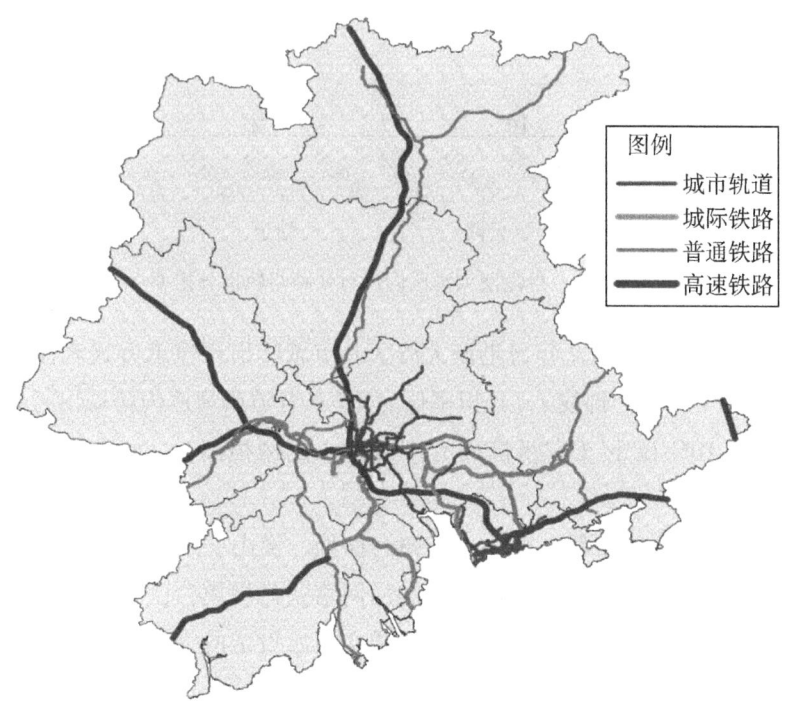

图 5.2　珠三角城市群三大都市圈轨道交通结构

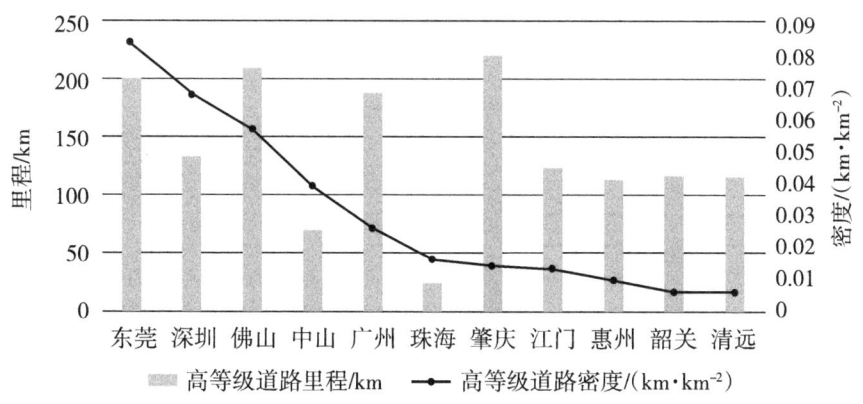

图 5.3　珠三角城市群三大都市圈高铁和城际铁路里程与密度（2022 年数据）

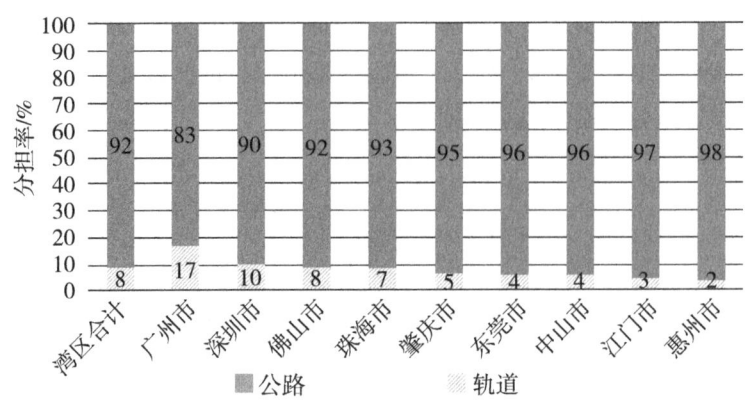

图 5.4 粤港澳大湾区内出行公路与轨道分担率

从图 5.4 可见，2022 年粤港澳大湾区九市城际出行轨道方式客流规模约为 58.8 万人次/d（含广佛线），分担率仅为 8%；各城市湾区内跨城出行轨道方式分担率均在 10% 以下（广州佛山有广佛线，比例稍高），远低于公路方式分担率。

目前，珠三角城市群九市中，广州、深圳、佛山、东莞均建造了城市轨道交通，其中广州、深圳两市城市轨道交通网络初具规模，已经成网，其他五市暂未具备国家发展改革委对建造城市轨道交通所设定的人口规模条件。珠三角城市群四大城市市内出行交通方式分担率参见图 5.5。

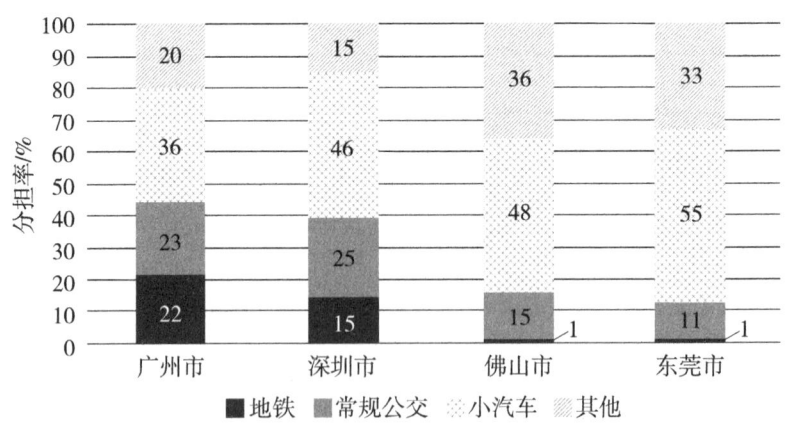

图 5.5 珠三角城市群四大城市市内出行交通方式分担率

分析图 5.5 可知，市内出行小汽车分担率仍位居第一，城市轨道交通分担率偏低，与东京、巴黎等国际都市相比，仍有较大提升空间。

根据第三章分析可知，远期到 2035 年，珠三角城市群多层次轨道交通线网规划（含干线铁路、城际铁路、城市轨道交通）总里程超 10 000 km，其中城际铁路和干线铁路总里程超过 5700 km，城市轨道交通线网总里程超 5000 km。我们根据线网规模和远期 2050 年人口、经济增长规模数据进行客流预测，得到珠三角城市群城际交通出行远期 2050 年预测客流量，参见图 5.6。

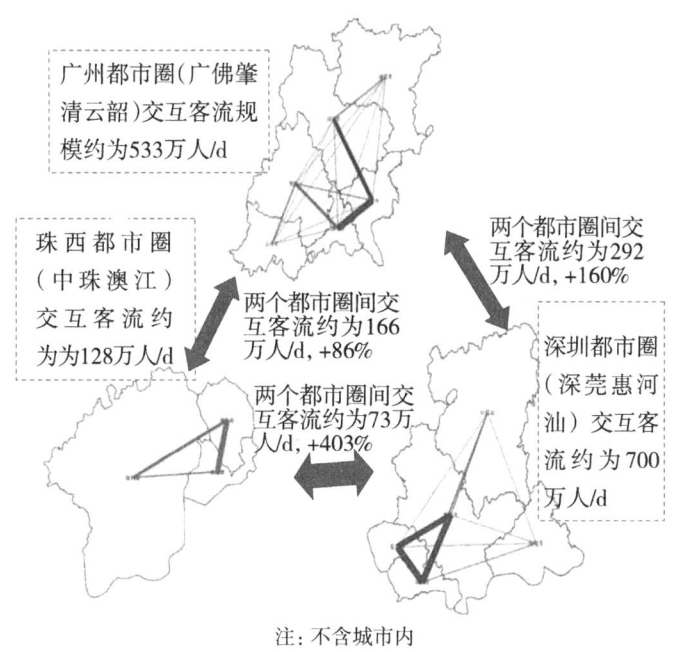

图 5.6 珠三角城市群三大都市圈城际交通出行远期 2050 年预测客流量

由图 5.6 可知，远期到 2050 年，珠三角城市群多层次轨道网络成熟稳定后，深圳都市圈 700 万人/d 的客流规模将超过广州都市圈 533 万人/d 的客流规模；广州都市圈与深圳都市圈之间交互客流增长率为 245%，远快于广州都市圈与珠西都市圈之间 86% 的交互客流增长率。由于远期年珠江口两岸通道增多，且现状基数较低，珠西都市圈与深圳都市圈之间交互客流增长率达到 403%，但其绝对客流规模约为 73 万人/d，仍远低于广州都市圈与深圳都市圈之间 292 万人/d 和广州都市圈与珠西都市圈之间 166 万人/d。

随着珠三角城市群多层次轨道交通网络规模扩展和日趋完善，远期大湾区内各市至邻市、跨市出行轨道交通分担率将大幅增加。根据预测数据分析,远期广州对外各通道轨道交通方式分担率基本超过50%,说明轨道交通方式出行面向整个大湾区线网。广州至邻市、跨市出行轨道交通分担率参见表5-1、表5-2,珠西邻市出行轨道交通分担率参见表5-3。

表5-1 广州至邻市出行轨道交通分担率

通 道	现 状	规 划
广州—佛山	11%	55%
广州—东莞	11%	49%
广州—中山	20%	58%
广州—惠州	4%	52%
广州—清远	4%	53%

表5-2 广州跨市出行轨道交通分担率

通 道	现 状	规 划
广州—深圳、香港	61%	72%
广州—珠海、澳门	59%	83%
广州—江门	22%	52%
广州—肇庆	28%	50%
广州—韶关	42%	53%

表5-3 珠西邻市出行轨道交通分担率

通 道	现 状	规 划
中山、珠海—佛山	2%	39%
中山、珠海—深圳、香港	0%	37%
中山、珠海—江门	1%	41%
中山、珠海之间	2%	35%

5.1.3 广州都市圈轨道交通通勤客流特征分析

大湾区都市圈的核心特征是通勤。从珠三角城市群多层次轨道交通通勤现状来看,由于历史原因,多层次轨道交通相互独立性较强。目前,干线铁路和城际铁路通勤客流规模非常有限,大湾区都市圈轨道交通通勤主要依赖于地铁。下面,我们重点以大湾区都市圈内核心城市——广州市为例进行客流特征分析。广州市城市轨道交通线路里程及客流特征参图5.7。

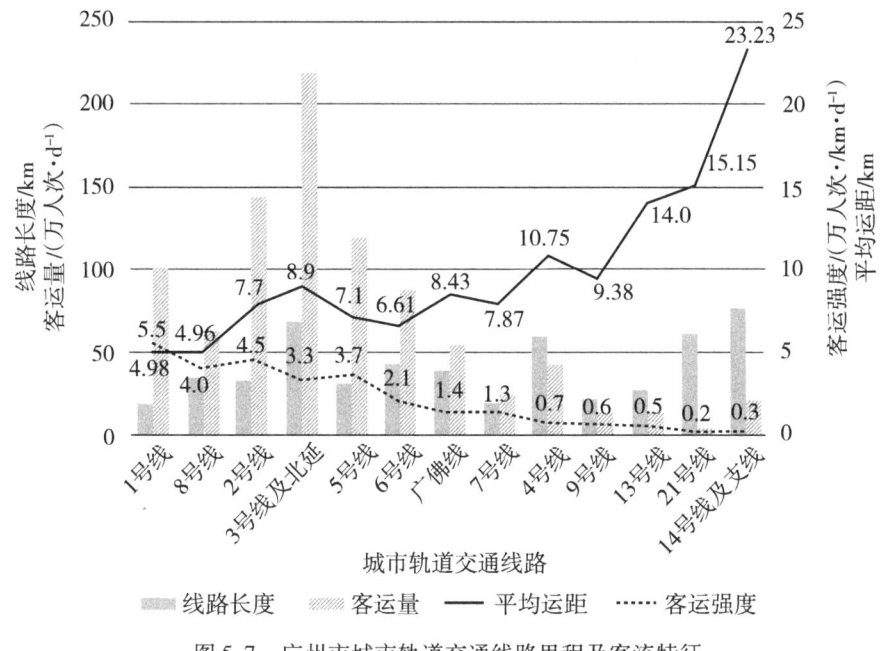

图5.7 广州市城市轨道交通线路里程及客流特征

鉴于2020—2022年疫情的影响,我们采用2019年广州市客流数据进行分析。整体来看,2019年广州市地铁网络客运总量为906万人次·d^{-1},在全国排名第三,客运强度为1.76万人次/(km·d),在全国排名第一,总体客流规模处于较高水平。从客流分布和服务功能看,中心城区地铁线路(1号线、2号线、3号线、5号线、6号线、8号线等)效益良好,50%的线路里程承担全网87%的客运量,客运强度为2.96万人次/(km·d),其中1号线客运强度达5.5万人次/(km·d);郊区线(9号线、13号线、14号线及其支线、21号线等)效益不足,50%的线路里程承担全网客运量不足13%,客运强度为0.45万人次/(km·d),远低于中心城区线路。

地铁郊区线客运强度低在于其站间距小,运营速度低,时效性差,对公路通勤交通缺乏竞争力,导致远距离地铁通勤比例较低。居民轨道交通出行主要集中在中心城区约 20 km 范围内。2022 年，广州主城核心区（239 km²）轨道交通车站 800 m 半径人口覆盖率为 60%，仍有提升空间。

2022 年，广州与邻穗六市（佛山、东莞、中山、清远、惠州、韶关）的邻近地区之间的跨城通勤总量超过 23 万人/d。从广州与周边各市之间的出行分担率来看，地理位置上相邻的两市出行中，公路为主要出行方式，如广佛、广莞之间轨道交通分担率均在 20% 以下；地理上非相邻两市之间的出行中，轨道交通分担率相对较大，如广深、广珠之间轨道交通分担率均超过 50%。这些结论说明珠三角城市群远郊区及外围城镇组团轨道交通覆盖不足，时效性不强，对通勤客流缺乏吸引力。

5.1.4 城市群主要客流廊道客流特征与需求分析

1. 城市群主要客流廊道客流特征分析

以珠三角城市群为例，城市群内部客流廊道可以分为都市圈内客流走廊和都市圈对外客流通道，其中都市圈内客流走廊又分为主城区客流走廊和都市圈市域（郊）客流走廊，都市圈对外客流通道又分为都市圈对外城际通道和都市圈对外高铁通道。都市圈内客流走廊主要服务通勤、通学客流；都市圈对外客流通道主要服务商务、旅游客流，兼顾通道沿线通勤客流。

我们对广州都市圈主要廊道客流特点进行分析，得到出行特征。

（1）出行目的多样，有通勤、通学、休闲、商务、探亲、旅游等。部分廊道还兼顾机场等重要客流集散点的接驳。不同客流的需求特征差异较大。

（2）客流敏感性因素多，如票制票价、运输组织、售检票方式、车站管理模式、发车间隔、两端接驳便利性等。

（3）运营组织灵活，供应水平及服务水平对客流需求影响较大。

（4）日流量较大，部分站点拥堵。

（5）高峰小时客流量波动系数较小。

（6）城际换乘较少，运距较长；市内运距较短，换乘、中转较多。

（7）客流强度大。

2. 广州都市圈客流廊道需求分析

《广东省都市圈国土空间规划协调指引》明确指出，广州都市圈协同构建"一核六极、十字主轴、网络辐辏"空间格局，强化都市圈强核心簇群式空间布局模式。"一核"是构建以广州中心区为主核、佛山中心区为副核的广佛核心区，打造多中心的都市圈内圈层，主要承担行政管理、科技创新、总部经济、金融商务、文化交往、现代物流等职能。"六极"即培育六组外围圈层联动组团。设立以广州空港经济区、花都城区为核心的广清联动组团，推进广州北部与清远南部一体化发展。构建以佛山大型产业集聚区（佛北战新产业园）、肇庆大型产业集聚区为引领的佛肇联动组团，推动佛肇产业协同与科技创新合作。加快建设广佛高质量发展融合试验区"南沙－顺德"片区，打造面向湾区的自贸服务业与先进制造业融合发展示范区。高水平建设广州南沙中心区，重点建设南沙科学城，强化科研创新资源区域整体协调和功能互补；充分发挥南沙自贸区政策优势，打造粤港澳全面合作示范区。依托广州科学城、中新广州知识城"强强联合"，建设具有全球影响力的国家知识中心，打造广州都市圈高水平的战略性科技创新平台。依托珠三角枢纽（广州新）机场，佛山、肇庆联动高标准规划建设珠江西岸临空经济区，向西辐射粤西、大西南地区。"十字主轴、网络辐辏"指依托国家高铁、城际轨道、市域（郊）快线、城市轨道交通网络，进一步加强东西向、南北向两条复合型交通走廊建设，强化广深港、广珠澳科技创新走廊作为区域发展主轴作用，协同构建"十字主轴"，锚固广佛井字形轨道骨架为核心、"环＋放射"的跨城轨道网格局，依托轨道站点培育发展产业社区、城镇节点，推动都市圈外围功能布局优化。

根据轨道交通支撑广州都市圈空间规划格局形成与发展的需要，广州都市圈对外高铁通道需要构建以广佛为核心规划形成6向（东、西、南、北以及西北、东北）13条高效对外高铁通道。广州都市圈对外城际通道需要以广佛为核心进行规划，形成广佛环线加13条城际铁路通道，其中规划穗莞衔接通道6条，广州至深圳、清远、中山、惠州等地区衔接通道各1条。珠三角城市群内主城区客流走廊主要位于广佛核心区内。根据《广州市轨道交通线网规划（2018—2035年）》《佛山市城市轨道交通建设规划（2017—2022年）》，广州市、佛山市已分别规划53条、14条地铁线路服务城区主要客流走廊，其中广佛衔接走廊18条。

从现有的《广州市轨道交通线网规划（2018—2035年）》《珠三角城市群城际铁路建设规划》、深圳市轨道交通规划、东莞市轨道交通规划、佛山市轨道交通规划以及都市圈内干线铁路规划来看，有部分高速地铁和都市圈城际铁路位于珠三角城市群市域（郊）客流走廊上。但是，现有的规划没有从都市圈层面结合都市圈通勤客流的时效、密度、频率、站间距和向心交通等特性需求来规划建设，现有的高速地铁、都市圈城际铁路线路远没有满足广州都市圈市域（郊）客流走廊的需要。因此，我们重点对这些规划情况进行分析，得到广州都市圈市域（郊）客流走廊和市域（郊）铁路线路需求规模，参见表5-4。

表5-4 广州都市圈市域（郊）客流走廊和市域（郊）铁路线路需求规模

序号	客流走廊		规划年度		走廊内地铁快线数量/条	建议市域（郊）铁路数量/条
			高峰单向运能需求/（万人·h^{-1}）	轨道交通线路需求数量/条		
1	广佛主城区—外围	广州主城区—花都（空港）走廊	9.8	3～5	3	2
2		广州主城区—番禺—南沙走廊	10.2	3～5	4	2
3		广州主城区—新塘—增城走廊	14.6	3～5	3	1
4		广州主城区—知识城—从化走廊	5.3	2～3	1	1
5		广州主城区—南海—禅城—顺德走廊	12.2	4～5	3	1
6		禅城—高明走廊	6.8	2～3	—	1
7	外围—外围	花都—空港—知识城—增城走廊	6.2	2～3	—	1
8		知识城—黄埔—南沙走廊	3.8	1～2	—	1
9		四会—三水—高明—顺德—南沙走廊	5.1	2～3	—	1

续表

序号	客流走廊		规划年度		走廊内地铁快线数量/条	建议市域（郊）铁路数量/条
			高峰单向运能需求/(万人·h^{-1})	轨道交通线路需求数量/条		
10	外围—周边城镇	新塘—东莞走廊	3.8	1～2	1	1
11		花都—清远走廊	2.5	1～2	—	1
12		南沙—东莞走廊	3.2	1～2	—	1
13		南沙—中山走廊	1.8	1～2	—	1
14		三水—四会走廊	2.2	1～2	—	1
15		高明—肇庆走廊	1.6	1～2	—	1
16		乐从—鹤山—江门走廊	2.6	1～2	—	1
17		南沙—顺德—小榄走廊	1.6	1～2	—	1

5.2 珠三角城市群多层次轨道交通功能分工与功能交叉兼容规划

多层次轨道交通规划包括干线铁路、城际铁路、市域（郊）铁路和城市轨道交通。从功能分工上来看，干线铁路主要服务国家、区域、城市群，城际铁路主要服务城市群，市域（郊）铁路主要服务都市圈，城市轨道交通主要服务中心城市城区。城市群多层次轨道交通功能分工参见图5.8。

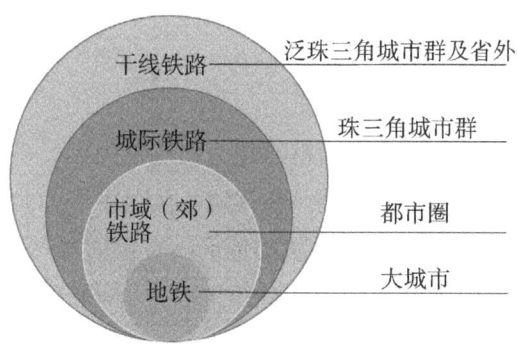

图5.8 城市群多层次轨道交通功能分工

《国家发展改革委关于培育发展现代化都市圈的指导意见》指出，打造轨道上的都市圈；统筹考虑都市圈轨道交通网络布局，构建以轨道交通为骨干的通勤圈；在有条件地区编制都市圈轨道交通规划，推动干线铁路、城际铁路、市域（郊）铁路、城市轨道交通"四网融合"；探索都市圈中心城市轨道交通适当向周边城市（镇）延伸。这些措施为建设珠三角城市群都市圈多层次轨道交通指明了方向。

实现多层次轨道交通功能交叉兼容规划，需要从以下方面入手：

（1）统筹布局城镇发展轴带上的多层次轨道交通，提供多元化服务，构建复杂层次的轨道交通网络，厘清不同轨道交通层次的服务差异，完善缺失功能，促进同质服务的贯通运营。在珠三角城市群密集建设区不同层次、不同尺度下实现快速联系。国家干线铁路和城际铁路以城镇点对点出行为服务对象，快线、普线以广州市部分周边邻近城区构成通勤圈范围的复杂通勤出行为服务对象。

（2）以时间目标为导向，注重高效空间组织，借助快速轨道交通网络、区域中心和交通枢纽高效扩展影响力至整个都市区。时间目标实质反映区域中心在人们可接受的乘行时间里最大的辐射范围，一般通过缩短轨道交通乘行时间和换乘时间实现。乘行时间作为城市快线服务水平的主要量化指标，依赖于设计速度和站间距，因此要保障后续规划设计工作对通勤功能和时效性一以贯之的继承。珠三角城市群需要构建以高速铁路、城际铁路、市域（郊）铁路和城市轨道交通为主体的多层次轨道交通网络，力争实现都市圈内 1 h 通勤、大湾区主要城市间 1 h 通达、珠三角城市群内 2 h 通达、全国主要城市 3 h 覆盖的客流出行时空目标，其中广州构建市中心至佛山、东莞市中心 30 min，以及至中山、珠海、深圳、清远、肇庆、江门 60 min 的互达圈。珠三角城市群都市圈客流出行时空目标参见图 5.9。

以都市圈城市中心和主要交通枢纽作为快线锚固点，多中心联动放射，有效发挥都市圈核心城市的引领作用。在区域一体化发展的背景下，广佛城市中心主要交通枢纽正在成为区域级的核心地区，直接面对珠三角城市群的客流。这些区域级核心地区与主要城区、组团只有建立多对多的直连服务，才能更有效发挥都市圈核心城市的引领作用。市域（郊）铁路在都市圈中长距离通勤出行中的高分担率能够为城市中心区带来更大范围的客流，有效扩大城市主要功能中心的辐射范围，提升区域中心的辐射能力。

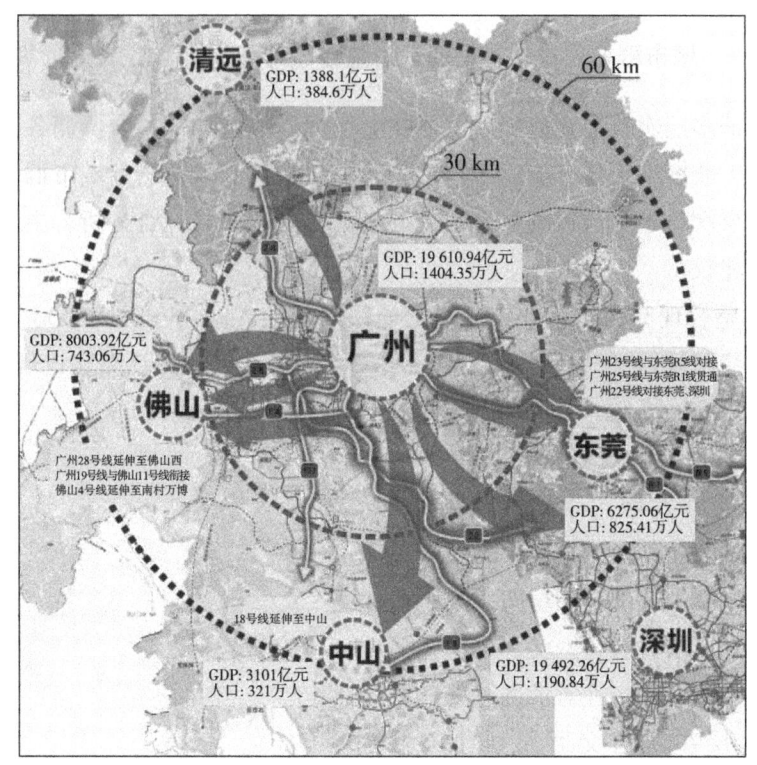

图 5.9　珠三角城市群都市圈客流出行时空目标

5.3　城市群多层次轨道交通网络一体化融合规划

5.3.1　城市群多层次轨道交通融合规划协调机制与机构

以珠三角城市群为例，可以建立珠三角城市群轨道交通一体化融合发展联席会议制度，由广东省分管领导牵头，大湾区各市主要领导和相关部门参与，定期就珠三角城市群轨道交通一体化规划建设管理中存在的政策、规范、标准等重大问题进行工作研究和协调。

建议由珠三角城市群各市发展改革委和广铁集团牵头设立轨道交通专业技术委员会作为轨道交通专业技术咨询机构，统筹指导三大都市圈多层次轨道交通规划和各专项规划；为实现珠三角城市群多层次轨道交通"一张网"规划、统一标准与管理提供技术支撑。

5.3.2 城市群多层次轨道交通规划整合与市域（郊）铁路专项规划

城市群多层次轨道交通规划需要在上位规划的指导下整合协调各个城市的城市规划，兼容细化各个交通专项规划。下面，我们以珠三角城市群为例进行城市群多层次轨道交通规划整合研究。根据实地调研与综合分析，主要有以下一些方案建议：

（1）整合现有的《广州市轨道交通线网规划（2018—2035年）》《深圳市轨道交通线网规划（2016—2035年）》《粤港澳大湾区城际铁路建设规划》《广佛两市轨道交通系统一体化规划》《东莞市轨道交通网络规划（2035）》《东莞市轨道交通发展"十四五"规划》及珠海等珠三角其他几个城市的多层次轨道交通规划，从都市圈层面，按照都市圈通勤客流的时效、密度、频率、站间距和向心交通等特性需求进行珠三角城市群多层次轨道交通规划和市域（郊）铁路专项规划；解决市域（郊）铁路"缺位"和地铁"错位"问题，提高珠三角城市群外围市域（郊）铁路覆盖规模，提升郊区城镇组团及跨城客流通勤效率。珠三角城市群多层次轨道交通一体化融合目标参见图5.10。

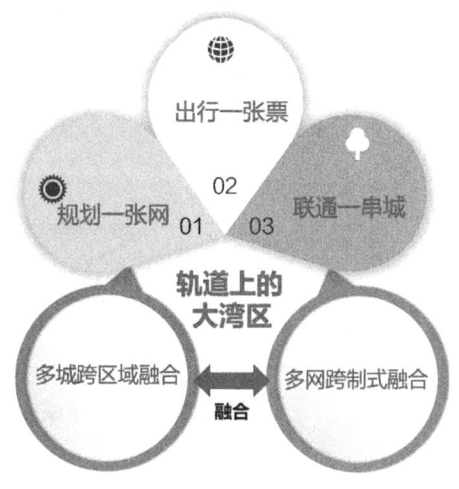

图5.10 珠三角城市群多层次轨道交通一体化融合目标

（2）随着都市圈发展战略和城乡空间格局统筹的推进，城乡产业联动以及城市居民对都市圈周边乡野绿水青山休闲游需求的日益增长（如上海与周边的浙江安吉县），都市圈中心城市与外围城镇之间的人才、资金、货物、信息等各类要素流动日趋频繁。因此，借鉴东京湾区多层次轨道交通山手环线跨线运行与衔接换乘模式，以广佛环线上广州北站、佛山西站、广州南站、机场站等众多车站为起点放射性向周边清远、肇庆、云浮、江门、东莞、惠州、韶关等临近城镇地区规划引出市域（郊）铁路，覆盖周边70 km左右内5万人以上城镇组团、工业园区和旅游景点。

（3）贯彻落实《关于推动都市圈市域（郊）铁路加快发展的意见》，推进珠三角城市群都市圈市域（郊）铁路专项规划；加强规划传导，衔接好国土空间总体规划，将珠三角城市群都市圈市域（郊）铁路设施纳入国土空间总体规划中，并提出用地需求和管控要求；加快市域（郊）铁路建设，采取既有市域（郊）铁路改造利用和新建市域（郊）铁路相结合，解决都市圈通勤难题。

5.3.3 城市群多层次轨道交通线网规划优化

我们以珠三角城市群为例进行城市群多层次轨道交通线网规划优化研究。根据实地调研与综合分析，主要有以下一些方案措施：

（1）大湾区都市圈内肇顺南城际、中南虎城际处于大湾区"A"型客流主轴上的腰横"一"上，路网功能明显。建议把肇顺南城际、中南虎城际从 200 km/h 提高到 350 km/h，提质提速后将是一条东西向快速过江高铁通道，起到珠三角枢纽（广州新）机场与宝安机场的联络线和空中飞行地面支线作用，有利于充分利用宝贵的通道资源，提升南沙副中心的枢纽地位和东西辐射功能。

（2）广佛江珠城际是大湾区"A"型西岸客流主轴上复合通道之一，且初期与速度 350 km/h 的珠肇高铁江珠段共线运营（二者速差过大会影响通行能力）。建议把广佛江珠城际从 160 km/h 提高至 200 km/h。

（3）广州地铁 18 号线花都以北延伸线和南沙以南延伸线、22 号线南沙以东线路、28 号线黄埔站以东线路、37 号线知识城站以北线路因断面客流量较中心城区小、站间距较大、线位条件相对较好。建议把这些线路从 160 km/h 提高至 200 km/h，适当扩大站间距并尽可能高架或地面敷设，减少工程成本；借鉴巴黎大区 RER 线成功经验，郊区段增加分支线路，提高郊区和外围城镇组团轨道交通覆盖规模和通勤便利性。

5.3.4 城市群多层次轨道交通互联互通互运互维与衔接规划

①应加强各种交通运输方式及不同层次轨道交通系统的高效衔接，推动干线铁路、城际铁路、市域（郊）铁路、城市轨道交通"四网融合"，即需要按照互联的理念进行统一规划，提高整个网络的整体效益，并为实现一体化运营管理奠定良好基础；②要根据项目的具体功能定位、客流需求等推动具备条件的线路间跨线直通运行，即做好互通方面的规划；③要做好生产力设施布局规

划，统筹线网车辆和综合维修等资源，即做好互维方面的规划；④要结合整个线网的规划及其管理需求做好运营规划研究，落实运营设施和运营管理规划。

由于前期理念、规划以及自身制式等原因，目前城市群都市圈内地铁、城际铁路、干线铁路相互独立性较强，互联互通水平低。通过利用市域（郊）铁路的后发优势与桥梁纽带作用，根据都市圈通勤客流的需要，部分在系统制式上采用与城际铁路、干线铁路相同的技术标准，实现互联跨线和过轨运输；部分可以借鉴重庆市郊铁路江跳线的成功运营经验，采用双流制贯通城际铁路和地铁，实现都市圈外围城镇组团与市中心通勤直达运输。珠三角城市群多层次轨道交通衔接规划参见图5.11。

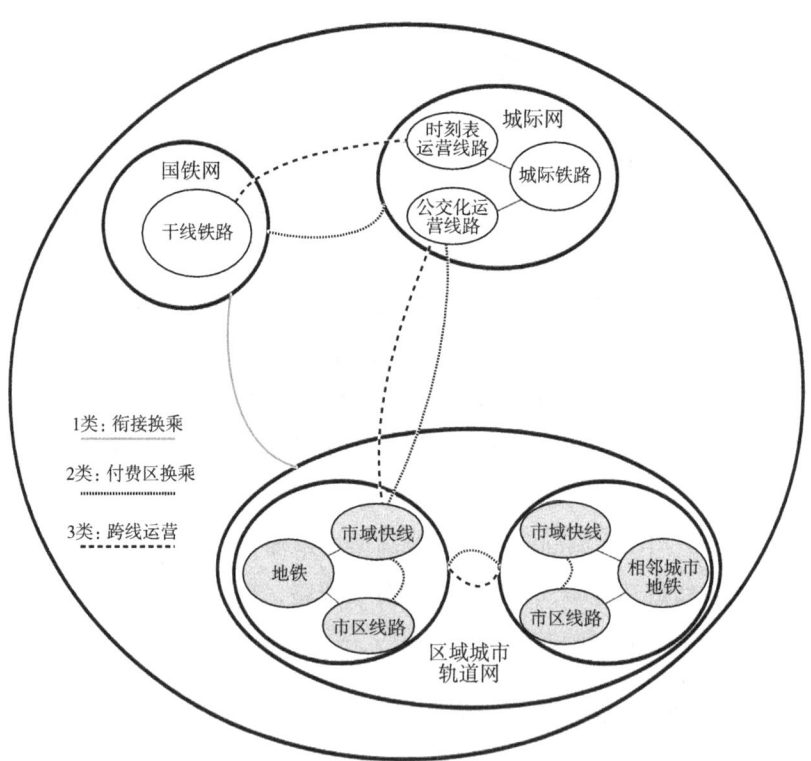

图5.11 珠三角城市群多层次轨道交通衔接规划

5.4 珠三角城市群多层次轨道交通互通跨线规划

5.4.1 珠三角城市群干线铁路互通跨线需求分析

我们依据珠三角城市群既有、在建及规划干线铁路情况，结合广州、深圳铁路枢纽总图批复进行分析，得到规划年度远期珠三角城市群干线铁路互通跨线需求，参见表 5-5。

表 5-5 珠三角城市群干线铁路互通跨线需求

序号	线路名称	主要技术标准/(km·h^{-1})	运输组织模式	衔接站点
1	广珠（澳）高铁	350	互通跨线	广州北
	广深第二高铁	350		
	广清永高铁	350		
	贵广广宁联络线	350		
2	贵广铁路	250，预留300	互通跨线	广州南
	南广铁路	250		
	京广高铁	350		
	广深港高铁	广州南—深圳北350 深圳北—西九龙250		
	广珠城际	200		
3	广清永高铁	350	互通跨线	广州白云（棠溪）
	广河高铁	350		
	广湛高铁	350		
	广汕铁路	350		
4	广汕铁路	350	互通跨线	广州
	广湛高铁	350		
	广清永高铁	350		
	贵广铁路	250，预留300		
	南广铁路	250		

续表

序号	线路名称	主要技术标准/(km·h^{-1})	运输组织模式	衔接站点
5	广汕铁路	350	互通跨线	广州东
	广州东—广州三四线	250		
	广州东—新塘五六线	250		
6	广珠（澳）高铁	350	互通跨线	鱼珠
	广深第二高铁	350		
	广深Ⅲ、Ⅳ线	160		
7	贵广铁路	250，预留300	互通跨线	佛山西
	南广铁路	250		
8	贵广铁路	250，预留300	互通跨线	肇庆东
	南广铁路	250		
	珠肇高铁	350		
9	珠肇高铁	350	互通跨线	高明疏解区
	广湛高铁广州方向	350		
	肇顺南城际	350		
10	珠肇高铁	350	互通跨线	珠三角枢纽（广州新）机场
	广湛高铁	350		
	深南高铁	350		
11	珠肇高铁	350	互通跨线	江门
	深茂铁路	西丽—南沙200 深圳北—机场东200 南沙—江门250		
	江茂铁路	200		
	广珠城际	200		
	广佛江珠城际	160		
12	广珠（澳）高铁	350	互通跨线	珠海鹤州
	珠肇高铁	350		
	深珠高铁	350		

续表

序号	线路名称	主要技术标准/(km·h⁻¹)	运输组织模式	衔接站点
13	深茂铁路	西丽—南沙 200 深圳北—机场东 200 南沙—江门 250	互通跨线	南沙
	广珠（澳）高铁	350		
	肇顺南城际	350		
	中南虎城际 （赣深南沙支线）	200		
14	深珠高铁	350	互通跨线	西丽
	深汕高铁	西丽—大亚湾北 250 大亚湾北—赤石 350		
	深茂铁路	西丽—南沙 200 深圳北—机场东 200 南沙—江门 250		
	广深第二高铁	350		
15	赣深铁路	350	互通跨线	深圳北
	广深港高铁	广州南—深圳北 350 深圳北—西九龙 250		
	广深第二高铁	350		
	深茂铁路	西丽—南沙 200 深圳北—机场东 200 南沙—江门 250		
	厦深铁路	250		
16	赣深铁路	350	互通跨线	塘厦疏解区
	中南虎城际 （赣深南沙支线）	200		
17	赣深铁路	350	互通跨线	惠州北疏解区
	广汕铁路	350		

5.4.2 珠三角城市群城际铁路与干线铁路互通跨线需求分析

依据珠三角城市群干线铁路与城际铁路建设规划，本节结合广州、深圳铁路枢纽总图批复进行分析，得出规划年度远期珠三角城市群城际铁路与干线铁路在广州、广州东、广州南、广州白云、佛山西、广州北（花都）、新塘南、南沙、肇庆东、高明、江门、珠海横琴、西丽、坪山、常平、虎门、惠城南等站点互通跨线需求，参见表5-6。

表5-6 珠三角城市群城际铁路与干线铁路互通跨线需求

序号	线路名称	主要技术标准/(km·h⁻¹)	运输组织模式	衔接站点
1	穗莞深城际	140	互通跨线	新塘
	广深Ⅲ、Ⅳ线	160		
2	南广铁路	250	互通跨线	佛山西
	佛肇城际	200		
	广茂铁路	120		
3	广佛江珠城际	160	互通跨线	江门
	珠肇高铁	350		
4	珠肇城际	350	互通跨线	高明
	珠肇城际	350		
	深南高铁	350		
	广湛高铁	350		
5	贵广铁路	250，预留300	互通跨线	广州南
	南广铁路	250		
	京广高铁	350		
	广珠城际	200		
6	中南虎城际（赣深南沙支线）	200	互通跨线	塘厦疏解区
	赣深铁路	350		

5.4.3 珠三角城市群既有城际铁路引入中心城区规划及互通跨线方案探索

由于历史的原因，既有城际铁路站点设置过于外围，没有引入中心城区，且没有与城市轨道交通形成良好衔接,导致旅客换乘不方便,除广珠城际外,在其他城际铁路均出现客流不足的情况。因此,谋划把城际铁路引入中心城区,方便珠三角城市群城际旅客快速出行显得至关重要。下面就佛肇城际、穗莞深城际等城际铁路引入广州市中心城区规划方案进行重点分析。

5.4.3.1 佛肇城际引入广州中心城区规划方案分析

1. 必要性分析

佛肇城际是一条可以极大拉近广州、佛山和肇庆三城之间时空和心理距离的城际铁路,它的开通运行大大节省了沿线居民出行时间成本,使得三城之间的同城效应剧增,方便居民在三城之间进行日常的通勤、上学、购物、休闲、娱乐等活动,有利于形成"一日生活圈"。将佛肇城际列车进一步引入人流密集的广州市中心城区,更有助于完善其功能,发挥其效益,实现佛肇城际运营的可持续性。

2. 跨线客流需求分析

根据佛肇城际项目设计阶段的客流预测结果,佛肇城际初、近、远三期的日均客运量分别为23.4万人次、30.2万人次、46.5万人次,高峰小时最大断面客流量分别为6197人次、7983人次、11889人次。承担的总客流中,有近30%的客流自沿线地区通往广州市中心城区,初期、近期、远期高峰小时跨线客流量分别达到1860人次、2400人次、3560人次,达到互通跨线列车开行标准,因此需要考虑把佛肇城际引入广州中心区。

3. 规划引入方案分析

既有佛肇城际开行两个列车交路:肇庆至佛山西、肇庆至广州。根据广州铁路枢纽总图规划,在广湛高铁建设时,同步将广茂线进行增建二线扩能改造,将来主要承担引入广州市中心的动车组列车,在广州白云站车站规划也预留了佛肇城际引入的列车办理需求,按40对列车预留。因此,广湛高铁建成后,既有广茂线能力受限的情况下,佛肇城际列车受通过能力限制难以引入广州中心城区的问题将得到解决;线路、车站能力都不受限的情况下,佛肇城际线路可利用南广、广茂线引入广州白云站。

值得注意的是,根据广东省城际铁路日后运营管理政策,佛肇城际将逐步移交广东城际铁路运营有限公司负责运营管理,与南广、广茂线开行互通跨线列车,需要与中国铁路广州局集团有限公司进行协商,征得其同意。根据国铁线路跨线运行现行政策，城际动车不允许上国铁干线运行，只能国铁干线下线到城际线运行。因此，若利用国铁干线保留该径路，必须征得广州局集团同意，且双方需要明确清算关系。

5.4.3.2 穗莞深城际引入广州东站规划方案分析

1. 必要性分析

穗莞深城际位于粤港澳大湾区广深港主轴内，是一条贯彻落实《粤港澳大湾区发展规划纲要》、助力粤港澳大湾区建设成为世界级城市群的城际铁路。将穗莞深城际引入广州东站可进一步提升穗莞深城际铁路功能，实现穗莞深城际进入广州中心城区的发展需要。

2. 跨线客流分析

根据穗莞深项目设计阶段的客流预测结果，近、远期穗莞深城际铁路日均客运量分别为42.3万人次、60.6万人次，高峰小时最大断面客流分别为9823人次、14053人次。在穗莞深城际承担的客流中，近期4.2万人次/d、远期7.5万人次/d的旅客需要通往广州中心城区，因此将穗莞深城际深入广州东站，可较好地实现这一目标。

3. 规划引入方案分析

穗莞深城际北端引入广州有广州东、琶洲、白云机场三个径路。其中，白云机场站远离城市中心区，仅可作为辅助径路；琶洲站受其折返能力限制，引入的总列车对数有限，尚且需要莞惠城际引入琶洲的需求；广州东站位于广州中心城区，区位优势明显，应是穗莞深城际引入广州市中心的主径路。若该列车交路断在新塘南站，则客流自新塘南至广州市中心还需要换乘其他交通方式，会降低穗莞深城际对客流的吸引力，不利于穗莞深城际客流量的培育增长。广州东站改造、广州东至新塘新建五六线完工后，穗莞深城际列车引入广州东站不会再受线路、车站能力不足的影响，因此建议保留穗莞深城际利用广深线引入广州东站的列车交路。

利用广深线引入广州东，可使穗莞深城际的客流直达广州中心城区。但不能回避的是，穗莞深城际后续由广东城际铁路运营有限公司接管后，与佛肇城际类似，也需要与中国铁路广州局集团有限公司协商并征得其同意，且需保持调度互联。

5.4.3.3 珠三角城市群城际铁路互通跨线方案探索

我们结合珠三角城市群规划城际铁路项目系统制式及互通跨线技术兼容性进行分析，得到珠三角城市群城际铁路互通跨线探索方案，参见表5-7。

表5-7 珠三角城市群城际铁路互通跨线探索方案

序号	线路名称	主要技术标准 [速度/(km·h^{-1})、供电/信号制式、车型]	运输组织模式	衔接站点
1	广清城际	200、交流/CTCS2、CRH6	互通跨线	花都
	广佛环线	160、交流/CTCS2、CRH6		
2	广清城际	200、交流/CTCS2、CRH6	互通跨线	花都至应湖联络线
	广花城际	160、交流/兼容制式、市域列车		
3	佛肇城际	200、交流/CTCS2、CRH6	互通跨线	佛山西
	南广铁路	250、交流/CTCS2、CRH6		
	广茂铁路	120、交流/CTCS2、CRH		
	广佛南环	200、交流/CTCS2、CRH		
4	广佛南环	200、交流/CTCS2、CRH6	互通跨线	广州南
	佛莞城际	200、交流/CTCS2、CRH6		
	广佛东环	160、交流/CTCS2、CRH6		
5	广佛东环	160、交流/CTCS2、CRH6	互通跨线	琶洲
	琶洲支线	160、交流/CTCS2、CRH6		
6	佛莞城际	200、交流/CTCS2、CRH6	互通跨线	东莞西
	穗莞深城际	140、交流/CTCS2、CRH6		
	莞惠城际	200、交流/CTCS2、CRH6		
7	佛山—广州—东莞（28号线）	160、交流/兼容制式、市域列车	互通跨线	松山湖
	常龙城际	160、交流/兼容制式、市域列车		
8	广佛东环	200、交流/CTCS2、CRH6	互通跨线	竹料
	穗莞深北延	200、交流/CTCS2、CRH6		

续表

序号	线路名称	主要技术标准 [速度/(km·h⁻¹)、供电/信号制式、车型]	运输组织模式	衔接站点
9	深惠城际	160、交流/兼容制式、市域列车	互通跨线	沥水北
	莞惠城际	200、交流/CTCS2、CRH6		
10	深大城际	160、交流/CBTC、市域列车	互通跨线	五和
	深惠城际	160、交流/兼容制式、市域列车		
11	深大城际	160、交流/CBTC、市域列车	互通跨线	深圳坪山
	塘厦—龙岗城际	200、交流/CTCS2、CRH6		
	大鹏支线	160、交流/CBTC、市域列车		
12	穗莞深城际	160、交流/CTCS2、CRH6	互通跨线	皇岗口岸
	常龙城际	160、交流/CTCS2、CRH6		
13	佛山—广州—东莞（28号线）	160、交流/兼容制式、市域列车	互通跨线	东平新城
	广佛江珠城际	160、交流/CTCS2、CRH6		

5.4.4 珠三角城市群市域（郊）铁路规划与互通跨线方案探索

早在中国市域（郊）铁路概念提出之前，东京、纽约、伦敦、巴黎等都市圈为适应都市圈规划、支撑城市中心人口外迁等，通过改造或新建通往郊区的具有通勤功能的铁路来解决郊区与市区之间的通勤问题。目前，国外市郊铁路已形成了高度发达的网络，并占据轨道交通主体地位，如东京都市圈私铁和JR线、纽约都市圈的长岛和大都会北方铁路等与中国定义的市域（郊）铁路功能类似。中国都市圈正处于人口由中心区向外围疏解、城市连绵成片发展的阶段，探索发展市域（郊）铁路解决通勤问题意义重大。

在珠三角城市群中，面对传统80 km/h的地铁线路不再能满足时空要求的问题，全国首条设计速度120 km/h的市域（郊）轨道交通快线（以下简称市域快线）——广州地铁3号线于2001年动工、2005年首通段建成，于2022年日均客运量超过139.1万人次，成功地为市中心与番禺区、白云机场沿线客流提供了较好的通勤服务，成为广州客流效益最好的线路之一。最初规划采用大站间距模式，但受历史客观原因影响，中心区站间距仅 1.5 km，外围区约 3 km，实际仍为站站停运营。后续的广州地铁 14 号线、21 号线沿用此设计标准，进一步拉大外围区站间距至 6 km，并采用快慢线运营模式。

2005 年，为促进珠三角一体化发展，国家发展改革委批准《珠江三角洲地区城际轨道交通网规划（2005—2020 年）》，并于 2009 年完成修定，形成以广州为中心、覆盖珠三角各市的城际铁路交通网络。目前，广州境内已开通的广珠城际、广佛肇城际、穗莞深城际等线路设计速度 140～200 km/h，平均站间距 4～10 km，串联广州与周边重要城镇、组团等，构建了以广州为中心的 1 小时交通圈。城际铁路虽然在设计标准上与市域（郊）铁路接近，但早期建成线路多引入铁路枢纽或在外围城区设站，主要服务商务、旅游出行，与高（快）速路门到门通勤出行服务相比未能体现优势。城际铁路多由铁路部门承担线路建设和运营，采用传统铁路安检模式，按时刻表运行，限乘当日当次列车，票制票价与城市公共交通系统脱节。在新的发展要求下，近年在建的广佛环城际、广清城际二期、穗莞深城际琶洲支线等引入市中心区设站。城际铁路服务向点对点靠拢，将极大程度地便利通勤出行，在联系效率上基本可与高（快）速路持平，在一定程度上具备了市域（郊）铁路的都市圈通勤功能。

为拉近南沙副中心与广州主城区、广州南站之间的时空距离，2017 年，《广州市轨道交通线网规划修编》（2015 年版）提出两条设计速度为 160 km/h 的采用市域 D 型车的快线——广州地铁 18 号线和 22 号线。广州地铁 18 号线、22 号线的规划建设构建了广州南北向高速地铁骨架，支撑市域枢纽型网络空间结构，是对市域（郊）铁路的超前探索，实现了市中心对外 60 km 圈层更高标准的辐射，无论设计标准还是功能定位都与市域（郊）铁路不谋而合。然而，全线地下敷设虽保证了建设工期要求，减少了环境不利影响，但投资较大，是后续广州市域（郊）铁路规划建设需重点考虑的问题。

城际铁路和市域（郊）动车的出现为市域（郊）铁路的发展奠定了基础，但目前仍处于探索阶段。市域（郊）铁路尚未成网，需要从规划建设、运营管理等各方面进一步完善。未来，珠三角城市群市域（郊）铁路规划建设重点解决两个问题：①承上启下，整合既有城际铁路网的通勤功能，提升市域快线未能实现的时空目标；②覆盖与中心区有强大通勤关系的地区，包括市域外围组团和周边邻近城镇。因此，结合实际选取建设模式，除新建通道外，应充分利用既有轨道交通系统实现整合优化，实现多层次多制式轨道交通融合发展。

与国外城市群都市圈许多城市多通过既有铁路改造开行市域（郊）列车不同的是，珠三角城市群境内既有普速铁路发展不足，且在城市中心区运能大多比较紧张，然而珠三角城市群城际铁路网规划规模较大，建设已初见成效，具备良好的市域（郊）列车开行基础，是珠三角城市群的优势所在。因此，珠三角城市群市域（郊）铁路规划建设应从以下几个方面入手：

（1）在广州都市圈、深圳都市圈、珠西都市圈内各自规划建设东西、南北向的贯通骨干线路，且都市圈之间骨干线路互联互通，形成市域（郊）铁路骨干网络，如广州都市圈内规划东西向线路与东莞市域快线贯通，形成都市圈之间贯穿佛山、广州、东莞三市的东西向骨干线路，规划南北向线路贯穿广州市域，并预留延伸至佛山、清远的条件。

（2）梳理珠三角城市群城际铁路网中具备市域（郊）功能的线路，如自广州中心向外放射的广清、广佛东环、广佛南环、穗莞深琶洲支线和广州东支线、广佛江珠城际等，结合既有折返条件，整合优化纳入三大都市圈市域（郊）铁路网。伴随佛山经广州至东莞城际（原广州28号线）的建设，通过与广佛肇城际互通将其引入广州中心区，加强都市圈西向的辐射。对于在都市圈外围服务的广佛环际西环段、新白广等环状切向线，以及服务范围超出60 km的中南虎、肇顺南城际等主要承担城际商务、旅行出行功能，仍开行城际列车。

（3）参考广州地铁18号线、22号线的建设模式，优化市域（郊）铁路建设方案，尽可能采用地面或高架敷设，降低工程造价。瞄准都市圈外围城区与主城30 min通达的交通发展战略目标，强化珠江东西两岸城市的轨道交通直达联系，满足三大都市圈0.5～1.0 h的通勤需求。

（4）整合利用都市圈城际铁路和城市高速地铁线路，改造利用普速铁路与新建市域（郊）铁路相结合，互联互通，有序衔接，实现珠三角城市群三大都市圈市域（郊）铁路网络融合与可持续发展。珠三角三大都市圈市域（郊）铁路互通跨线探索方案参见表5-8。

表5-8 珠三角城市群三大都市圈市域（郊）铁路互通跨线探索方案

状态	线路名称	区段	里程/km	主要技术标准[速度/(km·h⁻¹)、供电/信号制式、车型]	互通跨线方案
既有	广佛环线北环	佛山西—广州南	21.4	160、交流/CTCS2、CRH6A/CRH6F	广佛环线贯通运营，与广清（花都）城际折角跨线运营
	珠机城际一期	珠海—珠海长隆	16.5	100、交流/CTCS2、CRH6F	珠机城际（珠海长隆）全线贯通运营
在建	广佛环线南环	佛山西—广州南	36.4	200、交流/CTCS2、CRH6A	广佛环线贯通运营，与佛肇、佛莞、莞惠贯通运营
	广佛环线东环	广州南—竹料	48	160、交流/CTCS2、CRH6F	广佛环线贯通运营
	珠机城际二期	珠海长隆—珠海机场	22.4	160、交流/CTCS2、CRH6F	珠机城际（珠海长隆）全线贯通运营
规划	深惠城际	前保—惠城南	133	160、交流/兼容制式、市域列车	与深大城际跨线运营，利用莞惠城际进惠州中心
	深惠城际	惠城南—惠东	30	200、交流/兼容制式、市域列车	—
	深大城际	深圳机场—坪山	70	160、交流/CBTC、市域列车	与深惠城际（五和）、大鹏支线（坪山）跨线运营
	深大城际	坪山—大亚湾	16	160、交流/CBTC、市域列车	
	塘厦至龙岗城际	塘厦—龙岗	65	200、交流/CTCS-2、CRH6A	与中南虎城际（塘厦）贯通运营
	常平至龙华城际	常平—龙华	40	160、交流/兼容制式、市域列车	北端起点由常平调整至松山湖，与广州28号线贯通运营

续表

状态	线路名称	区　　段	里程/km	主要技术标准 [速度/(km·h⁻¹)、供电/信号制式、车型]	互通跨线方案
规划	南沙至珠海城际（广州18号线南延）	南沙—珠海（中山）	79	160、交流/CBTC、市域列车	与广花城际（广州东）贯通运营
	佛山经广州至东莞城际（广州28号线）	东平新城—新源路	107	160、交流/兼容制式、市域列车	建议与广佛江珠（东平新城）贯通运营；东端延长至松山湖，与常平—龙华城际贯通运营
	广花城际	广州东—花城街	39.6	160、交流/兼容制式、市域列车	新建联络线（应湖）与广清城际（花都）跨线运营
	芳白城际	芳村—白云机场	42.4	160、交流/CBTC、市域列车	与广州22号线（芳村）贯通运营
	广佛环线西环	佛山西—广州北	45	160、交流/CTCS-2、CRH6F	广佛环线贯通运营
	深港西部通道	西丽—香港	40	160、交流/CBTC、市域列车	与穗莞深城际（前海）换乘

第6章 城市群多层次轨道交通一体化建设

早在2018年，广东省政府就决定委托广州地铁集团承接珠三角城际铁路建设运营。接管计划的改革旨在探索珠三角"地铁＋城际铁路"一体化运营模式，构建"一张网、一张票、一串城"的大湾区轨道建设运营模式。2020年，为加快推进广东省城际铁路项目规划建设工作，广东省政府将对粤港澳大湾区新建城际铁路建设模式作出调整，将牵头单位由广东铁投集团调整为广州、深圳两市，并按照广州都市圈及深圳都市圈项目推动建设，同时对新建城际铁路项目广东省不再出资，分别由广州市、深圳市国有企业牵头，会同沿线各市筹措项目资本金。2021年2月，广东省政府正式印发《广东省人民政府关于将一批省级行政职权事项调整由广州、深圳市实施的决定》，将省管城际铁路工程审批13项涉及交通运输领域的省级行政职权事项调整为委托或下放到广州市、深圳市自主实施。自此以后，长三角城市群等城市群地方政府及轨道企业竞相来珠三角城市群交流考察学习广东地方轨道交通建设运营改革经验。2021年12月，上海申铁与申通地铁集团市域铁路运营筹备组正式签署《上海轨道交通市域线机场联络线运营筹备期工作协议》；2022年1月，申通地铁集团正式成立上海市域铁路运营有限公司，加快了城市群多层次轨道交通一体化建设运营的步伐。本章以珠三角城市群为例分析研究城市群多层次轨道交通一体化建设。

6.1 城市群多层次轨道交通一体化建设领导体制机制

多层次轨道交通一体化建设是实现都市圈协同发展战略的基础和必要条件，而其领导体制机制又会对多层次轨道交通一体化建设的实现产生重要影响。良好的领导体制机制能够极大促进多层次轨道交通一体化建设，加快大湾区都市圈各城市间的互联互通，从而促进都市圈的协同发展。

大湾区都市圈多层次轨道交通一体化建设，其领导体制机制包括由谁主导、有几个相关方参与、各相关方的工作机制、建设如何管理等问题。

得益于广佛同城工作多年来的持续推进，广佛两市多层次轨道交通一体化建设领导体制机制已较为成熟。2020年，广东省政府把珠三角城市群和珠西都市圈内的城际铁路建设运营主导权授权给广州市政府，具体委托广州地铁集团负责；广州市政府和广州地铁集团面临的协调对象和协调主体都已大幅度扩展，其中协调对象已从广佛两市的城市轨道交通扩展到珠三角城市群层面的城市轨道交通、市域（郊）铁路、城际铁路、干线铁路等"四张网"的衔接协调，协调主体已从广佛两市扩展到广州、佛山、清远、肇庆、中山、江门、珠海、广铁集团、深圳都市圈等建设主体的协调。

因此，人们需要在广佛多层次轨道交通一体化建设领导体制机制的基础上建立并完善珠三角城市群多层次轨道交通一体化建设融合发展联席会议制度，在联席会议机制下设多层次轨道交通互联互通专责小组，可以由广州市分管领导担任组长，其他各市分管领导和广铁集团分管领导担任副组长，发展改革、自然资源、财政、交通运输、轨道交通等相关部门领导担任组员，定期组织召开工作推进会议，协调解决在多层次轨道交通互联互通工作中遇到的重大问题。多层次轨道交通互联互通专责小组下设办公室，办公室可设在各市发展改革委、轨道交通局，负责具体协调解决工程报批、建设实施、运营管理的日常工作。

6.2 城市群多层次轨道交通投融资与可持续发展

这里，有两种新的融资方式值得我们关注：TOD模式和PPP模式。这两种融资方式使政府资本与社会资本得到有机融合，大大解决了城市轨道交通建造资金不足的问题。

1. TOD模式

TOD模式指以公共交通为导向的发展模式，其中公共交通主要是指火车站、机场、地铁、轻轨等轨道交通及巴士干线，然后以公交站点为中心、以400～800 m（5～10 min步行路程）为半径建立中心广场或城市中心；特点在于集工作、商业、文化、教育、居住等功能于一身的混合用途，使居民和雇员在不排斥小汽车的同时能方便地选用公交、自行车、步行等多种出行方式。

优势：TOD 是用来平衡建设资金的重要手段。积极拓宽融资渠道是突破当今轨道交通建设资金瓶颈的关键所在。通过 TOD 开发，尤其在尚未成片开发的地区通过先期对规划发展区的用地以较低的价格征用，导入公共交通，形成开发地价的时间差，然后出售基础设施完善的"熟地"，使政府从土地升值的回报中回收公共交通的先期投入，即实现沿线土地资源与轨道交通综合开发，达成轨道交通与城市发展的良性互动与增值，促进二者建设和运营的投融资平衡。

2. PPP 模式

PPP 模式指政府和社会资本合作模式，是公共基础设施中的一种项目运作模式。在该模式下，鼓励私营企业、民营资本与政府进行合作，参与公共基础设施的建设。

优势：使公共/基础设施的品质得到改善，提高公共部门和私营机构的财务稳健性，有助于增加基础设施项目的投资资金来源。传统的投融资模式包括政府投融资、市场化投融资两种模式。由于轨道交通投资巨大，回收周期长，纯粹市场化融资方式一般不予采用；政府投融资模式操作简单，可靠性强，但存在资金短缺难以长期投入、资金运用和使用效率低、政府债务日益增加等问题；PPP 模式可以有效减轻财政压力、提高投资和运营效率，但在融资成本高、项目收益低、政策不确定性三重约束下对社会资本吸引力不足，能落地项目屈指可数。

TOD 和 PPP 模式的出现拓宽了政府和社会资本合作模式，相对于传统的融资模式优势明显。项目融资更多地由私营机构完成，从而缓解了公共部门增加预算、扩张债务的压力，因此公共部门可以开展更多、更大规模的基础设施建设。这些优势对现阶段的国内地方政府意义重大，通过推广新的融资模式将融资平台公司存量基础设施与公共服务项目转型为政府和社会资本合作项目，引入社会资本参与改造和运营。城市轨道交通的建设是庞大的公共事业，健康的发展模式是城市现代化的重要保障，良好的投融资模式是促进发展、调整产业结构、拉动就业、带动经济的重要抓手。核心是可持续，必须坚持近期与远期相结合，标本兼顾。城市轨道交通可持续发展的重点任务是推进产业结构优化升级和提升经济发展质量。新时代实施可持续发展战略，应以科学规划引领可持续发展，以生态文明制度确保可持续发展，以市场机制推进可持续发展，以智慧都市圈建设助力可持续发展。

珠三角城市群多层次轨道交通的多个相关政府、央企主体的财政实力、资金筹措方式差异较大，既有财政实力相对较强的广州、佛山等市，也有财政实力较弱的清远、肇庆等市，因此都市圈各相关主体需要加强沟通协调，根据财政实力，结合政策支持灵活运用TOD、PPP投融资模式，推行"政府主导、市场化运作"机制，解决好珠三角城市群多层次轨道交通发展投融资与可持续发展问题。

6.3 城市群轨道交通互联互通互运互维技术标准融合与一体化建设

6.3.1 城市群轨道交通互联互通互运互维技术标准体系建设

随着都市圈轨道交通线网的不断发展，现有运营模式在不同线路间资源协调、乘客服务水平等方面的弊端日益突出，如资源利用率低下、乘客多样化的直达需求无法满足等，因此以不同线路间互联互通为基础的轨道交通线网建设已是大势所趋。

《市域快速轨道交通设计规范》（T/CCES 2—2017）中，互联互通定义为不同制式的线路（含国铁）或制式相同而设备系统不同的线路通过工程技术改造和技术处理实现客运列车贯通运行。互联互通的核心是线路互通和设备互联。其中线路互通指不同线路物理上相连接，列车可在不同线路上跨线运行；设备互联指不同线路间的车辆和机电设备系统互相兼容。互联和互通是特指轨道交通两种不同层面的联通状态及其运营工况。为实现区域轨道交通的一体化运营管理，需要有一整套的运营管理体制、机制和有关运营管理办法及规章制度来保障；为保障安全，有序运营，需要有一整套的运营管理制度来保障，相应需要集约化的运营管理资源配置、科学的维护计划、有序的维护调度管理等作支撑。互运是都市圈区域轨道交通一体化运营管理的总称，包括运营方案、管理方案、相关运营管理设备配置等；互维是指都市圈区域轨道交通一体化运营资源配置及其一体化运营管理，包括统一维修管理、统一修程修制、统一维修设备配备标准、统一维修资源规划等。

我们从功能需求上对互联互通互运互维进行分析。互运是多运营主体为了提供高质量运输服务所需要解决的一体化运营管理方案及其设备配置要求,是实现都市圈区域轨道交通一体化运营管理的总目标,也是指导互联、互通和互维三方面规划、标准、设计的总需求;互维是维修方面的基础设施及其管理要求,是确保都市圈区域轨道交通网络安全、有序运营的必要保障。互联互通是实现整个都市圈轨道交通一体化运营管理的基础设施。其中互联侧重信息层面的联通;互通是特指部分线路的轨道联通、标准兼容,可实现跨线直通运输功能等。

为实现互通运营而必须统一的设计技术标准称为互通标准,主要包括行车、车辆、限界、荷载、通信、信号、供电等主要设计技术标准;除为实现互通外,为实现信息互联必须统一的设计技术标准称为互联标准,主要包括票务、调度、信息等方面的设计技术标准;为实现整个运营管理范围内维修及其管理而必须统一的标准称为互维标准,主要包括车辆修程修制、维修作业标准、维修设备配备标准、维修管理规则以及为提高备品备件利用率而应尽量统型的主要产品标准等;为实现整个运营管理范围内运营及其管理而必须统一的标准称为互运标准,主要包括车务、站务、调度、协同运输、应急管理等方面的作业标准、管理标准及其相应的设计标准等。珠三角城市群多层次轨道交通互联互通互运互维标准体系参见图6.1。

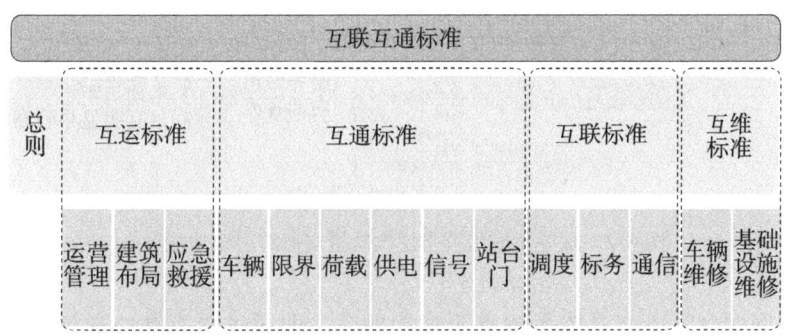

图6.1 珠三角城市群多层次轨道交通互联互通互运互维标准体系

6.3.2 城市群轨道交通跨层级融合

多层次轨道交通网络融合需要在明确功能分工的基础上体现出融合需求差异，重视各层级网络的兼容和代偿关系，最大限度利用通道资源发挥网络整体效益，依据情况选择不同融合模式，实现多层次轨道交通网络资源整合。干线铁路、城际铁路、市域（郊）铁路和城市轨道交通共同构成服务不同空间尺度、不同类别出行需求的轨道交通系统。珠三角城市群多层次轨道交通跨层级功能融合参见图6.2。

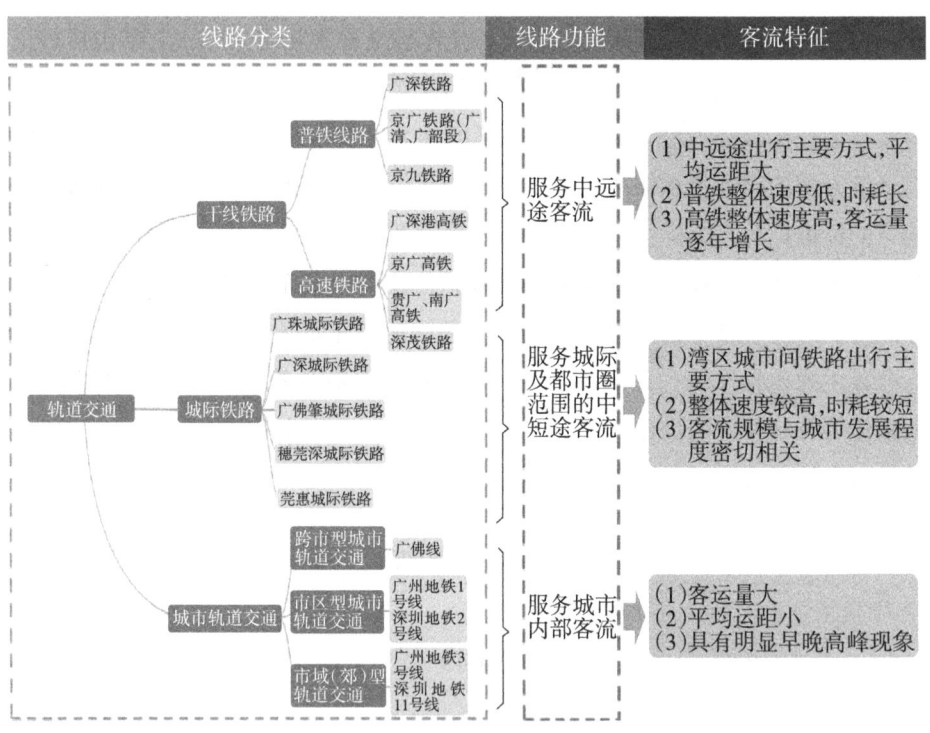

图6.2 珠三角城市群多层次轨道交通跨层级功能融合

多网融合轨道交通体系侧重于功能融合，即通过既有铁路通道资源融合、枢纽体系融合、运营组织融合等途径实现多层次轨道交通协同融合和综合服务，效益显著。多层次轨道交通融合并非是干线铁路、城际铁路、市域（郊）铁路、城市轨道交通网络的简单叠加，关键需要解决的是在尊重珠三角城市群多层次轨道交通网络发展现状的基础上实现"功能兼容、服务多元"。

6.3.3 城市群轨道交通跨制式融合

珠三角城市群轨道交通跨制式融合需要进行城际铁路、市域（郊）铁路的技术标准体系研究，做到标准尽量统一、系统制式尽量少；需要推进都市圈干线铁路、城际铁路、市域（郊）铁路、城市轨道交通信号制式、车辆、调度及票务系统的统一兼容研究，尤其是通信、信号系统的兼容性问题。

既有及在建城际项目应采用 CTCS-2 系统制式，维持选定的系统制式不变；与国铁干线有互通跨线需求的规划城际项目应采用 CTCS-2 系统制式，如广佛江珠城际。市域（郊）铁路以及与既有、在建城际项目有互通跨线需求的规划城际项目宜采用兼容系统制式，即采用车载双系统或新研发兼容 CTCS 与 CBTC 的新型系统制式，同时做好地下敷设区段系统规模及工程投资的控制；相对比较独立、对运输能力要求高且多在城市建成区地下敷设的城际铁路、市域（郊）铁路可采用 CBTC 系统制式，如芳村至白云机场城际、南中珠城际等。

6.3.4 城市群轨道交通互联互通互运互维设施一体化建设

珠三角城市群内的广州都市圈、深圳都市圈、珠西都市圈存在着轨道交通互联互通互运互维需求，表现在以下几个方面：

（1）有跨线运营的需求。例如，深大城际铁路与广州 18 号线南延线在中山、珠海境内有跨线运营需求，深圳都市圈中轴城际与广州 28 号线在东莞境内有联通并贯通运营的需求。

（2）共享线网车辆段所资源的需求。深大、深惠、龙大城际可共享九围车辆段维修资源，大大节约深惠、龙大车辆维修设备配置与维修成本；深惠城际与莞惠城际联通，可充分利用惠州北动车段，节约深惠城际车辆维修设施配置与维修成本；广州都市圈、深圳都市圈城际铁路共享珠三角城际建设的江门制造基地，节约广州都市圈、深圳都市圈城际铁路车辆高级修设施维修设施配置费用。

（3）共享珠三角城市群城际铁路大修资源的需求。珠三角城际铁路在北滘建设了线网大修基地，拟配备综合检测列车、钢轨打磨列车等大型养路机械；广州 18 号线、22 号线的建设中，在万顷沙也建设了大型养路基地。为提高珠三角城市群城际铁路的维修效率和质量，宜采用大型养路机械维修，故共享线网大型维修资源无疑是节约投资的最佳选择。

（4）共享大湾区轨道交通应急救援资源的需求。珠三角城际铁路规划利用广州铁路局集团的应急救援资源，广州、深圳、佛山等城市轨道交通也有各自的应急救援设施配置和应急管理体系。随着广州、深圳都市圈城际铁路的一体化规划、建设和运营，宜集约应急资源设施布局和管理，方便应急救援，节约建设和运营成本。

（5）共享轨道交通一体化票务系统的需求。以深大城际为例，深圳段69 km线路、11个车站的10个车站与深圳的22条地铁线路同站换乘，换乘量达本线运量的50%左右；珠三角城市群城际铁路与地铁换乘的需求也基本如此。为实现大湾区轨道交通"一票通达"，方便旅客出行，宜将广州、深圳都市圈的城际铁路与区域内各城市的轨道交通实现兼容的票制、统一的计费规则和统一的清分。

多层次轨道交通一体化建设需要积极推进互联互通互运互维理念的运用，推动干线铁路、城际铁路、市域（郊）铁路、城市轨道交通的"四网融合"，以方便乘客出行为目标，实现"一张网、一张票、一串城"，提升整个轨道交通网的运营效益和品质，促进都市圈的健康、绿色发展。

珠三角城市群互联互通互运互维一体化建设重点主要包括以下几个方面：

（1）共享车辆资源。珠三角城市群多层次轨道交通车辆选型主要如下：①高铁采用交流25 kV供电系统，选用CRH系列动车组及复兴号中国标准动车组；②城际铁路速度等级为160～250 km/h，采用交流制式，车辆选型为CRH6A、CRH6F，具备与高铁线路互联互通、跨线运营的条件；③珠三角城市群市域（郊）铁路速度等级为120～160 km/h，采用交流制式，车辆选型为CRH6F或市域D型车，结合需要，部分跨线运营列车可采用双流制列车；④城市轨道交通采用直流供电制式，车辆选型为A或B型车，因供电制式不同，车辆重要性能参数与交流车差异较大，难以实现与国铁、城际线路的互联互通。综上，仅从车辆选型角度，高铁、城际铁路、市域（郊）铁路均采用交流25 kV供电制式的车辆，具备互联互通、跨线运营的条件；部分采用双流制的市域（郊）铁路列车，可以与城市轨道交通实现互联互通、跨线运营。

(2）共享车辆检修资源。国铁和城际铁路具备车辆检修资源共享的硬件条件。从检修能力分析，广州枢纽各动车运用所能力偏紧，且受用地条件限制扩建困难；反之，珠三角城际动车运用所在建设初期能力相对富余，在站段关系位置适宜、具备联络线走行互联互通的前提下可分担部分高铁动车组的作业。城际铁路和市域（郊）铁路均由都市圈城市负责运营管理，在考虑车辆选型、线路互联互通、检修能力后可共享车辆检修资源。

6.4 城市群轨道交通站城融合建设

6.4.1 城市群轨道交通跨区域融合

城市群都市圈是世界各国城镇化的普遍形态，也是聚集经济和规模经济的空间体现。由于国土资源、位移速度、交易效率和成本等时空关系相互作用在我国城市发展中面临着交通、环境等容量瓶颈制约所带来的一系列"大城市病"问题，因此需要发展市域（郊）铁路支撑城市空间向区域范围拓展，形成高效便捷的通勤圈，提高都市圈综合交通整体供给质量效率，更好地满足各类交通出行需求，形成通道网络资源集约节约利用，促进形成绿色出行结构和以人为本的宜居生活空间。在这种情况下，为了整合交通资源，人们提出了都市圈轨道交通跨区域融合。

所谓都市圈轨道交通跨区域融合就是整合交通资源，以一个中心城市为主体与周边城市形成区域轨道交通一体化协同计划、协同设计、协同建设和协同运营的一种新形式；其能更好地满足各类交通出行需求，实现人才流通，打造优势产业带与加速区域同城化。如近年来广佛同城化取得很大进展，轨道交通线网协同规划走在了全国前列，参见图6.3。

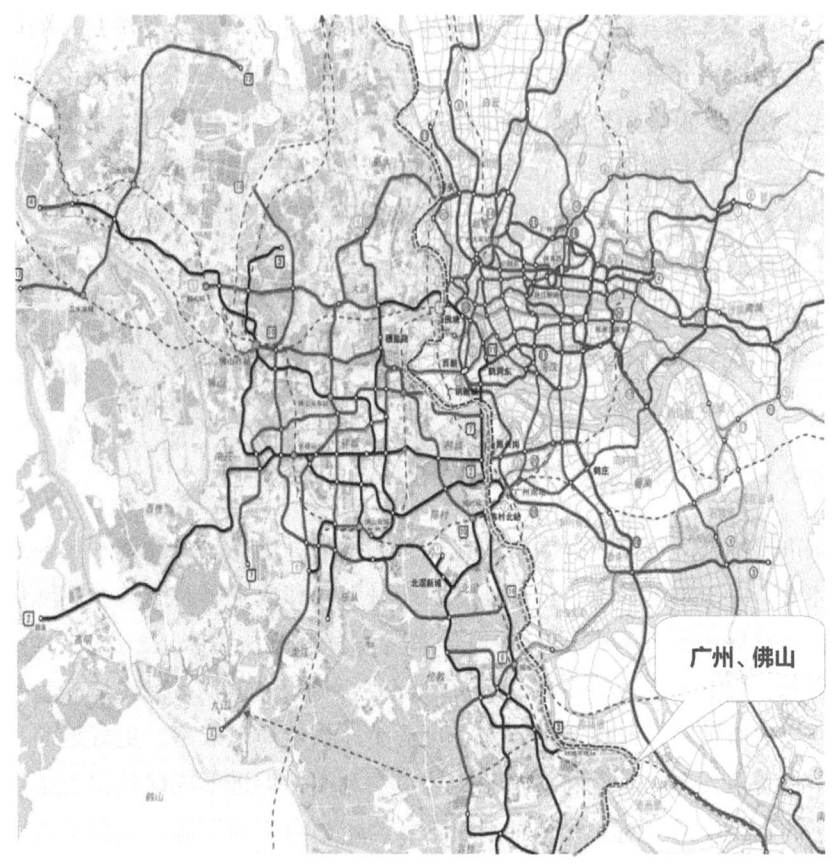

图 6.3 广佛两市轨道交通线网协同规划（2022 年）

得益于广佛同城工作多年来的持续推进，广州、佛山两市地铁线网已形成跨城融合。目前，建设运营了 3 条跨越广州与佛山两市的地铁线路：广佛线、佛山地铁 2 号线、广州地铁 7 号线。未来，需要从都市圈层面进行涵盖地铁、市域（郊）铁路、城际铁路、干线铁路等四个层次的"四网融合"，建设成"轨道上的都市圈"。广州都市圈广佛线跨城运营参见图 6.4，广佛之间城市轨道交通跨区域融合与同城化效果参见图 6.5。

第 6 章 城市群多层次轨道交通一体化建设

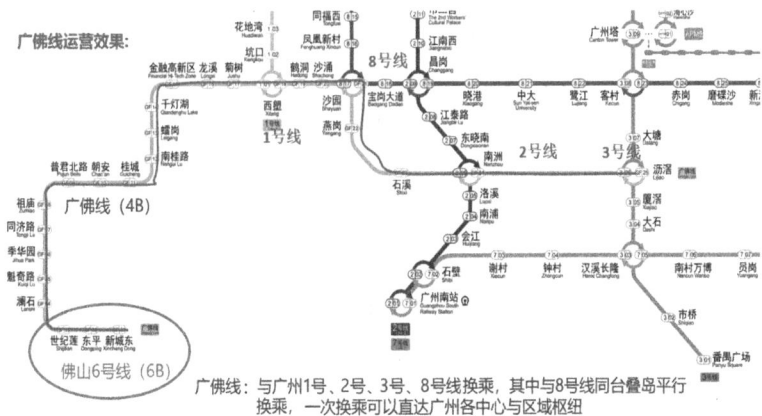

图 6.4 广州都市圈广佛线跨城运营

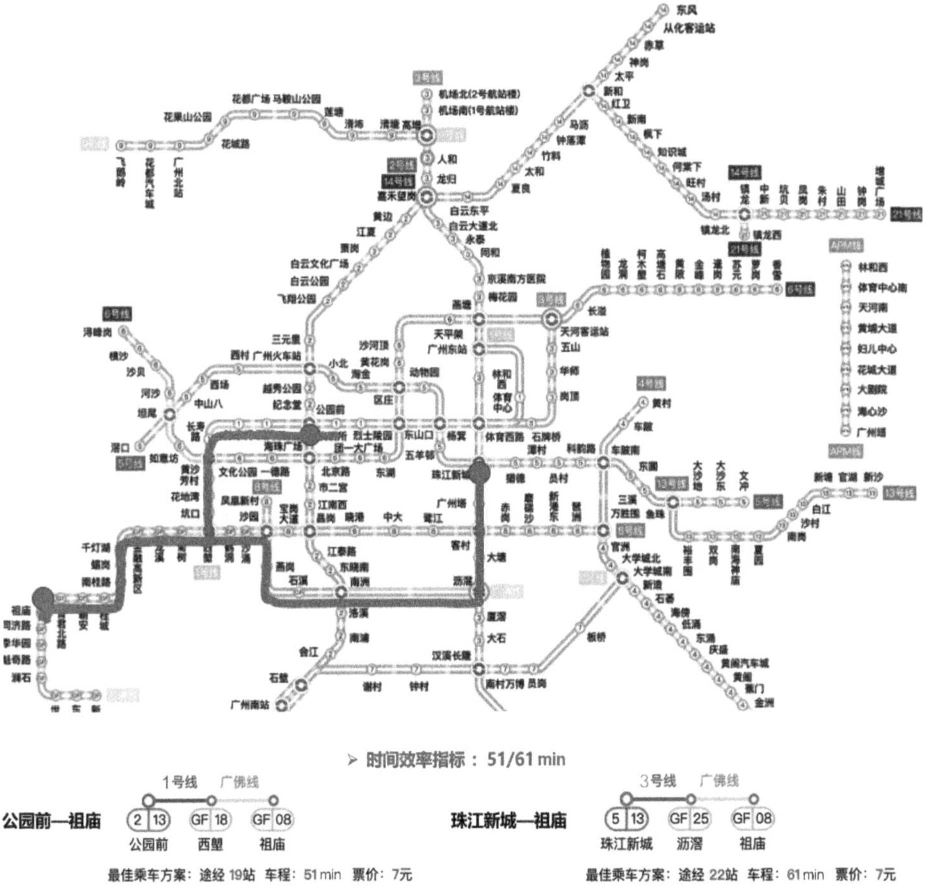

图 6.5 广佛之间城市轨道交通跨区域融合与同城化效果

6.4.2 城市群轨道交通站城综合体建设

大湾区都市圈空间一体化的轨道交通站城综合体的核心是以轨道交通为主体（或载体）整合和安排沿线的各项城市要素（功能、设施），达到"有机结合、功能协调、节约资源、综合发展"的目标。经验表明，轨道交通对城市发展的支撑作用明显，主要表现在能够引导城市空间形态结构的形成、促进城市紧凑发展、有利于公共交通客流吸引和集聚、促进沿线商业和物业价值的提升等。轨道交通线网的布局，尤其是骨干线网的布局，应考虑城市主要发展方向和主要客流方向两个主要因素。

珠三角城市群轨道交通站城综合体建设包括都市圈轨道交通与沿线地下空间的一体化和沿线城市综合体的一体化两方面。

（1）轨道交通与沿线地下空间的一体化。城市发展造成了城市土地资源的紧缺，所以向地下要空间是保持城市可持续发展的重要方向。通过城市地下空间的开发和利用形成地面空间、地上空间和地下空间协调发展，是现代城市发展的理想模式，通过轨道交通的串联和整合使传统的交通模式转变为以步行和轨道交通为核心、多模式整合的交通体系，使城市地下空间更加开放，有利于高强度的土地开发向轨道交通站点周边集聚，形成以轨道交通为纽带的城市商业圈，提升土地利用价值，有利于城市地下与地上空间的一体化，促进公共设施与商业的完美结合，促进沿线地下空间开发的经营效益，使沿线分散的地下空间"活"起来。

（2）轨道交通与沿线城市综合体的一体化。集约型模式是城市发展的必然趋势，而城市交通，尤其是城市快速轨道交通，是促进城市集约化发展的催化剂。集约化发展的主要表现是城市建筑的巨型化和功能的多元化，而城市综合体的出现是集约化发展的具体体现。

城市综合体指在同一位置上将商业、办公、居住、旅店、展览、餐饮、会议、文娱、交通等3项及以上城市生活空间的内容进行组合，并在各部分间建立一种相互依存、相互补充的能动关系，从而形成一个多功能、高效率、复杂而统一的综合体系统。城市综合体具有三个基本特征：①建筑承载城市功能；②建筑的空间体系与城市的职能体系相关联，与城市有着内在的联系网络；③建筑自身空间是动态的开放系统。城市综合体能够节约土地，促进城市空间用地的转型，改善城市交通状况和促进城市生活的多样性发展。城市轨道交通车站和车辆基地的上盖开发也属于轨道交通与城市综合体一体化发展的范畴。城市轨道交通与城市综合体一体化重点要考虑的问题如下：

（1）城市轨道交通实际上是依附于城市综合体的一种交通方式，便捷、高效、畅通的交通衔接方式是保持城市综合体的开放性和活力的基本保障。在一体化的过程中，应从综合体的城市属性、建筑属性、交通衔接的空间属性、人员的流动性和客流强度等几个方面全面考虑，力争实现人流的无缝衔接。城市综合体对外的其他交通衔接也是应重点考虑的问题。

（2）应关注城市轨道交通对城市综合体功能的整合作用。通常情况下，城市轨道交通贯穿城市综合体，其串联、沟通作用能促进各功能单元的融合，提高城市综合体的协调性。共享的空间也是提升城市综合体品质的重要因素。

（3）在融合各项功能的同时，还应保持各项功能不受干扰，不能影响其运营效率。

（4）应确保一体化城市综合体的安全性。除结构安全性外，还包括两方面的安全性：①防灾的安全性应满足规范的要求，对于特殊空间，必要时应进行性能化分析；②应确保人流的安全性，如流线的分类分流、人流的畅通性、通道的能力以及必要的人流缓冲空间等。

（5）经济性也是轨道交通与城市综合体一体化应注意的问题。

6.4.3　城市群轨道物业反哺互动一体化机制建设

在大湾区都市圈轨道交通建设中，资金投入大、建设周期长、投资回报时间长等因素制约着轨道交通的可持续发展。为了解决此类问题，便催生了都市圈轨道物业反哺轨道交通发展模式，称为"轨道＋物业"模式。

"轨道＋物业"模式是以 TOD 模式为基础，依托国铁、城际铁路、市域（郊）铁路、地铁等轨道交通线网，针对站点周边 10～15 min 步行距离范围（500～800 m）的土地进行开发建设。实现土地高效集约利用，筹集轨道交通建设和运营补亏资金，具体包括枢纽站点上盖物业开发、车辆段/停车场/客车整备所上盖开发、站点周边土地综合开发三种模式。

广州市经过多年实践已基本形成"政策统筹＋规划引领＋供地保障"的工作思路。政府充分放权，赋予轨道建设单位的主体地位和政策支持。广州市发展和改革委员会与广州市规划和自然资源局等政府部门联动,缝合轨道及开发审批流程,创新投融资机制;企业采取市场化机制,整合社会资源,推进轨道交通建设及综合开发。

在未来,珠三角城市群应积极探索通过政府注入配套融资资源(土地),经市场化融资解决轨道交通建设资金,再通过土地资源开发收益偿还借款的"轨道+物业"模式,并积极筹建商业、酒店公司,计划用商业地产运营收入反哺地铁运营亏损。

推动站城融合发展,形成站场经济圈,既要转变观念,达成共识,又要从实际出发建立全局性的工作架构:①要改变高铁、城际铁路、地铁各自为政的局面,打通"路地、省市、跨城"协同路径;②要加强发展改革、财政、规划和自然资源、住建等职能部门的统筹协调,提高政府的服务效能;③要整合产业、规划、策划、交通、建筑、经济等专业技术力量,提供全面技术支撑。在珠三角城市群一体化发展背景下,都市圈TOD站城融合工作架构的建立需从都市圈和市域(郊)两个层面进行发力。

6.5 城市群轨道交通枢纽换乘衔接设施一体化建设

都市圈交通包括干线交通、环流交通与集散交通。一般而言,大容量快速轨道交通构成了都市圈的干线与环流交通,并形成了都市圈的主要交通走廊,而其他形式的交通方式则构成了城镇的集散交通,三者相互配合,彼此换乘,进而构成了都市圈的交通网络体系。都市圈交通的目的是实现人和物的移动,而现代化的都市圈客运交通体系,是要使人流快速、安全、舒适、有序地移动,其关键技术之一是干线交通、环流交通与集散交通三者之间的有效换乘。

目前,广州、佛山两市规划形成以广州站、广州南站、广州东站、广州白云站、佛山西站、空港枢纽等为主要客运枢纽,以广州北站、新塘站、南沙站、鱼珠站为辅助客运枢纽,以知识城、庆盛、增城为主要换乘节点的客运枢纽布局。

我们建议在广佛两市轨道交通枢纽布局规划的基础上进一步从珠三角城市群层面规划建设功能分工合理、结构层次清晰、布局衔接高效、集散方便快捷的轨道交通枢纽体系。该体系具体可以从以下几个方面发力:

（1）强化枢纽与城市功能布局的协调，完善枢纽功能与衔接布局，推进枢纽互联互通。

（2）构建层次清晰、衔接高效的轨道交通枢纽体系。珠三角城市群多层次轨道交通枢纽根据功能规模可分为Ⅰ型枢纽、Ⅱ型枢纽和Ⅲ型枢纽。其中Ⅰ型枢纽为城市对外综合交通枢纽，推动干线铁路、城际铁路、市域（郊）铁路、城市轨道交通"四网"及多条骨干轨道交通线路高效衔接，任意方式间换乘行走时间不超过 5 min；Ⅱ型枢纽、Ⅲ型枢纽分别应推动"轨道四网"中的"三网""两网"高效衔接，换乘行走时间分别不超过 3 min、2 min。

（3）根据枢纽等级和功能，考虑不同层次轨道交通之间的系统制式标准、互联互通类型、公交化运营模式、扩展发展预留等因素，进行车站规模、站台长度、车站折返能力的整体考量与优化设计。

（4）在轨道交通枢纽站点配套建设集散交通与设施，设立接驳公交线路、P+R 和共享单车停放点，解决两端交通出行最后一公里困难问题，促进珠三角城市群一小时生活圈目标早日实现。

第7章 城市群多层次轨道交通运营管理一体化

2019年,由广州地铁全资的广东城际铁路运营有限公司成立,将负责运营广清城际等珠三角城际运营;2020年11月,广清城际、广州东环城际正式开通,由广州地铁集团负责运营,拉开了城市群多层次轨道交通一体化运营管理的探索之路。本章以珠三角城市群为例进行城市群多层次轨道交通一体化运营管理的实证分析研究。

7.1 建立统一完善的城市群轨道交通运营管理法规政策

目前,珠三角城市群现有的干线铁路、城际铁路和城市轨道交通运营主体都出台了各自独立的运输政策、管理条例和规范标准,但部分冲突较大,如安检互认政策、实名制政策、客票优惠政策、车辆制式标准,导致多层次轨道交通融合发展难度较大;另外,与城市群多层次轨道交通融合发展相关的法制建设较为滞后,导致该领域政策制定和实施的随意性较大,连贯性与可持续性较差。城市群都市圈政府可以借鉴东京都市圈、巴黎大区等典型地区多层次轨道交通运输体制机制和法规政策,结合中国国情和本土特色充分参考国内智库专家、行业人士和社会大众的建议与意见,稳妥推进城市群都市圈多层次轨道交通运输体制机制创新和法规政策制定。

基于管理权限和外部对接出现的工作难题,城市群都市圈政府可以分区域、分阶段破解"四网融合"政策和监管体系壁垒;可以分国家、省、都市圈三个层面进行轨道交通"四网融合"相关的法律法规和政策制定、修定与协调;在国家层面由省级政府联合国铁集团进行相关法律法规制度制定、修定与协调,如协调解决安检互认政策、实名制政策、客票优惠政策、车辆制式标准等冲突问题。例如,珠三角城市群可以由广东省运输交通厅牵头进行珠三角城市群、深圳都市圈、广东铁投集团等轨道交通运营主体之间的相关政策制定、修定与协调;由广东省交通运输厅牵头推动修定的《广东省铁路安全管理条例》、出台的《广东省省管铁路运营管理条例》等配套法规为政府合法履职提供依据和保障，解决鉴于国家和省均未出台省管铁路运营管理法规、省管铁路运营管理缺乏法规依据而遇到应履职而不能履职等问题。在都市圈层面，各城市地方政府可以就客票优惠政策、运输费用补贴等问题进行协调。

目前，广州都市圈在分区域、分阶段破解轨道交通"四网融合"壁垒方面已经迈出了第一步，并且取得了阶段性的成效。广州南站高铁到达客流免检进地铁站参见图7.1，地铁站单向通道参见图7.2。

由图7.1和图7.2可知，广州南站已经实现高铁至地铁（C、E、G口）的安检互认，但由于安检细则（实名制）的不统一，地铁至高铁的安检互认暂未完成。2020年11月，由广州地铁集团接管运营的广清城际铁路采用公交化运营模式，增加自主公交化票务系统，接入广州地铁清分中心，实现地铁＋城际"信息互通、票制共享"的"一张票"，并推广至广州地铁集团及其即将接管的佛肇城际、广佛南环城际、佛莞城际、莞惠城际等城际线路。

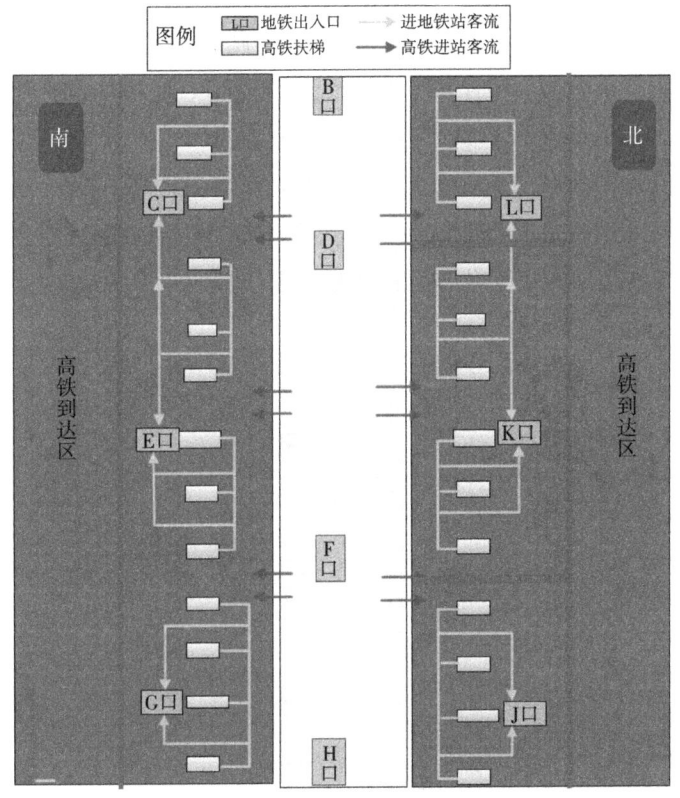

图7.1　广州南站高铁到达客流免检进地铁站

图 7.2　广州南站高铁到达客流免检进地铁站单向通道

目前，广清城际推行两种购票方式。乘客既可按照传统购票方式，在乘车前通过中国铁路客户服务中心网站（www.12306.cn）、铁路 12306 手机客户端、广东城际铁路运营有限公司车站售票窗口和自动售票机购买车票，也可以使用多元化票务支付系统，到车站后像坐公交一样刷卡乘车。目前，支持实名认证的实体票卡包括羊城通、岭南通、全国交通一卡通、广州地铁乘车码、银行芯片闪付卡等。为了推动大湾区多层次轨道交通实现"一张网、一张票、一串城"的公交化运营，减少旅客重复安检，提高客流通行效率，广清城际在花都站和白云机场北站换乘广州地铁时无须再次安检。广清城际铁路多元化票务支付系统如图 7.3 所示，公交化运营门机检票系统如图 7.4 所示。

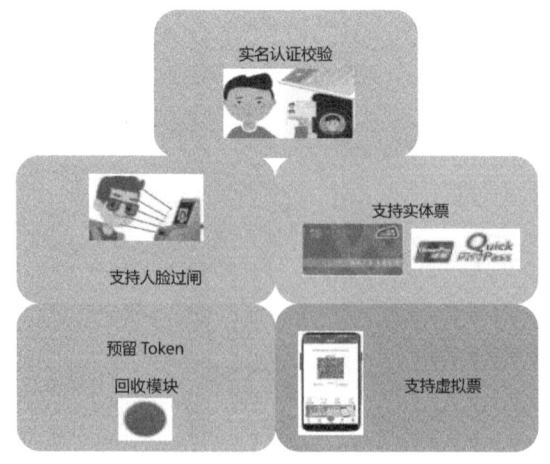

图 7.3　广清城际铁路多元化票务支付系统

图 7.4 广清城际铁路公交化运营闸机检票系统

考虑国家层面推动轨道交通"四网融合"涉及的运营管理规则体系比较广泛、难度大、时间久,人们可以采取先易后难的策略,充分利用《粤港澳大湾区发展规划纲要》所赋予的政策制度先行先试的优先权与便利,在珠三角城市群范围内探索多层次轨道交通一体化运营管理规则体系,如图 7.5 所示,通过实践验证后进行修订完善,逐步推动国家层面建立统一的、完善的轨道交通运营管理法规政策。

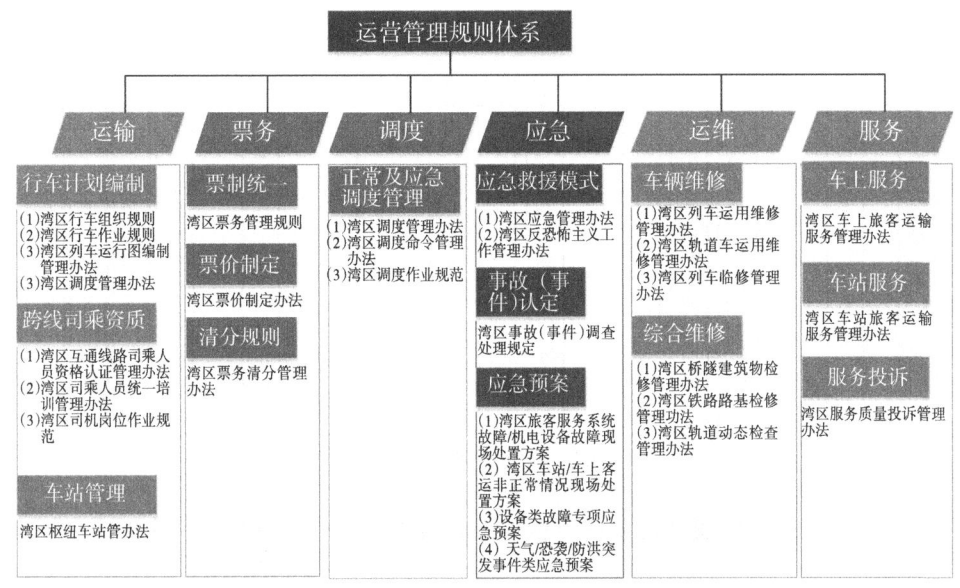

图 7.5 多层次轨道交通一体化运营管理规则体系

7.2 珠三角城市群多层次轨道交通运输组织一体化

7.2.1 珠三角城市群轨道交通协同运输标准体系建设

目前，珠三角城市群存在广铁集团、广州地铁集团、深圳地铁集团、广东铁投集团、佛山铁投集团等多个运营主体和多个调度指挥中心。相同制式轨道列车共线运营、过轨运输组织不足，不同制式轨道列车运能匹配、列车到发时刻衔接协调不足。轨道交通网络化运营非常复杂，统一调度指挥对多层次轨道交通网络正常运营与应急处置至关重要。因此，珠三角城市群多层次轨道交通运输组织需要在广东省交通运输厅的领导下，协调广州地铁集团、深圳地铁集团、广铁集团和广东铁投集团等运营主体，构建多层次轨道交通互联互通互运互维体系，建立统一的调度指挥中心，从运输能力、运输时间、票务服务、乘车服务、车站服务等多个方面进行协调，形成一体化的运输组织。大湾区轨道交通协同运输标准体系参见图7.6。

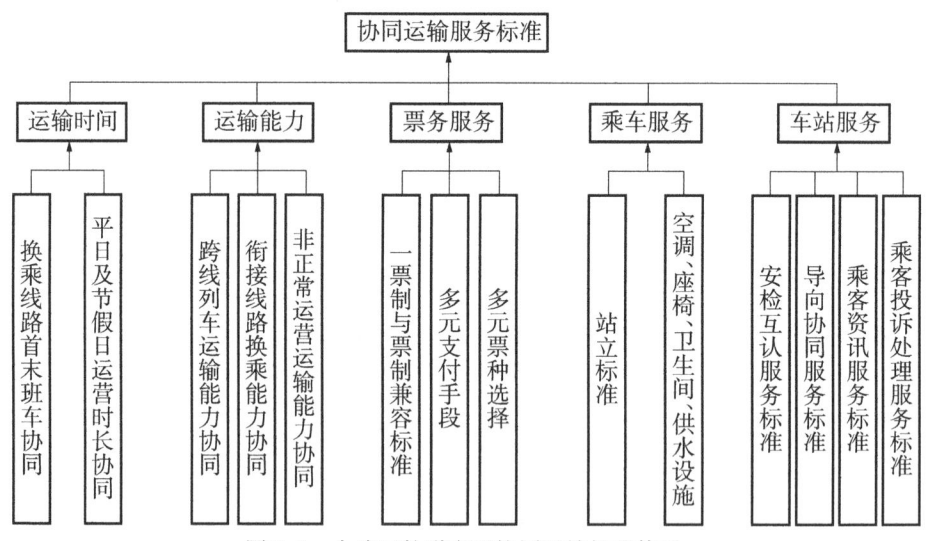

图7.6 大湾区轨道交通协同运输标准体系

7.2.2 珠三角城市群多层次轨道交通网络调度与应急指挥一体化

借鉴国家铁路"分级管理、统一指挥"调度模式，建议省级调度指挥中心负责"一级调度",统一进行广州都市圈、深圳都市圈、广铁集团之间跨线列车的调度指挥,广州地铁集团调度指挥中心负责广州都市圈范围内部列车的调度指挥,深圳地铁集团调度指挥中心负责深圳都市圈范围内部列车的调度指挥。

珠三角城市群多层次轨道交通在互联互通后会产生地铁贯通运营、城际地铁跨线运行、国铁跨线运行等多种跨线运行场景,涉及轨道交通多运营主体票款收入清分和列车维护费、牵引电费、线路维护费结算。结合珠三角城市群轨道交通互联互通实际需求,为降低系统升级改造工程量,建议采用"分级管理、分段清分"一体化票务清分模式:在分级管理策略下,跨运营主体出行场景执行省级清分规则,域内出行场景执行各运营主体清分规则。珠三角城市群多层次轨道交通一体化运营管理框架参见图7.7。

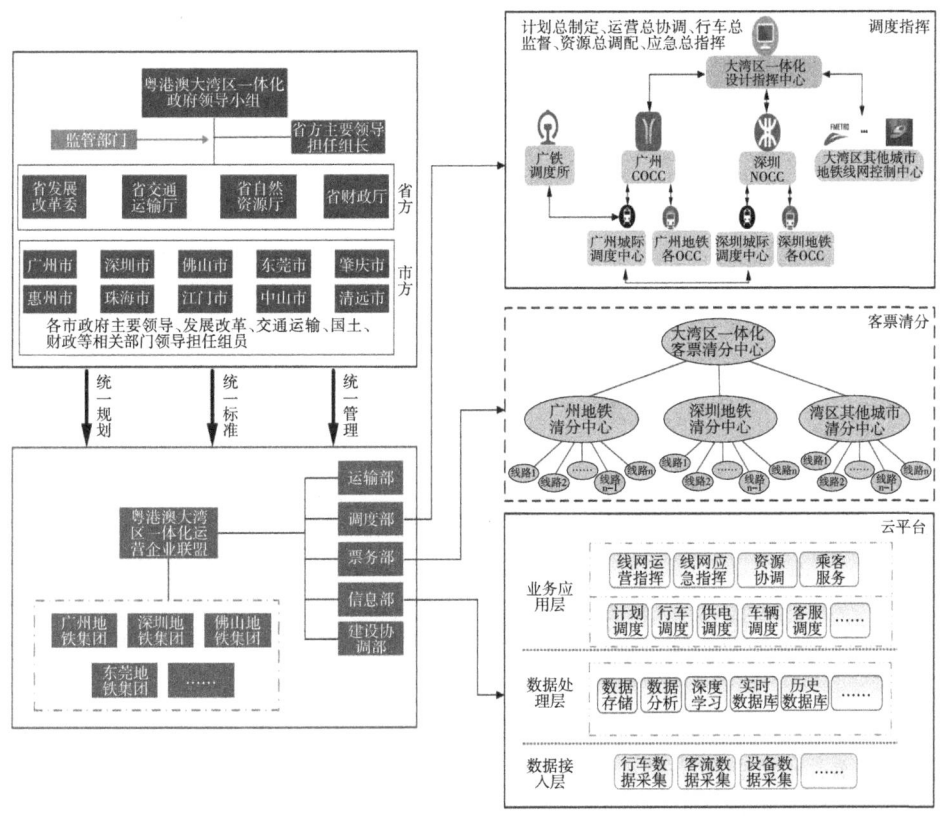

图 7.7 珠三角城市群多层次轨道交通一体化运营管理框架

7.2.3 珠三角城市群多层次轨道交通运营企业联盟与"一张票"目标

借鉴东京湾区、巴黎大区多个轨道交通运营主体成功协同运营经验，发挥政府主导作用，采用市场化机制，推动广铁集团、广州地铁集团、深圳地铁集团等轨道交通运营主体加强合作与协调，推进都市圈多层次轨道交通"硬联通"与"软联通"，提高都市圈通勤交通活力与效率。

建议在政府的指导下组建珠三角城市群多层次轨道交通运营企业联盟，通过多运营主体的管理协同实施行车组织一体化和运服联合互动，实现旅客联程运输和"一张票"目标。

开展顶层设计，按照三级管理模式，构建大湾区一体化客票清分中心，负责大湾区轨道交通的票务管理与票款清分工作，实现"一张票或一票联乘"。珠三角城市群多层次轨道交通一体化客票清分中心构架参见图7.8。

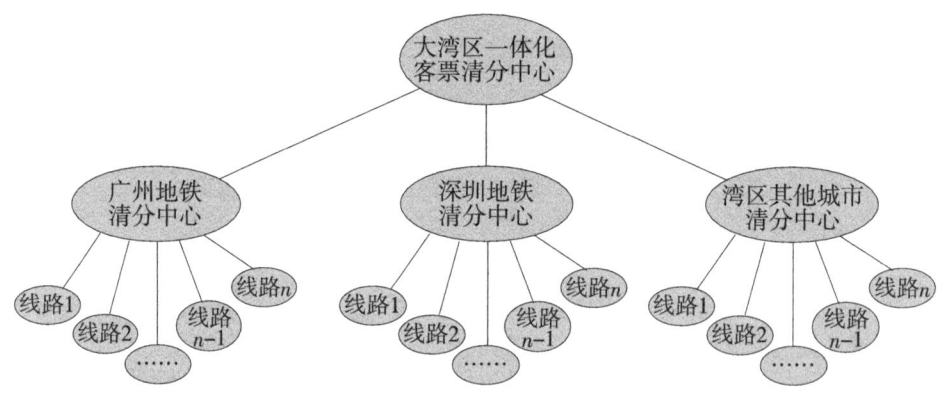

图 7.8　珠三角城市群多层次轨道交通一体化客票清分中心构架

7.3　珠三角城市群多层次轨道交通资源整合与通勤效率提升

（1）理顺大湾区都市圈轨道交通各自的层次功能定位，提升各自的通勤功能与效率。地铁定位为城市中心城区通勤主力；市域（郊）铁路主要服务中心城区与远郊区及外围城镇之间的通勤交通，是都市圈通勤主力，一般采用贯通运营模式，其中部分与城际铁路、干线铁路互联互通进行跨线运行，部分采用直流制式或双流制式与重要城市轨道交通贯通运营。城市群都市圈多层次轨道交通资源整合与跨线运行参见图 7.9。广佛肇城际等都市圈城际铁路可与市域（郊）铁路、地铁互通跨线进入市中心，充分发挥其服务都市圈城际通道通勤客流作用。目前，贵广铁路、南广铁路、广珠铁路、广茂铁路、南沙港铁路还有较大富余通行能力，可通过互联互通改造充分利用其富余运能开行通勤列车，服务都市圈通道沿线通勤客流。

（2）都市圈通勤列车应采取小编组、高频次、公交化运行模式。推动都市圈市域（郊）列车、城际列车等通勤列车"八改四"，采用四节编组，公交化运行，培育吸引通勤客流。

（3）推动城际铁路、市域（郊）铁路、地铁实现二维码互认互扫，推进人脸识别等智能化方式快速进出站，减少通勤时间。

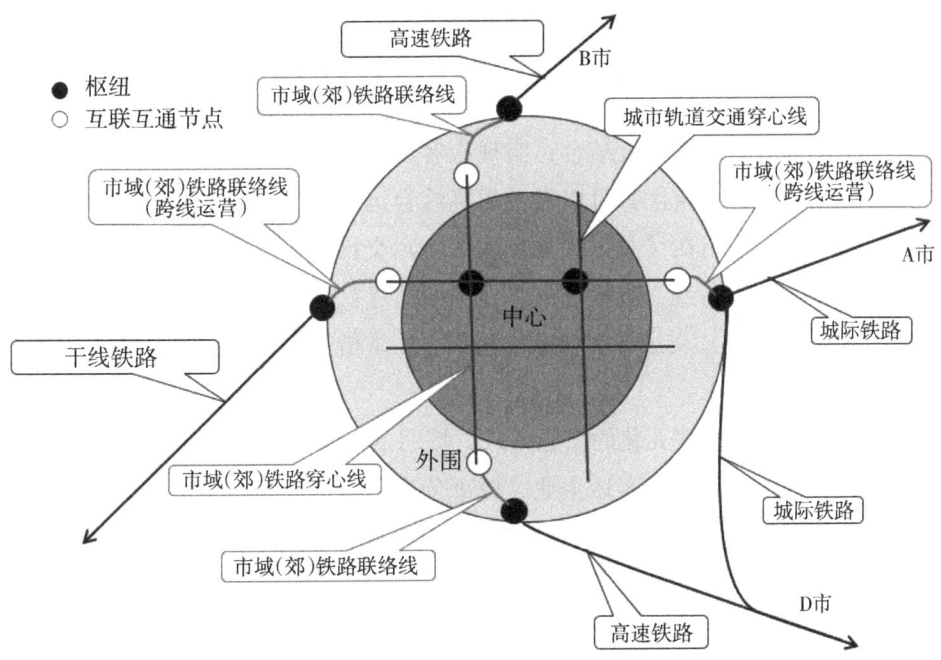

图 7.9 城市群都市圈多层次轨道交通资源整合与跨线运行

7.4 城市群多层次轨道交通与其他交通方式旅客联程运输

在城市轨道交通规划中，除了注重整体系统的建设外，还应该考虑到不同区域、不同交通方式之间的衔接和互联互通，例如在城市规划中要将轨道交通纳入综合交通网络中，与公共汽车、出租车等其他公共交通方式相互配合，形成多元化、高效率的综合客运体系；此外，还需要与城市自行车、步行等非机动车出行方式进行有机结合，提供更加全面、便利的出行选择。为了提高轨道交通系统的通行能力，并解决客流问题，在工程设计阶段就应该充分考虑未来发展需求，并采用一体化规划方法，以满足日益增长的乘客需求，为乘客提供更加舒适、便捷、安全的换乘环境，最终实现城市综合客运的最佳效益和交通系统效率平衡的目标。

旅客联运作为一种创新的运输组织模式，具有极大的潜力和优势；它能够将不同的交通方式进行有机结合，实现旅客出行更加便捷和高效；通过充分发挥各种运输方式的比较优势可以有效提高综合运输组合效率。近年来，我国交通运输部等四个部门在《关于优化空铁（轨）交接流程的通知》中明确提出了推进民航旅客转乘高铁、城轨进京工作，并通过铁路、城轨实现对民航单向安检来优化空铁（轨）交运旅客转运流程。这一举措无疑将进一步满足人民群众日益增长的出行需求。

建议完善城市群多元化的交通方式，特别是加强枢纽连接的综合交通服务；推动轨道交通部门与道路客运企业、城市公交企业与火车站、民航机场以及港口客运站之间的深化合作，共同构建便捷的换乘环境；为了实现这一目标，可以进一步优化跨方安全检查流程，通过引入先进技术和智能设备提高安检效率，并确保旅客在不同交通工具之间顺畅转乘；同时，在铁路和城市轨道交通的覆盖范围上进行扩大改造，增加线路数量和车辆容量，以满足日益增长的出行需求；此外，在提升联运服务水平方面还可以采取创新措施，如在联票中增加优惠礼品套餐或专享服务等产品，使旅客在购票时能够获得额外福利和个性化定制选项；除了以上措施外，还应注重信息共享和互联互通，通过建立统一的信息平台或 App 应用程序将各种交通工具的时刻表、票价、座位预订等信息整合起来，并提供实时更新和准确查询功能给旅客使用，帮助旅客更好地规划行程，避免因信息不对称而导致的不便。总之，在珠三角城市群发展过程中要注重打造高效便捷且智能化的综合交通网络系统，只有通过持续改进和创新措施来提升联运服务水平，并积极解决存在的问题与瓶颈，才能真正满足人们日益增长的出行需求，促进该地区经济社会的发展迈上一个新台阶。

7.5 城市群轨道交通助力货物运输难题解决与多式联运

城市群轨道交通在解决货物运输难题和推动多式联运方面发挥着关键作用。一方面，轨道交通系统具有高效的运输能力，适用于大规模货物运输且通常以高速状态运行，可以迅速将货物从一个城市区域快速运送到另一个城市区域，有助于提高货物的流通效率；另一方面，通过货物运输的轨道交通系统可以减轻城市道路的交通压力，缓解拥堵问题，有助于提高货物运输的可靠性和及时性。此外，城市轨道交通系统可以与其他运输模式，如货车、港口和空运等无缝连接，实现多式联运，这意味着货物可以在不同的交通方式之间快速转移，提高了整个供应链的效率，还可以与智能物流系统集成，实现货物的实时跟踪、调度和计划，提高货物运输的可控性和可见性。轨道交通系统的规划通常与城市群的一体化规划相结合，有助于构建更加紧密的城市群经济圈。

德国铁路客货混运在运输领域积累了丰富的经验，为其他国家提供了一些可借鉴的经验教训。具体而言，在城市轨道交通设计和规划初期，就考虑客货运一体化，并将现有的客货运相同的基础设施实现共享。在此基础上，一方面采用先进的智能化运输管理系统，通过实时监测和数据分析提高运输效率，降低运营成本，并确保安全性；另一方面，通过合理的运输组织和优化的列车编组提高运输效率，降低货运成本。此外，德国铁路在客运和货运之间找到了平衡点，确保了客户的服务品质，有助于维持整个铁路系统的可持续性。德国铁路业务各方之间建立了良好的合作机制，包括与私营公司的合作，有助于促进整个铁路运输体系的协同发展。

建立城市群捷运体系，重视都市圈绿色高效货运体系建设；借鉴德国铁路客货混运经验，在轨道交通系统中专门设计和配置货物运输的列车或车厢用于城际间和中心城市内的货物运输，充分利用城市群轨道交通平峰时期和客流不足线路富余运能，提高货运的效率和准时性；利用轨道运输解决都市圈货运瓶颈问题，缓解道路拥堵压力，推动"汽车上的城市群"向"轨道上的城市群"蝶变；通过建立城际货物运输网络，可以加强城市群的互联互通，促进经济一体化，扩大市场范围；将轨道交通系统用于货物运输可以实现更绿色、高效、可持续的城市物流。

综上，城市轨道交通可以提供高效、可持续、环保的货物运输解决方案，特别是在拥挤的城市地区。该举措有利于推进"双碳"目标顺利实现，促进城市群社会经济高质量快速发展，不仅有助于提高城市的物流效率，还有助于改善城市环境，减轻交通压力，以满足不断增长的城市发展需求。

7.6 城市群轨道交通运营安全保障体系

城市群多层次轨道交通一体化融合发展过程中，市域（郊）铁路与城际铁路、城市轨道交通之间跨线运营的频次规模会比较大，城际铁路、干线铁路、市域（郊）铁路三者之间的过轨运输组织也有一定的规模。这种不同层级、不同制式轨道交通列车的跨线运输会产生一定速度差，给本身高密度、高频次、高集成的城市群轨道交通网络运输组织增加困难与挑战，导致对多层次轨道交通网络本身及外部环境扰动因素的管控条件要求极其严格。在日常运营中，设备设施、管理、环境、人为失误等随机不确定因素可能极大影响动车组列车运行秩序和运营安全。因此，需要结合城市群多层次轨道交通运营安全影响因素以及目前保障体系现状分析其运营体系功能需求，全方位地构建安全保障体系；需要从人、设备、环境、管理的角度出发，根据问题导向的原则，按照人防、技防和物防的总体思路去构建轨道交通运营安全保障体系，将轨道交通运营安全管理的动态和前瞻性融合在一起，综合构建起轨道交通运营安全保障体系实施方案，并把安全保障体系集成到综合管理、调度指挥应急协同等平台系统中，实现运营安全保障体系内容的完整性、系统性和可操作性。

7.6.1 城市群轨道交通运营安全影响因素与保障体系现状分析

影响城市群轨道交通运营安全的因素主要有人员、设施设备、环境和管理。多层次轨道交通系统是四个因素相互交融与叠加交织的动态复杂巨系统。设备设施、环境、人员以及管理四个因素中，哪一个环节出现故障或是故障后应急处置失误，都有可能酿成事故。这里，人员主要包括作业和管理人员的业务技能、综合素质、操作水平、技能培训、精神状态以及对应急预案的反应速度和执行力度等方面；设备设施主要包括固定和移动设备，其中前者包括线路基础设施、牵引供电设备、接触网及供电设备地面监测、综合 SCADA 系统、CTC 设备等，后者包括列控设备、动车组性能功能及主要部件的运用状态、通信信号状态和综合检测等方面；环境一方面针对强风、暴雨、地震等自然灾害的突发情况做出防灾预警和应急处置，另一方面要针对轨道交通沿线、车站等周围环境做好安全防范控制；管理主要包括规章制度、作业标准、人的管理、设备设施管理、防灾系统管理等几大因素及其结合部的卡控与协调等方面。

目前，城市群轨道交通的安全保障体系主要包括事前预防、运营过程中的安全监测检测、事故管理及应急救援等方面。其中事前预防主要包括建立相对完善的标准及规章制度、顶层设计和运营前的综合试验及评估等前控机制，建立设备养护维修制度、职工安全素质建设及治安防范等方面；运营过程中安全监测检测主要包括基础设施服役状态和移动设备运用状态的实时监测检测、系统运营环境的防灾检测等方面；事故管理及应急救援主要包括事故应急救援和事故调查处理及反馈等方面，要求具有对突发事故的应急处理能力。从运营安全实践看，尽管为确保动车组列车运行安全采取了相应的措施，但仍存在安全隐患可能导致事故发生。

7.6.2 城市群轨道交通运营安全保障功能需求

1. 监控和检测预警技术需求

（1）部分视频监控系统仅具备视频监控、视频存储及事后查看等功能，基本处于"监"不能"控"的被动状态，只能起到实时预警的作用，可作为事后追查取证的依据，但不能主动识别状态变化和事故隐患。因此，视频监控系统需要"防控"一体化，相应地需要引入智能识别分析功能，开发适应多种应用场景需求的视频识别技术，并能在发现问题的同时同步做到应急处置。

（2）动车组列车、供电、通信信号等关键设备需要依托智能协同，应具有自诊断功能，需要利用现代信息技术、全面识别技术、现代传感技术等延伸扩展设备设施监测检测的感知能力，主动辨识是否构成安全隐患，并在紧急情况下可自动采取控制措施，动态规避危险，保障动车组列车运行安全，进而保护旅客人身安全。

（3）防灾监控体系主要是对危及轨道交通铁路列车运行安全的自然灾害（风、雨）、异物侵限及非法侵入、地震等进行监测报警处理，提供经处理后的灾害预警、限速、停运等信息，为列车调度员进行列车运行计划调整、发布行车限速、抢险救援等命令提供依据，或直接通过系统功能迫使列车停车。目前，实际运用效果较好的有风速、雨量、异物侵限子系统，降雪、隧道事故应急、轨温监测、大雾和地震子系统尚待建设与应用，其中异物侵限子系统是和CTC调度集中系统、列控系统直接联网，风速和雨量报警系统尚需要工务段和列车调度员共同确认后进行人工执行限速、禁行等应急处理。在针对风、雨、雪、雷电等自然灾害的处理上，需要及时、有效地保证动车组列车运行安全。

（4）各种监测检测系统要发挥其有效性，就需要强化数据集成的列车安全检测监控管理，在监控和检测技术功能不断完善的同时还须对这些系统进行维护，保证维护制度的运作，确保设施设备处于良好的运作状态。

（5）轨道交通沿线和车站环境的监控检测越来越提到日程上。要考虑沿线设置防止闲杂人员进入的栅栏网、站台防护设施以及大客流的防控，以防止车辆、物品翻落冲撞列车、旅客乘降等不安全事件发生。

2. 集中统一管理和控制需求

（1）设备设施故障不能上升为事故，其安全隐患需要消除在事故之前，而事故更不能演变为灾难，这就要求车、机、工、电、辆等部门统一协调，实现调度集中统一指挥，并对安全信息实时处理，以提高安全决策和过程管理的实施能力，相应地就要建立安全信息实时监测、传输、处理与控制中心，实现远程监控和应急处置一体化。

（2）应急处置过程要直接体现从"以能力为中心"到"以旅客为中心"运营组织理念的转变，但也不能因为高铁运营重大突发事故发生的频率很低，所以忽略重大突发事故的救援组织的准备工作，这关系到旅客生命财产的安全以及援救的组织效率和协同作战的水平。

3. 安全风险管理有待深入

铁路安全引入风险管理理念和方法。安全风险及控制是以系统生命周期为基线，通过系统识别运营及维护过程中可能存在的问题因素，确定高风险因素，通过结构改进、软件控制或优化人为操作等手段将系统风险发生概率最小化，是将事后管理变为事先预防的重要安全管理模式。实践表明，安全风险管理是行之有效的安全管理策略，而轨道交通运营安全风险管控过程需进一步深化，需要加强安全风险的识别和隐患的排查，不断找出安全管理的薄弱环节，并加以整改、改进，以实现闭环管理和超前防控。

4. 应急处置需要辅助决策支持

（1）需要构建数字化、信息化、互动化、可视化、智能化的大数据分析系统，实现海量数据可挖掘、设备状态可诊断、行车安全可预警、运营变化可感知、发展趋势可推断、辅助决策可支撑，并要从人的不安全行为、设备的不安全状态、环境的不安全因素着手，用大数据方法挖掘出相关规律，以推动高铁运营安全水平大幅提升。

（2）需要建立相应的应急管理智能专家系统。专家系统要求全面综合集成应用，而且是跨专业和跨系统的数据集成和信息共享，并通过信息的采集指导养护维修，特别是物联网对各种信息的获取处理，在保障高速铁路运营安全、可靠的同时，还要求发生应急处置时提供安全辅助群体决策，改变目前人工群体的决策阶段。

7.6.3 构建安全保障体系的总体思路和理念

1. 人防、物防、技防"三位一体"理念的提出

构建人防、物防、技防"三位一体"的安全保障机制是轨道交通运营安全保障体系构建的总体思路，是指导轨道交通运营安全保障的控制、管理和决策工作。在具体构建过程中，要以先进、成熟、实用、可靠的信息技术为支撑，实现设备设施监测检测，并以管理信息系统为管理手段，通过不断集成与创新形成对高铁运营安全态势分析、对可能发生的事故进行预警预报以及事故发生后快速响应并形成应急救援的有机整体。

2. 妥善处理人、设备、环境和管理的耦合关系

高铁运营安全保障体系要确保影响安全的各个因素处于被约束与受控状态，具有很强的针对性和实用性。各个因素风险耦合的形成使得安全风险变得复杂，风险值也相应增大。安全管理的对象是人、设备和环境和由它们所构成的系统以及其结合部，通过管理将这些要素集中统一起来，其中管理是协调人－设备－环境－管理四者的中枢，人是核心，设备是基础，环境是条件。人－设备－

环境-管理模型参见图7.10。管理必须贯穿体系中的每一个细节，在系统中起到统筹作用。高铁运营安全保障体系运作机理参见图7.11。管理针对的是系统安全的非技术因素，落实在精细化管理之中，要做到"精、准、细、严"。从这个角度讲，安全保障体系又是技术因素和非技术因素的协调统一。

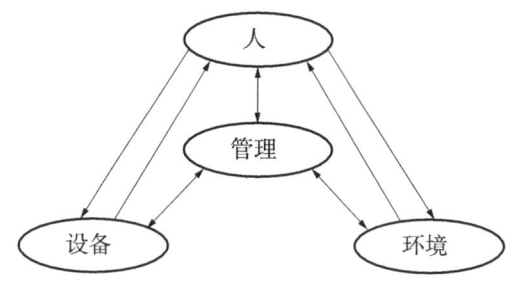

图7.10 人-设备-环境-管理模型

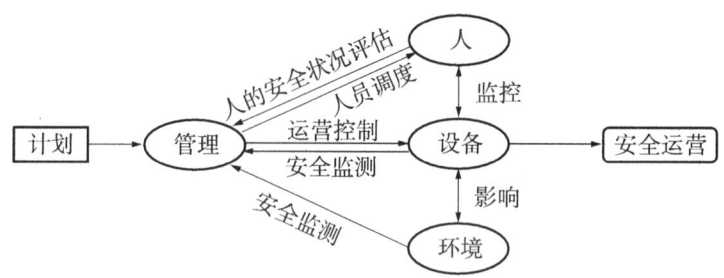

图7.11 高铁运营安全保障体系运作机理

7.6.4 城市群轨道交通运营安全保障体系

7.6.4.1 作业人员保障体系

（1）作业人员选拔与准入：按照高起点、高标准的要求配备作业人员，严格执行主要行车工种和关键专业技术岗位资格准入制度，按标准配齐配足调度员、动车组司机、随车机械师等专业技术、管理人员，实现关键岗位的梯次配备和动态优化；建立培训、考核、任用相统一的职工培训机制，持续优化人力资源配置。例如，在准入过程中，人员的性格适应性、心理健康、职业动机、应急处置能力状况、在紧张和压力负荷条件下的状态等需要进行测评和分析；在选拔高速铁路调度员时，调度空间记忆力、逻辑推理能力、压力负荷承受能力等也需要认真考查。

（2）岗位适应性培训：开展轨道交通规章培训、高铁事故案例学习及实作演练，重点对技规、行车组织细则、作业指导书、应急预案等进行学习，确保准确、熟练掌握相关内容。同时，对事故案例进行记名式传达学习，通过对每个事故的违章分析解读使管理人员及车务应急值守人员真正清楚违章作业的风险，吸取事故教训；各轨道交通车站利用联锁（CTC）模拟机对车务应急值守人员（车站值班员）进行控制模式转换、非常站控接发列车、道岔失去表示、信号机故障等非正常行车内容实作演练，专业管理人员同步对实作过程进行分析评价，以提升轨道交通行车人员的应急处置能力。

（3）作业人员防控：必要时对作业人员要有监控，督促其执行标准化作业；同时，还要采取必要的监控手段监控作业人员操作安全及人身劳动安全，必要时需要定位和跟踪其轨迹，如可监控作业人员疲劳程度监控、作业环境状况等；还要采取技防和卡控等手段让人员的操作不失误，例如CTC3.0系统的功能完善多方向接发列车安全控制，实现技防和人防的协调与卡控的统一。

7.6.4.2 设施设备保障体系

1. 完善固定设备检测监控体系

（1）对高铁线路桥梁、牵引供电、通信信号等固定设备全面安装安全监控检测系统，通过动静结合、人机结合实现全方位、立体化监控。目前，固定设备的监测与诊断主要包括轨温监测诊断、钢轨探伤诊断、道岔缺口检测、长大桥梁监测诊断、隧道监测系统、供电综合远动监控检测、变电设备智能巡检系统、接触网悬挂状态检测监测、电务轨旁设备状态可视化智能检测、信号集中监测系统、电务智能运维系统等。例如，通过设计智能机器人"成成"，西成高铁实现了对牵引变电所设备运行状况巡视系统和远程供电监控。

（2）移动设备的监测与诊断主要包括移动设备寿命预测研究、列车控制系统、列车状态监测与诊断、动车组运行环境监测系统、动车组运行品质检测系统、车辆轮对监测装置和车轮型面动态检测系统、机车车辆诊断和实时检测、轨道车辆智能检修系统、动车组健康管理与运维决策，并通过远动系统加强牵引所亭、电力所亭设备及接触网开关状态实时监测。持续提高远动系统运行中发现缺陷问题的处置效率，最大效能发挥远动系统在应急处置时的作用。

（3）固定设备和移动设备兼用。例如，完善动车组运行检测监控，在车上设置上千个传感器设备,实时监控1800多项运行数据;在地面轨道上安装动车组运行故障动态图像检测系统(TEDS),实时采集动车组走行部等关键部位图像;将数据信息和图像资料通过无线网络传输到计算机终端,由地面技术人员通过专用软件采集和分析,确保动车组运行的绝对安全。另外,综合监测设备状态系统也需要兼顾监控基础设施和设备使用的安全。该系统一方面可实时记录高铁线路现场情况,对监控设备及线路出现的异常状况可实现自动分析、判断和报警,提高高铁线路运行状况监控能力,另一方面是监测高铁设备安全运行的信息系统,确保设备使用安全稳定。此外,中国铁路南宁局在管内1859km高铁线路上安装了3819套视频摄像头及大量的视频编码器。该系统在使用中收集铁路综合视频系统网络的自动化维护需求,可对视频图像出现的雪花、滚屏、模糊、丢失及干扰等常见视频故障进行自动准确分析、判断和报警,投入使用后可准确监控记录故障原因,快速消除行车隐患,有效解决人工巡查造成效率不高、标准不够科学统一的问题,提高作业效率。

2. 加强基础设备状态整修

(1)推进预防性维修方式。预防性维修方式以设备诊断技术为基础,结合设备故障的历史和现状,参考运行环境及其他同类设备的运行情况,应用系统工程的方法进行综合判断分析,从而查明设备内部情况、故障和异常,预测隐患的发展趋势,提出防治和治理对策。预防性维修方式关键是依靠先进的故障诊断技术对潜伏故障进行分类和严重性分析,主要包含三个方面的关键技术:状态检测、故障诊断和状态预测。这三个方面的关键技术在现代复杂设备上往往并存,相互配合使用。

(2)精细做好维修工作。高铁基础设施实行天窗修制度。工务、电务和供电部门共用一个时段的天窗时间,需要各工种互相协作,合理利用好施工天窗时间,这就需要不断地优化设计施工方案。天窗修工作质量需要采用动态检查为主,动、静态检查相结合的全方位检查模式,通过定期开行综合检测列车、点后开行确认列车以及使用精密测量控制网、车载式和便携式线路检查仪等方式检查确认线路状况。值得说明的是,我国高铁技术经历了引进、吸收和创新的过程,但综合检测监测技术未经历这一历程,需要自主创造、设计并制造适应高铁技术装备和沿线环境检测和监测、综合数据分析处理和运营维修辅助决策支持新技术为一体的现代化高铁设备综合巡检车,实现集高速铁路工、电、供电关键设施设备一体化的监测检测。

（3）对关键设备建立养护档案。例如，针对动车组实行五级计划性预防修制度，采用以走行千米周期为主、时间周期为辅的检修模式，在运行中还配有乘务检查，保证动车组设备运用状态良好。同时，设备管理单位通过建立巡查制度，以便及时有效地发现设备的安全隐患，加强设备技术状态、养修履历过程管理，定期评估设备安全状态，科学制定设备维护周期、范围和维修技术条件，推进设备精准养护维修。

7.6.4.3 环境保障体系

1. 防灾系统功能强化

高速铁路运营安全需要装备功能全面、精确可靠的防灾报警监控和视频监视系统，需要结合我国各地区实际明确强风、暴雨、落物、地震相应等级的预测报警系统，遇有高速铁路防灾系统监控应急情况相应需要启动相关预案和安全措施。2013年，中国铁路总公司发布《高速铁路自然灾害及异物侵限监测系统总体技术方案（暂行）》，将高速铁路灾害监测系统规范为基于铁路局中心系统和现场监测设备两级架构。铁路局中心系统在对高速铁路沿线风、雨、雪及上跨高速铁路的道路桥梁的异物侵限实现有效、准确、实时监测的基础上将原有灾害监测系统与新建灾害监测系统整合在一起，应用统一的信息共享与数据交换的接口规范，实现与路内外系统的信息交互，为调度指挥及维护管理提供报警、预警信息。系统按既定频率实时监测显示风速、风向、雨量、雪深等数据，实时监测异物侵限双电网状态，实时监测现场监测设备、网络设备、终端设备及各服务状态，具备地震监测预警试验系统服务器状态监测功能；展示大风、大雨、异物侵限报警，展示设备状态报警，并进行声光报警及限速提示；发生风、雨灾害监测报警后可进行报警确认和报警解除操作，发生异物侵限报警后可进行上下行临时行车、调度恢复等处置，在报警后可进行短信编辑，并发送至相关用户。

2. 其他环境整治

其他环境整治主要包括开发研制的高铁综合视频监控系统、高铁周界安全防护系统、高铁通道门禁管理系统、车站站台端部穿越报警系统等对高铁沿线环境进行综合监控，同时还要对高铁沿线环境综合整治，集中体现在塑料布等轻飘物、鸟类在供电接触筑巢等方面。另外，为积极应对大客流，可以研发应用热力感应成像系统,将轨道交通车站划分为不同区域,不同区域成像汇集于大指挥中心大屏,可实时监控轨道交通车站各区域的客流情况,对客流进行实时监测,根据站房区域设计容量科学设定客流阈值,以图表形式直观呈现,实现警情、风险精准预测预警,为精准布警提供依据。

7.6.4.4 安全管理保障体系

1. 健全轨道交通规章制度及标准

(1) 制定轨道交通运营安全管理一系列的安全管理规章制度,并强化专业管理。例如,建立健全覆盖所有管理和作业岗位的安全生产责任制以及履职检查、考核、责任追究等制度,特别是以超前防范为重点完善安全生产过程控制机制,形成健全的轨道交通规章制度体系。同时,规范轨道交通车站运营管理标准,让作业人员现场作业有所参照,还要对轨道交通运营暴露出的规章盲点和难点问题及时制定应对措施和细化办法。

(2) 明确各项规章及有关条款的适用范围,剥离相互交叉和制约轨道交通发展的内容,为现场作业人员提供明确的规章依据。各系统、各部门在制定、发布高速铁路规章前要严格执行有关技术规章管理办法,对涉及其他专业的综合规章严格执行会签制度,杜绝出现各系统发布规章相互矛盾的现象。

2. 完善轨道交通应急预案

加强和改进应急预案管理就是按照"统一规划、分类指导、分级负责、条块结合、动态管理"的原则明确管理层和操作层的工作界面、职责权限,持续动态修订完善各类预案,形成严密、高效、实用的预案体系。预案编制前要认真开展突发事件风险研判和应急资源调查,编制中要广泛征求意见,严格验证审核,明确应急指挥和现场处置人员工作流程,确保预案有效管用,便于操作;根据现场演练和应用实践进行一事一评价、一案一分析和年度综合评估,广泛发动职工找茬纠错,认真检验预案的科学性、完整性和有效性,确保书面预案与现场处置相适应;及时将应急预案纳入岗位作业指导书,分专业系统编制应急处置操作手册、制作流程图、风险控制表、关键作业项点提示卡,不断把复杂的应急预案系统化、简明化,使预案更加直观,易学好记,既强化岗位风险提示,又便于现场操作。

3. 深入推进轨道交通安全风险管控

(1) 开展安全管理评估和专业检查,有针对性地加强恶劣天气、防洪防汛、春运、暑运、节假日、黄金周等阶段性、季节性安全监督检查；开展安全生产专项整治，重点加强设备检修、应急处置、人身安全、消防安全等安全关键项点的检查控制。例如，车务系统要重点排查非常站控转入条件确认、列车进路序列及手工排路执行、施工路用列车调车转线及进出封锁区间、高速铁路综合防护、调度命令交付等关键环节，细化制定风险管控措施，严格落实风险认领制度，落实安全管理责任，确保高速铁路安全受控。

（2）强化安全隐患排查。隐患排查可分专业来进行，也可进行多专业集中排查，及时整治设备运用中发现的不良缺陷，有效降低设备故障率。例如，当动车组入库检修时，重点要加强对走行部、车顶高压设备、空调及散热装置滤网等关键部件的检查和分析；加强对闸片、研磨子、碳滑板等磨耗件的检查，分析掌握磨耗规律，优化磨耗限度。

7.7 建设城市群统一的信息共享平台

轨道交通运营安全保障体系最终集中体现在专业综合管理、远程应急处置、调度指挥应急协同等平台建设上。建立跨专业、部门和职能的"互联网+"风险管理大平台。平台之间应共享互通，统筹风险管理，并以平台为核心引导相关职能部门进行常态化风险管理工作。同时，通过信息化建设推动改变过去设备管理单专业架构、专业管理单一体系，打破设备信息传递阻隔，智能提取各类运营和管理信息，实现对设备的科学化集中管理，并融合远程故障查询、远程视频辅助、专家会诊和预防性维护系统，为相关专业及时提供远程和现场维修的技术支持。同时，结合故障案例库、智能搜索引擎、人员专家管理和设备能效管理等为各专业部门提供科学管理的辅助手段。

1. 建设专业综合管理平台

针对安全管理体系，规划制定车务系统信息化建设实施方案，打造车务综合管理平台，全面构建车务系统信息化数据仓库，大力推进数据交换和信息共享工作，拓展数据可视化和大数据分析功能，实现集成化、网络化、实时化、专业化、可视化、智能化、决策化等"七化"建设目标。系统模块可包括风险管理、干部履职动态分析、安全管理机制、设备管理等多项功能。各项系统应具备在线、实时和智能化处理功能，为车务系统安全管理提供有利支撑，实现对现场作业的控制、管理、检查、督促作用，以提高车务安全管理水平。

2. 构建专业远程设备故障应急处置平台

动车组列车故障应急处置协同指挥体系以动车组运行故障应急处置为核心，通过构建应急指挥通信、应急指挥信息、动车组车载信息动态监测三大系统建立高效的语音、视频通信保障平台，有效整合动车组运用检修、技术规章、故障处置、应急预案等各类信息，帮助应急指挥专家团队掌握行车设备、列控设备一手信息，实现信息报告反馈及时、应急处置措施得当、命令发布及时准确、生产组织指挥有序的管理目标。实现路局、动车段、随车机械师动车组列车故障三级应急响应梯队，分层次分级、同步响应，并形成应急电子指挥手册，将应急电话监听录音、应急视频通话、应急多方通话、应急处置流程图表、应急处置文件办法、车组履历资料、车型技术资料、随车机械师信息、线路信息等应急指挥需参考的要素整合，将应急指挥、应急响应、应急评价、故障分析、故障处理、故障统计全环节整合，实现实时监控、轴温曲线监控、综合监控等功能；利用远程数据分析平台对故障进行跟踪，提高应急处置效率。

3. 构建应急指挥协同综合平台

围绕"信息报告准确及时、应急指挥稳妥得当、应急响应快速全面、现场处置安全有序"的目标，建立以应急指挥协同综合平台应急调度台、站段应急指挥中心为核心的横向两级应急指挥层和纵向"行车指挥、应急把关"两条线构成的网络体系，形成"监控—评估—决策—指导—盯控"应急指挥模式，实施大湾区调度中心"一元化"指挥和各轨道交通集团专业处室、站段专业科室技术支持并参与决策的应急工作机制。遇设备故障、突发事件、铁路交通事故等情况，综合协同平台相关人员到列车调度台组织应急处置，值班人员根据具体情况向有关领导报告，按等级启动响应，按照事故导向安全、按章处置、减少损失、单一指挥（不得干扰调度员单一指挥，维护调度员的集中统一指挥）的原则，在坚持调度单一指挥的原则前提下主要承担为轨道交通调度员提供辅助决策、加强应急处置中的协调和配合作用，通过应急资源系统整合和应急信息集中处置增强专业间、站段间横向信息共享和系统内纵向信息交流，实现应急指挥集中管理，有效防止多头指挥、多专业决策和反应迟缓等现象的发生。通过建设大湾区一体化调度指挥平台实现立体化、扁平化、可视化的调度指挥管控目标，形成上下连通、指挥顺畅的管理体制，确保信息及时发布、客流动态疏导组织，保障运输安全有序和畅通。

安全管理重在实践，重在制度的执行和落实。要通过大湾区轨道交通运营安全实际构建珠三角城市群轨道交通运营安全保障体系实施内容；要针对运用监测、检测和控制的手段在安全风险达到一定阈值时预警，综合采取防控手段，强调的是构建广域、连续和大样本的观测分析大数据平台，通过对人、设备和环境安全监测检测的数据需要经过大数据分析，从而进一步摸索相关规律，在体系中构建总体规划并分步实施。

4. 构建应急指挥平台的框架内容与方案探索

建立大湾区—轨道交通集团两级应急管理体系，实现应急人员统一管理；应急对策案例，速报历史积累，为大湾区—轨道交通集团内应急对策统计分析、应急管理提供基础平台，使历史可追溯、未来可应对。通过设备管家自动上报或站段、途中司机等其他人员人工上报故障信息来触发应急指挥系统，汇总车、人、三乘和周边环境的现场信息反馈，过往案例、专家意见以及内外部救援队伍、物资等的保障资源，进行事件影响信息综合展示，自动生成多种应急应对方案，提供辅助决策。经过智能方案比选，各专业各部门及时快速响应，兑现优选方案，自动调整后续列车，降低突发事件对运输生产秩序和服务质量的影响。根据应急预案、案例知识库、现场状况以及应急资源实时掌握车站、列车的人员、设备、作业状况，及时提供多种应急处理方案，并辅助应急实施、处理，提高应急处理效率，降低突发事故对运输生产秩序和服务质量的影响。

目前，应急指挥调度台是由人工专家群体组成的辅助决策平台。为进一步发展需要，还要考虑如何构建安全辅助决策体系，以实现决策的自动化和智能化。珠三角城市群轨道交通网络列车速度快、密度高、交路紧及服务质量要求高等众多特点，决定了应急情况下的处置不仅要求保证安全、流程合理、反应及时，还要求对处理方案的确定迅捷化、最优化，并且能够根据现场处理情况的变化及时调整。应急指挥平台的构建框架内容及方案探索如下：

（1）实现信息互通。接入汇总客流、计划、列车、行车基础、动车组、司乘、设备、基础设施等综合应用系统，通过调度终端、PDA 终端、手机、大屏幕、网络、视频会议等基础支撑系统和移动指挥平台在各类应急指挥场所进行综合信息展示，为日常、应急、应对等模式提供辅助决策；同时，对行车调度指挥系统、动车组管理信息系统、客票系统等轨道交通相关信息系统进行互联互通，实现数据共享，消除信息孤岛现象，这是构建应急处置辅助决策系统的基础。

（2）优选应急方案。影响制定应急处置方案的因素较多，主要包括动车组的车型，交路接续时间与车次，热备车组及各动车所内动车组的检修、备用状态，动车组的乘警、乘务员、司机"三乘"人员的交路情况，吸污地点及动车组吸污要求，动车组内座位满缺情况及各站上、下客情况等。辅助决策系统应能根据实际的上述情况建立的数学模型分析出故障发生后的最优列车开行方案与故障处置方案。

（3）生成后续方案。应急处置人员通过系统确定最终的最优处置方案后，系统应能够智能化地处理后续工作。例如，自动生成受影响的动车组相关的车底回送、入库等命令，纳入动车组信息系统的命令缓存，节省动车调度员的工作量，减少出错率；同时，能自动编制动车组"三乘"人员的交路接续方案及旅客合并或换乘等方案，以便于客运调度员及时布置客运重点事项和安排人员。

（4）收集事故信息。对引起非正常的各种设备故障及处理时间等信息登记入库，若再发生类似事件时，系统能够给出平均、最短、最长处理时间等信息，以便正确预估处理时间，避免人为因素而对恢复时间预计出现较大的误差；同时，自动记录相关的事故信息及事故处置流程，可用于安全分析及评估，也能为应急预案和安全教育提供实际的基础数据。

（5）评价应急方案。分析应急方案作业内容、流程以及作业时间，结合应急方案的执行情况，对应急方案做出评价；建立应急方案评价体系，对不同应急方案进行评价，将特定情况下的应急方案进行分类。

应急指挥平台构建可分为两个阶段：初期阶段是人工经验阶段，通过成立调度指挥应急平台，各专业专家聚集在一起，摸索相关安全处置的规律，使得调度应急处置规范化；后期阶段是在初期阶段的基础上，通过开发相关的应急处置系统提供辅助决策，最终实现轨道交通应急处置的信息化、可视化、智能化和决策化。

第8章 城市群多层次轨道交通票务一体化

8.1 票务一体化概述

轨道交通车票系统是一个复杂的体系，涵盖了政策、车票卡、售票、结算以及运营管理等多个方面。因此，实现城市圈轨道交通需要在这几个方面做出努力：①在政策层面，各经营主体必须实现票价的统一，确保不同地区的票价政策相互协调，并确保各种优惠政策的互通性，这有助于简化乘客购票流程，使其能够在城市圈内自由地享受各种优惠政策；②在车票销售方面，每个运营主体都应在城市圈范围内提供多种类型的车票销售服务，以便实现跨线路和异地的互认，这将使乘客无论身处何处都能够轻松购买车票；③在交易结算方面，各经营主体需要共同努力，以实现跨线路网络交易的统一结算和合理票款分配，这将确保各方都能够公平分享交易所产生的收益，促进城市圈轨道交通的协同发展；④各运营商还应统一票务服务标准，提供卓越的服务，包括退票、补票、充值和发票开具等方面，以满足乘客需求，提高票务服务水平；⑤在车票卡管理方面，需要协调车票卡的发放和管理，以确保车票卡在城市圈内得到有效使用。票务一体化内容参见图8.1。

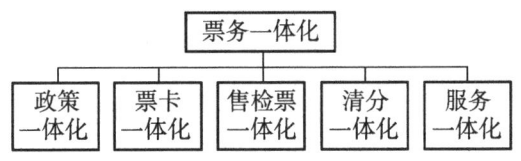

图8.1 票务一体化内容

通过以上措施，城市圈轨道交通票务一体化将为乘客提供更加便捷和高效的出行体验，促进城市圈的交通互联互通，进一步推动城市圈的可持续发展。

在珠三角城市群"9+2"城市群范围内，城际铁路将逐步交给广州地铁集团和深圳地铁集团管理，采用公交化运行模式。公交化运行的轨道交通线路与国铁干线线路运行模式差异较大，票务模式差异也很大。一体化票务融合可以分国家、广东省、大湾区三个层面进行研究，其中12306票务系统贯通全国，融合难度最大。基于管理权限和外部对接出现的工作难题，可以分区域、分阶段破解轨道交通票务一体化融合政策和监管体系壁垒。遵循先易后难的原则，本课题先在大湾区层面开展公交化运行的轨道交通票务一体化探索研究。

珠三角城市群轨道交通票务一体化的研究目标主要有：

（1）一票通达目标：在"尊重自主经营权、政府引导、市场化运作"的原则下，各运营主体可自主确定票价、票制、优惠政策等；通过管理和技术创新实现一票通达目标，即乘客只需要一次购买一张车票，即可乘坐大湾区城际铁路、市域（郊）铁路和各城市轨道交通，实现快速、便捷出行。因此，一票通达需要解决的主要问题是，如何实现乘客使用不同种类的车票，跨运营主体、跨系统制式一票出行的问题。

（2）计费目标：票价反映了沿线地区的经济社会的发展水平和政府部门对线路的功能定位，是运营主体开展正常经营的有效手段。合理的计价规则则是将票价转化为票款收入并实现清分的基础。建立科学的计价规则应充分考虑跨线网、跨区域出行的计价需求，包括乘车里程的累计计算和适用票价率的选择问题，以对乘客行程收费进行公平合理的计算；同时，需充分考虑平行路径条件下的计价径路选择问题，提高票价计算的科学性与合理性。

（3）清分目标：清分反映了线网中不同线路的运营贡献，决定了相关主体的利益分配。在运营过程中，客流量是体现运营贡献的最直观因素，也是票款收入的决定性因素。珠三角城市群轨道交通网络整合了区域城际铁路网、都市圈市域（郊）铁路网和城市轨道交通网，线网规模庞大，票种多样，互联互通运营场景复杂。实现精确清分的关键是实现客流和票款收入的精确分配。在此过程中需要实现的目标有：①客流径路分配规则能够满足珠三角城市群复杂线网条件和互联互通模式下的精确清分需求；②清分规则能充分考虑不同运营模式和互联互通模式的影响，并在清分中心有效集成；③清分规则能够适应城际铁路和市域（郊）铁路的公交化运营需求和不同票种的多样化应用场景；④清分规则能够减少各运营主体的资金周转，能与客票发售、票款归集等有效衔接。

8.2 票务一体化清分规则

8.2.1 票务一体化清分原理

在轨道交通一体化运营的背景下,各层次轨道交通运营公司进行票款清分时的总原则依然是保持不变的——按照各公司所参与提供的运输服务分配票款。轨道交通票务一体化清分规则是确保不同运营公司公平、合理地分配票款的关键。这些规则应该明确定义票款清分的方法和原则,以确保各公司都能够按照其提供的服务程度分得应有的票款份额。以下是一些包括在轨道交通票务一体化清分规则中的要素:

(1)清分原则:规定清分的基本原则,即票款应按照各公司提供的运输服务来分配,这意味着具体的清分方法应该考虑每个公司的运营贡献,包括运行线路、列车数量、运输距离等因素。

(2)数据共享和集成:规定各公司必须共享必要的数据,以便进行清分,这包括乘客信息、票价数据、车站交易数据等。数据共享和集成对于清分的准确性至关重要。

(3)票价结构:规定各种票价的种类和计算方法,这包括单程票、月票、儿童票、老年人票等不同类型的票价以及折扣政策和促销活动。

(4)换乘和过轨的处理:规定如何处理换乘和过轨的情况,包括如何确认乘客的出发点和目的地以及如何分配票款。

(5)费用透明度:规定必须有明确的清分规则和标准,以便各公司了解如何计算和分配票款,这可以包括清分的公开方式以及审计的需求。

(6)审计和监测:规定需要进行定期审计和监测,以确保清分的准确性和合规性,这有助于发现潜在的问题和不正当行为。

(7)跨地区和国际一体化:对于跨地区和国际一体化的运营,规定清分规则需要考虑不同地区、国家和法律体系的差异,以确保一致性和公平性。

(8)争议解决机制:规定如何解决关于清分的争议,包括仲裁和调解程序。

(9)合同和法规遵守:规定各公司必须遵守相关合同和法规,以确保一体化运营的合法性和合规性。

这些规则的确立和遵守对于轨道交通一体化运营的成功至关重要,能够为不同公司提供明确的指导,保证了清分的公平性和透明度,有助于提高整个系统的效率,从而为乘客提供更好的服务和更具竞争力的票价。

下面,我们从换乘和过轨两种情况分析票务一体化清分的实现方案。

1. 换乘模式下票务清分

换乘模式下,在不同轨道交通层级可能出现存在不同票价的情况。当乘客在一次出行中需要经过不同运营公司管辖的线路时,需要明确定义乘客在各公司轨道交通网络内的出发点和目的地。票务清分的实现方案需要注意以下方面:

(1)换乘闸机:为了明确定义乘客在各公司轨道交通网络内的起讫点,可以引入换乘闸机。这些闸机设置在换乘节点的付费区内,允许乘客在不出站的情况下刷身份证或IC卡,以确认其换乘节点。这种方式可以有效识别乘客的行程,并为后续清分提供必要的信息。

(2)清分规则:一旦确定了乘客的换乘节点,清分规则即可明确如何分配票款,这可能涉及计算每个运营公司所贡献的运输服务的权重,以确保票款按照实际贡献进行分配。这些规则可能包括票价结构、距离、行程时间等因素。

(3)数据共享和集成:为了实现换乘清分,各公司需要共享相关数据,如乘客信息、票价数据和交易信息。这些数据应该实时或定期传输和同步,以确保清分的准确性。

2. 过轨模式下票务清分

两个运营主体的线路交汇就是过轨模式。票务清分的实现方案需要注意以下几个方面。

(1)票款分割:将票款分为两部分,即列车在本线上运行所需支付的票款和跨线的票款。列车在本线上运行所需支付的票款应当清分给本线所属的运营公司。

(2)线路使用费和列车使用费:将跨线的票款进一步分为线路使用费和列车使用费。线路使用费应当清分给接受过轨运营的运营主体,列车使用费应清分给列车所属的运营主体,这确保了清分的精确性,根据实际提供的服务来分配票款。

(3)数据交换和验证:各公司需要共享列车运行和跨线票款的数据,以确保准确清分。数据验证和准确性检查对于清分的成功至关重要。

（4）合同和协议：过轨的清分可能涉及各公司之间的合同和协议。这些文件应明确规定清分的方式和原则，以避免争议。

轨道交通过轨运营票务清分参见图 8.2。

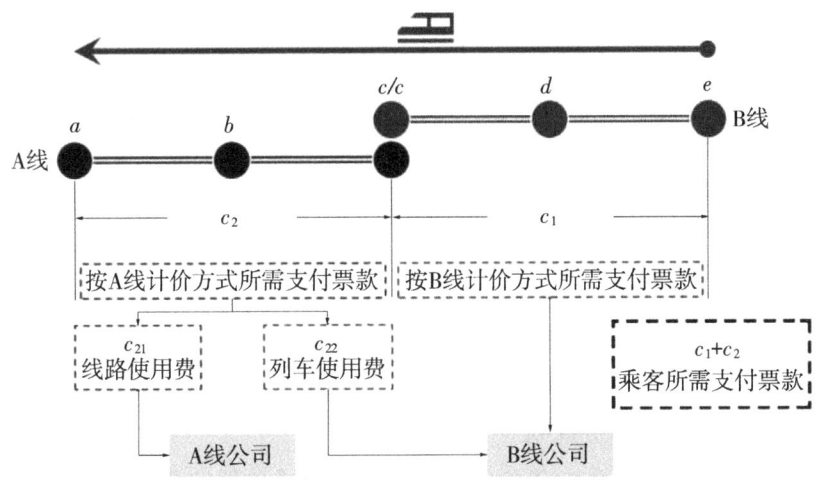

图 8.2　轨道交通过轨运营票务清分

从图 8.2 可知，如果 B 线所属列车直通运营至 A 线，其中 c_1 段的票款（c_1）和 c_2 段票款（c_2）中列车使用费的部分（c_{22}）应当清分给 B 线公司，而 c_2 段票款（c_2）中线路使用费（c_{21}）的部分则应清分给 A 线公司。

8.2.2　珠三角城市群轨道交通清分现状分析

1. 国铁清分规则

国铁线路的投资主体包括国铁集团、地方政府和社会资本，按照项目边界组建一系列合资铁路公司。线路成网运营意味着存在产权界的不同线路需在某种机制下实现互联互通。这一协调机制对依附于铁路资产上的所有权进行分离，使资产的管理、运用和维护分属多个不同主体，并通过委托协议和清算规则约束各方的权责利关系，以服务费的形式实现收益的重新分配。

国家铁路运输进款清算的总体思路是收入来自市场、运输服务承运清算、提供服务相互清算。以高速铁路为例，在服务供给端，合资铁路公司委托铁路局合理运用资产，面向市场提供运输服务，并负责资产的维修养护，根据年度委托协议向铁路局清算委托管理费和委托运输费。在收入清算端，铁路局、部分干线合资铁路公司和城际铁路公司，作为列车担当企业获得开行列车全程的客票收入，同时合资铁路公司还须向受托提供乘务和动车组服务的铁路局支付委托运输费；铁路局作为资产管理企业，从列车担当企业处清算线路使用费等各类服务费。基于上述清算体系，系统内各主体通过委托服务关系形成紧密联合体，实现了"专业的人做专业的事"。

2. 城际铁路和市域（郊）铁路清分规则

（1）委托广铁集团运营的城际线路清分规则均遵循国铁集团相关标准，具体可参考国铁情况。

（2）由广州地铁集团和深圳地铁集团运营的城际线路尚未与其他线路互联互通，不存在清分需求。

（3）未来，珠三角城市群三大都市圈将建设的市域（郊）铁路拟采用公交化运行模式，清分规则参照城市轨道交通清分规则。

3. 城市轨道交通清分规则

当一个城市的地铁系统存在多线路多运营商或单线路多运营商等情形时，就涉及不同主体间的清算问题。目前，普遍采用基于乘客出行路径的清分方法，包括最短路径清分和多路径选择概率清分两种模式。

（1）最短路径清分，即按照旅行时间最短或途径站点最少的原则确定最短路径，并假设全部乘客均按照最短路径出行，最后将客票收入按照运营里程、运营站点或两者的加权平均比例分配给最短路径上的运营主体。

（2）多路径选择概率清分，即考虑乘客在起始站和终点站的中间选择多条路径出行的可行性，确定一条或多条有效路径，然后按照一定的方法或模型，将起始站和终点站的客流（或客票收入）合理分配至选择的有效路径，最后将客票收入按照运营里程、运营站点或两者的加权平均比例分配给最短路径上的运营主体。

（1）广州地铁清分规则：目前，广州地铁统一采用双比例清分算法对地铁及城际线网收益、客流进行清分处理。该算法是基于复杂线网多路径选择概率的清分方法，综合考虑了乘坐时间、乘坐距离、换乘次数及乘坐站数这四个因素（计算路径分配比例），结合路径中各线路里程比例，对收益、客流进行分摊计算，在2013年报备市国资委及财政局后正式投用（投用前采用最短路径清分方法)。通过计算OD站点之间多条有效路径的路径分配比例,及每条有效路径中各线路的分配比例,将两个比例相乘的结果按线路进行累计,从而得到线路的清分权重;将从自动售检票系统取得的OD票务收入按权重分摊至各线路;对线网中所有的OD站点进行同样的处理;按线路将其在所有OD站点分摊所得的金额进行累计,即得本线路的清分金额。

(2) 深圳地铁清分规则:深圳地铁存在两家以上的运营主体,即深圳地铁集团和港铁轨道交通(深圳)有限公司。深圳地铁和港铁共同委托深圳市轨道交通清分中心(ACC)进行地铁线网清分清算工作。深圳地铁内部组建专业清分结算团队与ACC对接,参与清分模型与清分规则建立、清分参数确定与调整,进行对账和结算工作。2013年,港铁参与运营,此时清分方法由最短路径清分法转变为多路径选择概率清分法。

8.2.3 一体化清分案例分析与经验借鉴

8.2.3.1 国内清分案例分析与经验借鉴

目前,国内尚没有城际铁路与市域(郊)铁路、地铁票务清算规则一体化的应用案例。上海金山线同时设置了国铁票务和上海市交通卡两套系统,检票设备能够同时识别两种车票。

然而,在国内城市轨道交通领域,各城市地铁线网能够实现一票出行,内部存在大量的换乘客流和一定量的跨境客流,涉及不同的运营主体,也会产生复杂的清算需求,可以为珠三角城市群一体化清算提供借鉴经验。

(1) 北京地铁和港铁共同运营多条地铁线路,各线路通过换乘实现互联互通,适用基于乘客出行路径的清分方法,通过一定规则将票款分配到不同路径的各条线路。

(2) 上海地铁11号线采用单线多运营主体的运营模式,列车跨行政区域运行,采用"票款归属一方+支付委托管理费"的方式进行清算,降低了清算的复杂性,最大程度减少票款在两个运营主体间的周转。

(3) 广佛线两市运营主体基于自动售检票(AFC)系统的OD数据进行客流计算(OD客流、换乘客流、断面客流)和收益分账。为保证票款收入清分及相关指标统计的合理性和公平性,两市运营主体采用统一的清分原则、清分规则体系和清分算法,由城际清分中心按双方确认后统一的清分原则实施清算业务。目前，广佛线采用双比例清分算法进行清算。

（4）杭州地铁5号线与绍兴地铁1号线杭州连接线在萧山区姑娘桥站实施付费区换乘。两市地铁清分系统实现互联互通，其中涉及的杭州地铁既有清分系统、AFC系统、电子支付平台等改造和调试工作由杭州地铁牵头，绍兴地铁清分规则和票务规则与杭州地铁保持一致。

珠三角城市群轨道交通网涵盖了多线多主体和单线多主体等特殊的运营模式，并采用跨线和换乘等方式实现互联互通。采用统一的清分规则并不适用于珠三角城市群复杂的轨道交通网。借鉴北京市、上海市、杭州市和广佛轨道交通网的清分经验，建议根据不同的运营模式和互联互通类型确定各种工况下适合的清分规则，并在清分中心的系统内进行集成。

8.2.3.2　国外清分案例分析与经验借鉴

1. 泛欧铁路网清算

欧盟在泛欧铁路网各家铁路公司之上建立了专门负责票务清分规则制定及开展具体清分工作的机构。

（1）UIC客运部负责推出欧洲铁路时刻表数据库MERITS和欧洲铁路票价信息系统PRIFIS作为各铁路公司进行清算的基础数据来源。

（2）UIC财务委员会则负责具体的清分工作，包括：①根据国际旅客运输会计规则UIC301、国际运营商之间的资金结算和分配规定UIC304以及UIC311等相关规定，将获得的客货运输收入分配给参与运输的公司，即进行票款收入清分，并对清分结果进行内部审核；②处理货币兑换、逾期付款等问题；③处理欧盟范围内铁路运输有关的税收问题。在UIC财务委员会的下属工作中，旅客核算组负责建立、更新UIC成员公司间的运输核算相关规程，制定双边或多边清算规则，解决逾期付款等特定问题；旅客账户和票务规则监察委员会被授权作为审计机构，参与UIC财务委员会客运业务相关审计工作，确保国际旅客运输收入和清分条例符合标准。

2. 东京湾区轨道交通清算

东京湾区轨道交通系统内不同铁路公司间的互联互通分为跨线和换乘两种模式。近年来，随着IC一卡通的普及，东京湾区轨道交通清算多采用委托第三方会计公司的清分方式。

（1）对于跨线模式，不同铁路公司的车辆相互跨线运营，在运营层面以衔接车站划有明确的分界线。客票收入属于线路产权方，若对方车辆跨线到线路产权方，将视其线路产权方利用对方车辆为自己盈利，按理来说需要支付车辆过轨费。同时，互联互通的两家铁路公司在编制运行图时，会使相互跨线的运行距离大致相等，以此抵消车辆过轨费，避免经济上的账面往来。若单向跨线，无法实现相互抵消，便不在该线路上清分，而是在相互跨线的其他线路上，使总体的客票收入抵消清分。

（2）对于换乘模式，清分包括 IC 一卡通清分和通票清分。其中 IC 一卡通清分采用委托第三方会计公司的清分方式；通票清分是在东京湾区内乘用多家线路的乘客，可在任意一家公司的车站购买定期票，但票款并非全部纳入该家公司作为收入。记账方法是该公司将应清分给其他公司的部分，计入代收过轨票款；相对而言，其他公司（基于车站闸机数据）则将各自应收作为欠收票款（视为债权）计入收入。

无论是采用何种票价计算和清分方式，均已在程序规则中预先设定，可以快速便捷地完成清算。在互联互通的线网内，不同线路、不同公司均有自己的票价计算规则，执行不同的票价。当实际乘车路径明确时，乘客支付的总票价为每个路径票价之和，清分系统也是按照该原则分割票款；当乘车路径不明确时，则按照最短路径向乘客计价，同时按最短路径分割票款。

3. 实现手段分析

（1）组建专业机构参与顶层管理。泛欧铁路网横跨欧洲 30 多个国家和地区，涉及的运营主体以及背后的相关利益极为复杂，要依靠内部各主体间协商来实现互联互通难度很大，因此建立了凌驾于整个线网之上的专业机构（UIC 客运部和 UIC 财务委员会），负责关系协调、规则制定和监督管理等工作。

（2）根据运营场景确定清分规则。东京湾区轨道交通网内部涉及国家铁路、私营铁路和地铁等多种线网，存在跨线和换乘两种互联互通模式，分别针对各种运营场景制定了清分规则。在实践中，将各类运营场景的清分规则集成到清分中心的程序中，可自动分门别类完成清算。

（3）采取必要手段降低清算复杂性。东京湾区轨道交通网针对跨线运营模式采取均衡双向跨线运输量的原则制定运输计划，确保在清算时最大程度抵消相互清算的票款金额，有效降低不同运营主体的账面往来。

4. 可借鉴经验

未来，珠三角城市群轨道交通网将涵盖城际铁路、市域（郊）铁路和地铁等多种线网，存在过轨和换乘两种互联互通模式，建议采用东京湾区轨道交通网的实践经验，针对各类运营场景分别制定清算规则，并采取必要手段降低清算的复杂性；同时，珠三角城市群轨道交通网涵盖的地理区域和利益主体众多，且现行计价规则和清分规则多种多样，也需要借鉴泛欧铁路网的实践经验，设立专业机构负责管理工作，以增强整个网络运营的协调性。

8.2.4 一体化清分管理

1. 统一管理策略

大湾区级清分管理机构负责制定全网一体化清分规则，各运营主体参照执行相关规则。

2. 分级管理策略

大湾区级清分管理机构仅针对跨运营主体出行场景制定一体化清分规则，各运营主体结合自身情况制定针对域内出行场景的清分规则。

3. 比选分析

统一管理与分级管理策略的差异体现在清分规则制定责任和清分规则覆盖范围。在统一管理策略下，全网执行一套清分规则；在分级管理策略下，跨运营主体出行场景执行大湾区级清分规则，域内出行场景执行各运营主体的清分规则。两种策略的差异及产生的影响主要体现在以下两方面：

（1）系统升级改造。若采用统一管理策略，各运营主体清分中心均需要按一体化清分规则进行升级改造，工作量较大；若采用分级管理策略，各运营主体清分中心可视情况自行确定采用何种清分规则以及如何进行升级改造，工作量较小。从系统升级改造角度来看，采用分级管理策略较为合理。

（2）管理界面划分。一体化清分规则主要服务不同运营主体间的票款分配，基本目标是确保收益分配与支出责任相符。运营主体内部的票款分配大多用于成本核算，采用何种清分规则应视需求而定。考虑到各运营主体内部情况存在差异，清分需求也有所不同。统一清分规则不利于照顾各运营主体个性化的清分需求，还会导致清分管理与日常经营管理相互交叉，使管理界面划分不清。从管理界面划分角度来看，采用分级管理策略较为合理。

综上分析，建议大湾区采用分级管理策略。

8.2.5 大湾区票务一体化清分规则

8.2.5.1 基本原则

（1）票款按 OD（或径路）归集，按行程信息清分。

（2）跨运营主体出行按主体清分，票款分解至运营主体。

（3）运营主体内部按线路清分，票款分解至具体线路。

（4）跨运营主体出行产生的票务数据上传至大湾区级清分中心，按照一体化规则进行清分。

（5）运营主体内部出行产生的票务数据保留在本级清分中心，按照本级清分规则连同大湾区级清分中心下达的清分结果完成清分。

采用上述基本原则，优点是：

（1）分级管理界面清晰。大湾区级清分中心仅需要协调票款在不同运营主体的分配，不介入运营主体内部的清分管理；各运营主体根据自身需求完成线路界面的清分，减少重复清分工作量。

（2）上传下载数据量较少。大湾区级清分中心仅需要将票款分解至运营主体层面，需要的基础数据量较少；同时，各运营主体清分中心下达清分结果的数据量也较少，减少系统建设与改造的工程量。

8.2.5.2 正常清分规则

（1）基于模糊计费的清分规则：①票款数据按 OD 进行归集，形成单一 OD 的待清分数据包；②根据 OD 间所有可行径路的客流分配权重分解票款，形成单一径路的待清分数据包；③查询径路中各区段的线路里程、票价标准和运营主体分界站，将票款分解至不同运营主体的径路；④累加运营主体内部各径路的票款数据，得到该运营主体的清分收益；⑤根据运营主体本级清分规则将票款分解至不同线路区段；⑥累加同一线路各区段的票款数据，得到该线路的清分结果。

（2）基于精准计费的清分规则：①票款数据按径路进行归集，形成单一径路的待清分数据包；②查询径路中各区段的线路里程、票价标准和运营主体分界站，将票款分解至不同运营主体的径路；③累加运营主体内部各径路的票款数据，得到该运营主体的清分收益；④根据运营主体本级清分规则将票款分解至不同线路区段；⑤累加同一线路各区段的票款数据，得到该线路的清分结果。

8.2.5.3 特殊清分规则

1. 跨线运行清分规则

1）地铁贯通运营

在部分线路区段，地铁列车与线路资产的产权所有方不一致，需要统筹考虑票款清分和成本结算问题。

这里有两种模式：

（1）承运清分模式：列车开行方获得全程票款收入。当列车跨线运行时，由列车开行方向线路服务方结算牵引电费、线路资产维护费。

（2）分段清分模式：票款收入按线路区段清分。当列车跨线运行时，由线路服务方向列车开行方结算列车维护费。

上述两个方案的主要差异与影响如下：

（1）对大湾区清分系统存在冲击。若采用承运清分模式，清分中心需要集成两套清分算法，并根据上传数据判断应采用何种清分规则，增加了清分系统的复杂性；若采用分段清分模式，清分中心仅需要集成一套清分算法，系统复杂性较低。

（2）对成本结算的影响不同。若采用承运清分模式，需要结算牵引电费和线路资产维护费，考虑耗电量难以单独计量，线路资产损耗与行车量关系较小，难以合理确定成本数额；若采用分段清分模式，仅需要结算列车维护费，该项费用较容易计量，且与行车量关系较大。

综上分析，建议采用分段清分模式完成地铁贯通运营场景的票款清分。

2）国铁跨线运行

国铁跨线运行场景较为复杂，且受到国铁清分规则的影响。未来，按照运营方案，佛肇城际、穗莞深城际等既有线路仍将开行国铁跨线列车，且由广州局集团公司担当相关列车运行；中南虎城际、肇顺南城际和广佛江珠城际等新建线路可能开行国铁下线列车，且由广州局集团公司担当相关列车运行。

这里有两种模式：

（1）承运清分模式：广州局集团公司获得全程票款收入。当列车跨线运行时，由广州局集团公司向线路服务方结算牵引电费、线路资产维护费。

（2）分段清分模式：票款收入按线路区段清分。当列车跨线运行时，由线路服务方向列车开行方结算列车维护费。

上述两个方案的主要差异与影响如下：

（1）对国铁清分系统存在冲击。国铁全路采用承运清分模式，按照承运方获得全程票款收入来设计清分算法；若采用分段清分模式，势必要对国铁清分系统进行调整，实施难度极大。

（2）对珠三角城市群清分系统存在冲击。若采用承运清分模式，清分中心需要集成两套清分算法，并根据上传数据判断采用何种清分规则，增加了清分系统的复杂性；若采用分段清分模式，清分中心仅需要集成一套清分算法，系统复杂性较低。

（3）对成本结算的影响不同。若采用承运清分模式，需要结算牵引电费和线路资产维护费，考虑耗电量难以单独计量，线路资产损耗与行车量关系较小，难以合理确定成本数额；若采用分段清分模式，仅需要结算列车维护费，该项费用较容易计量，且与行车量关系较大。

综上分析，建议采用承运清分模式完成国铁跨线运行场景的票款清分。

2. 异常清分规则

完整出行过程将产生进站、出站和换乘记录。特殊清分场景是指清分期内缺失部分或全部记录，对清分实施及清分结果产生影响。

（1）计费和清分依据存在差异。计费按发起结算时的交易记录进行计算，清分按发起清分时的交易记录进行计算。部分交易记录在计费后、清分前上传至系统，导致计费依据（可分票款）与清分依据（应分票款）存在差异。此种情况会导致部分径路的可分票款与应分票款无法对应，无法按照清分规则完成票款分配。建议以可分票款为基础，按照各运营主体的线路里程占比进行清分，由此产生的损失由各方共同承担。

（2）交易数据在清分完成后上传。计费按发起结算时的交易记录进行计算，清分按发起清分时的交易记录进行计算。部分交易记录在清分完成后上传至系统，导致计费和清分结果与实际不符。此种情况会导致计费结果与清分结果不存在差异，但两者与实际情况不符，导致部分线路蒙受较大损失。建议启动重新清分机制，按照正确的交易记录重新清分，由此产生的损失由各方共同承担。

3. 重新清分规则

若在清分期内未上传任何交易记录，视为逾期交易。各级清分中心应定期对逾期交易进行排查,完成清分后按结果调整划账。

4. 协议清分规则

交易记录丢失以及不符合上述清分原则的单边交易,由当事双方协商确定清分规则,采用一事一议方式完成收益分配与成本结算。

8.3 票务一体化计费规则

轨道交通票务一体化计费规则是确保不同运营公司的票价计算一致和公平的关键要素。这些规则应明确定义不同类型的票价、计价方式以及票价调整方法,以确保乘客支付合理的票价,同时为不同运营公司提供公平的收入份额。以下是一些包括在轨道交通票务一体化计费规则中的要素:①规定不同类型的票价,如单程票价、月票价、儿童票价、老年人票价、学生票价等;②规定各类票价的资格要求,例如儿童票的年龄限制和学生票的学生身份验证方式;③确定票价的计算方式,可以是按距离、按时间、按区域等计算方式;④计价方式应适应不同线路和服务类型,并保持一致性,以便乘客能够理解和比较票价。规定票价的调整机制,包括何时、如何以及由谁来决定票价的调整,这可能涉及通货膨胀率、运营成本、政府政策等因素;⑤规定不同类型的折扣政策,如团体折扣、残疾人折扣、老年人折扣等;⑥确定不同运营公司的票价一致性,制定统一的票价标准,以便乘客在换乘和过轨时能够顺畅使用相同的票价结构和计价方式;⑦规定季节性票价,如节假日票价、特殊活动票价等,以适应不同季节和需求;⑧确保不同运营公司之间的票价计费规则是公平竞争的基础,不会损害某一家公司或倾斜市场竞争;⑨提供关于票价结构和计费规则的信息,这可以通过官方网站、车站公告和信息手册等方式实现,以便乘客了解票价;⑩规定政府或监管机构的角色和责任,以确保遵守票价计费规则及其公平性;⑪促进不同运营公司之间的协商,制定一致的票价计费规则,以适应一体化运营的需求。这些票务一体化计费规则的制定和遵守对于轨道交通一体化运营的成功至关重要,它们有助于确保票价的公平性、透明性和合理性,同时为乘客提供一致的票价体验,以促进整个系统的效率和乘客满意度。

8.4 城市群多层次轨道交通一体化票制及清分系统方案探索

珠三角城市群的不同城市拥有各自的轨道交通系统，运营商通常独立设定票价和票制，在票务系统建设方面也存在较大的差异。虽然有一些共享的票卡（如珠三角通勤卡），但在不同城市之间仍然存在差异。不同城市之间的票价结构、计费方式和政策也有所不同，尚未建立一体化的技术标准，运营主体采用不同的票务及清分系统，相互孤立。在一卡通系统方面，一些城市已经实现了一卡通系统，允许乘客在不同的轨道交通系统中使用同一张卡，这为乘客提供了更便利的出行方式，但仍然需要不同城市运营商之间的合作；在数据共享和清分方面，跨城市数据共享和清分系统已经在一些程度上实施，以确保票款按照各自城市和运营商的贡献分配，这有助于减少争议和不公平的情况；在管理体系和政策方面，珠三角城市群各区域、各运营主体管理流程及模式差异较大，在票价政策、优惠政策、乘客服务标准等票务政策层面分歧也较多，尚未建立完善的区域协同票务管理体系。

未来，珠三角城市群的各城市和轨道交通运营商需要加强合作，政府和监管机构也需要助力发展，以推动更紧密的一体化，包括更一致的票价结构和计费规则；在智能支付和移动应用方面提供更多的智能支付选项，如允许乘客通过手机应用程序购买和使用车票，提供更大的便利性，减少实体卡片的需求；进一步完善跨城市优惠政策，鼓励乘客使用多个城市的轨道交通系统，促进交通流动，减轻城市交通拥堵；进行技术创新，如大数据分析技术和智能交通系统构建，改善票务清分的效率和准确性，优化清分规则，提高服务质量。考虑湾区内轨道交通的多制式、多主体的情况增加了票务政策处理的复杂性，在政策支持上，建议在湾区轨道交通事务处理工作小组下设置票价事务小组，建立一体化协同的票务清分体系及区域协同票务管理体系，统一车票发行、票务处理及乘客服务等一体化技术标准，综合考虑湾区内线网结构、各城市经济发展水平及政府财政能力，协同制定票务政策，实现线网一体化运营条件下的票务互通及收益清分。政府和监管机构则需要提供更多的政策支持，以促进一体化票务和清分系统的发展，从而应对不断增长的城市交通需求。

第 9 章　城市群轨道交通融合利用现代信息技术与智慧化管理

9.1　城市群轨道交通大数据分析与智能决策支持系统

城市群轨道交通大数据分析与智能决策支持系统是一项综合运用大数据分析和智能技术的工程，旨在提升城市群轨道交通的运行效率、安全性和服务水平，参见图 9.1。

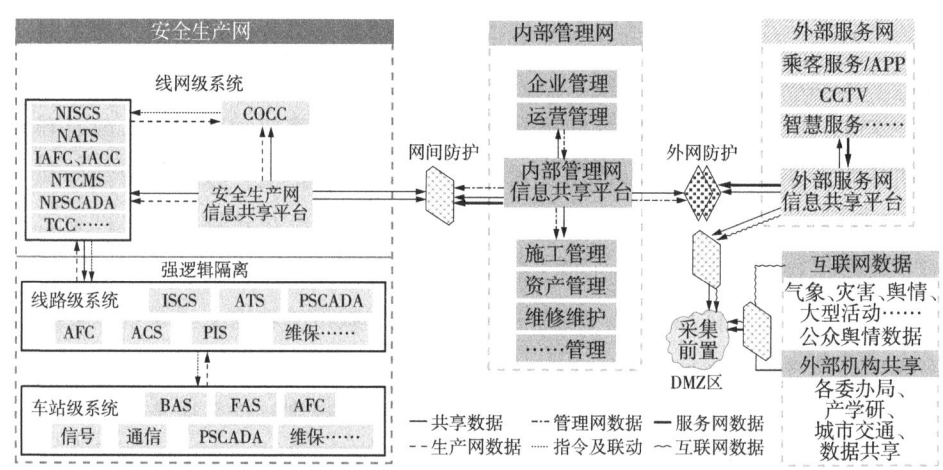

图 9.1　城市群轨道交通大数据分析与智能决策支持系统

该系统通常包含以下主要组成部分：

（1）数据采集与存储：系统首要任务是获取大量轨道交通系统的数据，包括列车位置、乘客流量、票务信息以及设备运行状态等，这些数据被存储在高性能的数据库系统中，为后续分析和应用提供支持。

（2）数据分析与挖掘：对采集到的数据进行处理，通过机器学习等技术，系统能够从数据中提取有用的信息，如乘客出行模式、拥堵状况、设备故障预测等。

（3）智能决策支持系统：基于数据分析的结果，智能决策支持系统能够生成决策建议，包括列车调度、站点管理和紧急事件响应等，以优化轨道交通系统的运营。

（4）乘客信息服务：提供全面的乘客信息服务，包括实时列车到站信息、票价查询和换乘建议等，以提升乘客的出行体验。

（5）安全监控：系统监控轨道交通系统的安全性，能够检测异常情况，如设备故障、事故等，并及时发出警报，以确保乘客和工作人员的安全。

（6）可视化界面：该系统通常提供直观、用户友好的可视化界面，以便运营人员和管理者查看实时数据、分析结果和决策建议，从而使决策制定和运营管理更为直观高效。

基于大数据平台，该系统能实现以下功能：

（1）企业数据整合。将 SCADA、FAS、BAS、ATC、AFC、ACC 等专业数据整合，形成统一的企业级数据视图，实现客流、行车、设备数据的集中统一。此过程不仅有助于实现数据标准化，也能促使企业数据更好地协同工作。

（2）提升运营管理能力。利用大数据平台实时统计和分析客流、设备行车、票务、维保等关键数据，帮助运管人员及时了解路网情况。通过保障地铁路网的安全运营，系统不断提升运能，降低成本。

（3）辅助规划科学决策。整合客流数据、商圈居住数据、市政规划数据等，为新线路规划提供数据支持，并能够预测新增线路对路网的潜在影响，从而提供科学的决策辅助。

（4）突发应急时间辅助。建立突发事件预案知识库，加强全员安全培训和预演，以提供在发生紧急事件情况下的决策支持，这有助于提高应急响应效率，确保紧急情况下有效决策的制定。

（5）提升公共信息服务。基于客流和行车等数据，为乘客提供实时路网信息，使其能够方便地做出出行选择。同时，结合地铁线站周边商业、医疗、教育、旅游等资源信息，为乘客提供所需的全面信息查询服务。

城市群大数据分析与智能决策支持系统在城市群轨道交通领域的应用涵盖多个方面，为系统运营提供了多层面的支持。该系统通过精密的调度策略和拥堵缓解措施，显著提高了列车运营的效率；具备实时监测设备状态的能力，能够迅速发现潜在的安全隐患，并在事前采取措施，全面提升了轨道交通系统的整体安全性；通过深度的数据分析能够更精准地配置和管理各类资源，包括车辆、站点以及人力资源等；提供实时信息和灵活的决策支持，使乘客能够更加便捷地规划出行，全面提升了出行体验，包括准时性、便捷性和整体安全性；具备提前发现问题、减少事故发生频率以及对运营进行优化的能力；通过在运营过程中迅速识别潜在问题，有效降低了运营成本，为城市群轨道交通系统的可持续发展提供了重要支撑。这种综合性的应用使得城市群大数据分析与智能决策支持系统成为城市群轨道交通领域不可或缺的关键技术。

9.2 城市群轨道交通多源数据融合与智能决策技术

9.2.1 轨道交通车站多源数据分析

1. 轨道交通车站多源数据类型

车站设施设备在日常运营和维修维护过程中产生了海量数据，它们具有体量大、类型繁多、时效性强、多源异构等大数据特点；既有静态数据，也有动态数据。其中，静态数据包含基础车站空间数据，设施设备属性数据，以及管理的标准、计划等在一段时间内相对稳定的数据；动态数据包含专业数据、客流数据、环境数据、安全数据、财务数据、资源配置信息、客运服务信息、指标数据等在时空维度变化的数据。其中车站设施设备管理通常需要关注的数据主要有车站客流数据、车站设施设备运行状态数据和车站环境数据。

（1）车站客流数据：车站客流数据包括客流量数据、指标和乘客个体信息等，如进出站实时客流数据、累计客流数据，重要监控区域（站厅/站台/换乘通道）的客流密度、分布、流速、路径，重点监控部位（进出站闸机、自动扶梯）的乘客行为分析信息。

（2）车站机电设备运行状态数据：车站机电设备运行状态数据包括，运行状态数据、监控数据、维护数据、过程记录数据等。例如，车站（含相邻隧道区间）通风、空调、给排水、照明、自动扶梯、消防等设备运行状态和故障报警信号（包括监控数据和维护数据），站台门开闭状态及故障报警信号，列车到发站时间信息，车站主要用电回路和重要机电设备能耗监测数据，系统本体设备状态及故障报警信号,集成子系统设备状态及故障报警信号。

(3)车站环境数据:车站环境数据包括不同区域不同类型的环境参数,比如车站公共区温度、湿度、CO_2浓度、可吸入颗粒物浓度;车站设备用房温度、湿度、有毒气体浓度;车站管理用房温度、湿度、CO_2浓度;室外空气温度、湿度,车站公共区光照度。

车站在运营维护的过程中以自动、主动或被动的形式产生了具有多源、异构、动态、时空特点的海量数据,再结合外部数据(如气象数据、大型活动数据、公共交通数据、社会媒体数据等)使车站设施设备运用和维护的优化完善变得可行,为数据驱动管理的方式创造了有利条件。

2. 轨道交通车站多源数据模态

(1)智能视频监控数据。

智能视频监控技术是以数字化、网络化视频监控为基础,利用图像处理和计算机视觉等相关技术提取分析场景中的关键信息,并及时发出预警的技术。智能视频监控系统能够实时检测跟踪运动目标,并对其关键动作信息进行提取和分析识别,以及时地反映城市轨道交通客流的聚集状态和发现乘客的异常行为,从而更加有效地协助城市轨道交通运营者处理突发情况,减少各部门损失。基于智能视频监控技术,部分城市轨道交通车站也布设了相应的智能视频监控系统,用于日常的运营监控,包括智慧开站系统、自动售检票监控系统和实时客流监测系统。

(2)Wi-Fi嗅探数据。

Wi-Fi设备采集数据的精度与AP设备布设的密度有关。在布设AP设备时,除了考虑经济性和采集率外,还要避免AP设备布设太密集,导致相互之间干扰,造成过多乒乓数据的问题。而且,在选择AP设备布设位置时需要覆盖车站内所有区域,这样才能采集到完整的乘客出行轨迹数据。以广州城市轨道交通网络为例,AP设备基本覆盖了车站的出入口、站厅、站台、楼扶梯和换乘通道等区域。为了能够区分乘客行走方向,需要使同一区域内的各AP设备之间保持足够的距离,减小AP设备间的互相干扰。乘客携带打开Wi-Fi功能的设备进入车站后,会先后被站厅、站台、楼扶梯和车厢等处的固定AP设备采集,之后将采集到的嗅探数据连续上报至中央服务器。基于Wi-Fi嗅探数据,人们可监测站内客流的动态变化规律,也可用于统计历史客流规律。

(3) 文本数据。

除上述所提的智能视频监控数据和 Wi-Fi 嗅探数据外，城市轨道交通车站还存有大量的文本数据，如车站的运行记录、车站的故障记录等，其中车站的运行记录主要记录了车站内设备的工作记录，包括设备的工作时间、工作状态等；车站的故障记录统计了设备故障的日期、时间、设备类型、设备号、故障内容、故障原因、处理情况、修复时间等。

3. 轨道交通车站数据驱动管理模式的一般模型

轨道交通车站数据驱动管理模式的一般模型参见图 9.2。通过数据采集、处理、整合等数据标准处理程序，根据业务需求建立的模型进行深度分析，形成不同预设功能的数据结果来指导现场业务开展以及辅助决策。在此过程中，数据驱动还以一条隐秘的主线拓展管理决策的边界，单纯从大数据挖掘的角度进行探索性数据分析，对一些指标或结果给出提示性信息，为管理决策提供更丰富的信息来源。车站设施设备管理数据驱动模式要发挥大数据的创新价值，满足系统性、精细化、动态化管理需求，引领自动运行、自主决策趋势，仍然需要在实时数据、联动模型、数据-业务互动机制等重要方面有所突破。

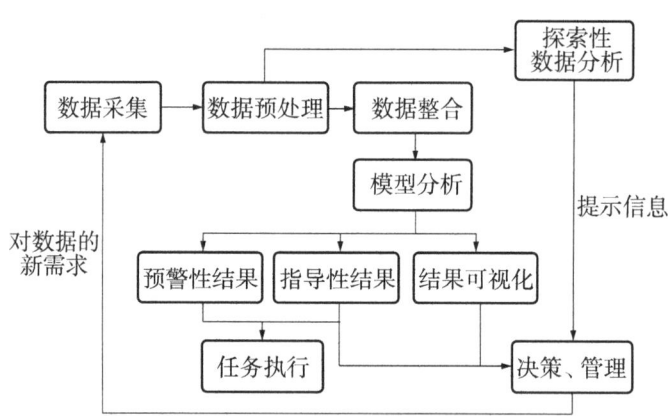

图 9.2 轨道交通车站数据驱动管理模式的一般模型

车站设施设备正常高效运转，为乘客在车站的出行活动提供基本保障。由于这些设施设备具有类型多、系统多、组成复杂、供应与维保单位多、彼此关联复杂、维护难度大、与管理人员的界面多等特点，采用传统的依靠现场经验的管理模式已经不能适应当前的管理幅度和难度的要求。在众多技术的突破与相互融合下，车站设施设备管理也必然走向以数据分析为驱动的生产数字化管理的变革，迈向车站运维智能化。数据驱动模式能够通过不同维度的数据分析来适应车站设施设备管理对系统性、精细化、动态化越来越高的要求。但该模型落地的有效性，仍然需要在数据、模型和机制等重要方面有所突破。

以智能化为目标的数据驱动模式必须考虑与车站设施设备管理业务发展需求相匹配的新需求，而不仅停留在对传统模式的数字化和信息化。要利用数据技术，特别是大数据技术多角度、多层次、大样本连续观测的能力，全面把握情况、发现问题、判断发展态势，以带来管理能级、质量和效率的提升。传统模式与数据驱动模式响应管理需求的差异参见表 9-1。

表 9-1 传统模式与数据驱动模式响应管理需求的差异

管理需求	传统模式	数据驱动模式
系统性	以单专业为管理核心	多专业数据整合，长周期数据分析
精细化	注重结果指标分析	以微观数据分析为手段，快速精准定位问题的关键
动态化	以计划性的静态管理为主	强调实时数据分析，以支持辅助决策的及时性

（1）透过全局数据观测以适应管理的系统性需求。车站设施设备包括火灾报警（FAS）、环境与机电设备监控（EMCS）、视频监控（CCTV）、广播（PA）、乘客信息系统（PIS）、站台门（PSD）、AFC 系统、能耗计量（EMS）、列车自动监控（ATS）等专业子系统。传统的车站设施设备管理通常是以单专业设备为管理对象，以某一个时间段为管理周期，管理团队也常常以专业来划分。实际上，对于一个车站而言，设施设备是完成整个车站运行的整体，相互关联性强，功能不同又同时相互交织，而应急工况设备联动模式下，这一特点尤为突出。因此，以全局数据分析所展示的业务特征、趋势来提示、辅助管理者决策，将打破单专业的局限，能更准确地把握事件的关键点和发展趋势。另一个管理的系统性需求是从设施设备的全寿命周期的角度出发，在时间跨度上集合从设计、制造、安装、调试、验收、使用、维护、维修、报废全周期的数据进行长周期的数据分析和观测，辅助各阶段的管理决策，以达到设备寿命周期的可靠性和经济性目标。

（2）通过微观数据解析以适应管理的精细化需求。目前，在车站设施设备管理中，往往只关注某个单专业设施设备状态指标。这类指标从最终结果和表现上来反映状态，产生的提示或预警信息通常表征一个问题的现象，而不能表达问题背后的原因。一个问题的发生可能由不同原因引发，将数据分析深入归因的数据特征上，而不仅停留在设施设备自生的零部件指标的分析，快速定位原因则需要更微观层面的数据分析来支撑，车站乘客服务设施的使用状态伴随着客流的波动发生变化，又与其他非站内设施密切相关。例如，站台门系统的维护工作与列车运行计划直接相关，列车运行计划决定了站台门开闭的固定次数和固定损耗，同时与每个站台门的乘降客流量大小有关，即客流越大，则站台门的非正常开闭概率就大，碰撞损坏可能性越大。正是由于设施设备间存在这种复杂又微观的关联关系，因此需要通过微观数据分析来辅助管理者更精细、更精准地实施应对策略。

（3）结合实时数据反馈以适应管理的动态化需求。目前，车站设施设备管理，特别是维护管理，还是以计划维修为主，维修的及时性和有效性都有很大的提升空间。在全寿命周期数据分析的基础上，结合实时数据的反馈，管理者对计划性管理内容进行实时调整、修正、补充，以快速适应环境的不断变化。将车站设施设备管理从计划性维修模式向与状态性匹配的动态维修模式转变，目标是生成一个更加灵活、有针对性的维护方案，以提高维护效率，降低维护成本。更有价值的实时数据反馈是在应急工况下的车站设施设备的联动模式。例如，为应对车站突发大客流，车站的出入口、闸机、自动扶梯、站台都将进入非常态的运行模式。如何达到与各设施设备匹配的最优运行模式？实时数据分析一方面为现实状态的掌握提供全局性的视角，另一方面为动态调整提供定量化依据。

9.2.2 轨道交通车站智能化管理与智能决策技术

现代新兴技术发展包括5G（数据传输、数据来源）、人工智能、物联网、云计算、大数据、边缘计算等。这些新兴技术与轨道交通车站的结合应用可以赋能轨道交通车站发展，实现车站智慧化管理。轨道交通车站智能管理与智能决策新技术参见图9.3。

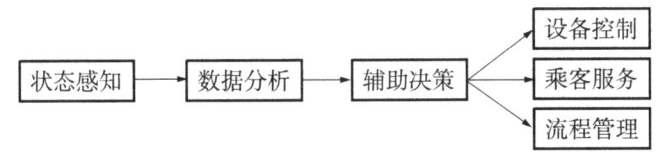

图 9.3　轨道交通车站智能管理与智能决策新技术

轨道交通车站智能化管理新技术要点主要有以下四方面。

（1）状态感知：通过运用采集、识别等综合感知技术实现对轨道交通全生命周期内的各类设施设备、环境、客流、人员等对象状态的主动感知与发现。

（2）数据分析：抽取、清洗、加载、汇聚业内基础信息、运营维护、企业管理、公共服务、系统安全等各类数据，实现多源异构数据融合，实现业务数据"存得进、取得出、可检索、能挖掘"。

（3）信息的共享与集成。

（4）智能决策：应用大数据智能分析与决策技术实现对系统状态、客流趋势、安全风险、管理绩效、服务质量等的分析、评估、判断和预测。

轨道交通车站融合现代新兴技术形成智能管理与智能决策技术，利用自动诊断结果实现项目管理与行车组织、客运服务、设备管理、人员管控等业务的全流程自动化、可视化、规范化、智能化，具体构架内容及技术有以下几个方面。

9.2.2.1　应用架构

以业务需求为导向，与科技创新相融合，将智慧化能力服务于业务痛点与难点问题。新技术的应用应考虑先进适配原则。把握好先进与适配的关系，既要使用先进的顶层设计思路，促进智慧技术与地铁发展高度融合，也要充分调研、多方论证、周密测算，根据地铁生态演进和需求变化提出切实可行的建设方案，确保实施效果；在技术选型方面，既要力争采用最先进的概念、技术和方法，也要不唯高端，结合实际，讲求实战应用，把最适配、最可靠的一流技术产品纳入建设项目。

从顶层来思考车站智能化的框架是十分必要的，将车站在空间和时间维度上作为一个整体来考虑。专业是这个整体的组成，且在不同维度相互联动。提出从车站实体（设施设备）、车站管理者（工作人员）、车站使用者（乘客）三大要素出发统一思考，形成各类场景下以流程串联的有机体。

在智能化框架中，数据以不同的形式存在，在整个体系中流动，是系统的运转的基石；算法和模型是整体运转的规则和方法，替代人的经验，为人的决策提供更精准、更高效的支撑。

车站智能化管理的应用架构分为三层，其中底层是利用智能设备、传感器准确实时获取运营现场、设施设备运行状态的信息感知层，中间层是高效、标准的客运管理和服务执行层，上层是综合分析、研判、预测预警、监督执行的运营协调层。轨道交通车站智能化管理的应用架构参见图9.4。

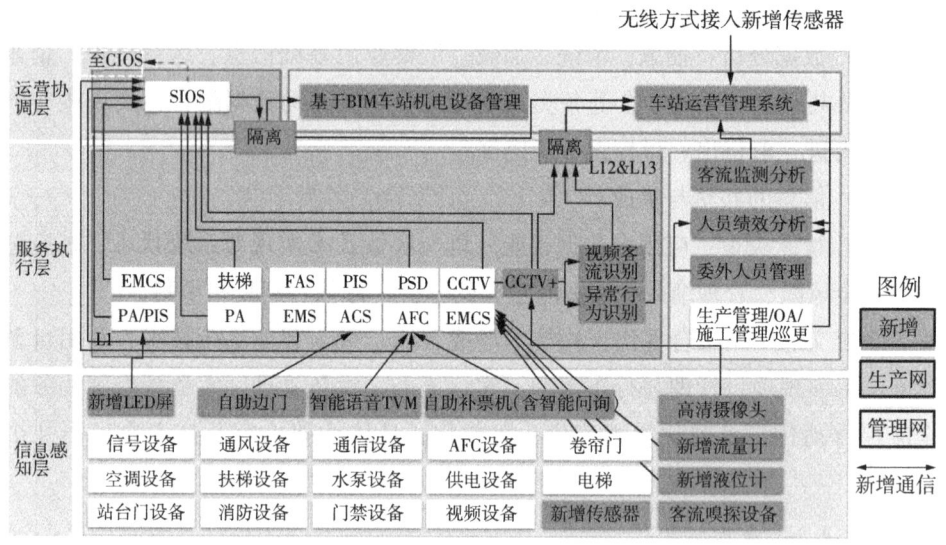

图9.4 轨道交通车站智能化管理的应用架构

（1）运营协调层：管理网内部署基于BIM的车站设备管理系统和车站运营管理系统，实现从宏观层面了解站内综合情况。

（2）服务执行层：生产网内新增或改造既有生产系统，提升客运组织设备自动化水平及执行效率，管理网内部署客流分析、人员绩效分析及异常行为分析等应用，实现异常事件的处置效率，并提升客运组织管理水平。

（3）信息感知层：增设末端感知设备，如LED动态导向屏、自助边门、自助补票机、摄像头、流量计、液位计、嗅探设备等，以弥补既有设备感知能力的不足。

此外，服务执行层同时涉及生产网和管理网的应用，而部分系统需要进行一定规模的数据交互，因为智慧车站现场管理业务系统应基于运管平台业务功能拓展延伸，所以要做好接口设计，确保与网络管控业务互联互通，接收网络管控指令，上报执行结果，对于管理网内的应用应建立车站管理的统一门户，整合各应用系统的工作界面，实现单点登录，按照一数一源的原则优化各系统数据采集方式，避免重复劳动。

9.2.2.2 全息状态感知技术

乘客是车站服务的主要对象，对于客流的流量、流向和密度的实时监测是提升客运服务的关键。智慧车站的建设需要融合多种检测技术（如视频、红外、热敏、Wi-Fi、手机信令、蓝牙等）实现多场景多维度（时间、空间）客流的实时监测，实现各类数据的互联共享和及时传递。对于客流的监测主要包括三个层面：①从宏观层面上，需要即时掌握各车站、各趟列车的客流分布情况；②从中观层面，需要即时掌握各个车站的不同出入口，不同换乘方向的客流分布；③从微观层面，需要即时掌握客流在不同区域（如换乘通道、楼扶梯、分方向的站台）的客流量、客流密度、流动速度以及滞留人数等。通过多种监测技术还可以还原或预测每位乘客在网络中的出行轨迹，自动识别乘客个体行为及状态，实现短时的客流预测和预警评估，为乘客提供个性化出行引导、运营信息推送等；另外，还可以从人群聚集、边界侵入、非法入侵等角度对车站的客流进行安全监测，如实现对敏感或可疑人员的追踪定位、自动识别运营异常事件和状态、自动识别能力瓶颈等。

采用传感器技术、智能视频分析技术、智能语音识别技术等技术手段，实现对车站客流分布数据、车站机电设备运行状态数据、车站环境数据和车站人员绩效数据的全息感知。

（1）车站客流分布数据：①进出站实时客流数据、累计客流数据；②重要监控区域（站厅/站台/换乘通道等）的客流密度、分布、流速、路径；③重点监控部位（进站闸机、自动扶梯等）的乘客行为分析能力等。

（2）车站机电设备运行状态数据：①车站（含相邻隧道区间）通风、空调、给排水、照明、电梯扶梯、管理卷帘门等设施设备运行状态和故障报警信号，包括监控数据和维护数据；②车站消防设施设备运行状态和火灾报警信号，包括监控数据和维护数据；③站台门开闭状态和故障报警信号，包括监控数据和维护数据；④列车到发站时间信息；⑤车站主要用电回路和重要机电设施设备能耗监测数据；⑥系统本体设施设备运行状态和故障报警信号；⑦集成子系统设施设备运行状态和故障报警信号。

(3) 车站环境数据：①车站公共区温度、湿度、CO_2浓度、可吸入颗粒物浓度；②车站设备用房温度、湿度、有毒气体浓度（可选）；③车站管理用房温度、湿度、CO_2浓度；④室外空气温度、湿度；⑤车站公共区光照度。

(4) 车站人员绩效数据：①车站人员考勤记录、委外人员进出记录、施工人员出入登记数据；②巡查巡更记录、定位数据；③工作日志数据、故障报修及确认数据、投诉处理和回复记录（若有）；④运营设备操作记录等。

在全站范围内增设智能感知设备的手段，实现全息感知现场信息的同时识别车站设备的运行状态（场景）及环境信息，以做到车站日常运行条件的精细化掌控。

采集和记录车站典型区域测试点的温度、湿度及CO_2浓度等环境监测数据。汇总综合监控系统（ISCS）采集的车站及所辖区间机电设备［通风空调系统设备、空调水系统设备、给排水设备、智能照明、电梯、自动扶梯、自动卷帘门、变制冷剂流量（VRV）空调系统］的运行状态和故障报警信息，从而实现对被控设备各种模式的自动控制。例如，根据车站环境监测数据和控制策略实现对车站通风空调系统设备和空调水系统设备运行模式的切换控制和运行频率调节，在满足乘客舒适性要求的条件下可降低设备能耗并提高经济效益；通过对空调冷水阀的开度调节实现风系统与水系统的联动控制，从而降低车站综合能耗。

统计车站和区间设备的累计运行时间，并根据设备保养要求对设备的维护保养提供建议提示；根据有关机电设备的平均使用时间实现主备用设备的自动切换运行，从而延长此类设备（如各种水泵等）的使用寿命。

9.2.2.3 海量数据建模分析技术

在实施数字化战略和建设智慧轨道交通的过程中，珠三角城市群轨道交通也面临一些突出的问题，主要体现在以下三个方面：

(1) 数据孤岛问题严重。随着建设项目的加快以及新开通线路的不断增多，广州地铁在生产域和管理域都积累了大量的数据。面对大量新增的数据，基于传统的数仓模式，很容易形成数据孤岛。例如，在传统的数仓模式下，每次新开通线路都需要搭建单独系统接入数据，长久下来导致数据孤岛问题愈发突出。

（2）数据标准遇到瓶颈。数据标准不统一的问题首先是由于数据孤岛问题使各类应用系统的数据没有统一归集的平台以及没有统一治理的规范，导致数据"各自为政"。广州地铁急需一个统一的基础平台将生产域和管理域各个系统的数据源进行统一接入、统一存储、统一数据标准、统一治理。

（3）数据价值未得到充分挖掘。地铁的各类数据没有得到充分利用。例如，全量的客流数据没有结合气象、重大节日、重大活动、线路车站等数据进行综合分析、预测，无法对站点客流、线路客流等进行精准预测；列车运行获取的弓网视频数据没有经过机器学习、深度学习的模型训练，弓网异常打火现象也只能靠人力识别，导致工作量繁重、效率低下。

对海量数据进行基于不同算法的机器学习和建模分析，最终运用可视化技术进行应用展现；针对已有业务数据进行数据建模分析，以问题需求倒推数据缺口，反向推动数据采集平台的完善，实现运行环节数据分析功能，切实解决数据量大的难题。为实现海量数据的高效建模和分析，主要有实时搜索与分析引擎、分布式内存数据库、高效数据分析引擎、流处理引擎、智能媒体处理引擎、流媒体引擎技术等核心技术，涵盖大数据收集、传输、存储、建模、统计、分析、挖掘、可视化等整个大数据处理过程。

9.2.2.4 信息集成技术

轨道交通智慧运行应具有正常运行所需的基础数据资源全周期管控能力，针对各专业系统提供的原始数据进行汇聚及管控，提供跨专业多源异构数据的实时采集、分类存储、处理加工、计算、应用、分析等功能，以满足系统运行数据的需求。

针对实时数据，提供实时数据库管理功能。实时数据库容量应满足状态感知数据接入的要求，同时还具备实时数据有效性检查、数据解析和异常数据处理功能。

①提供一致的数据结构实现多源异构数据的融合处理和实时数据的更新。
②提供统一规范的数据访问控制接口，确保数据应用的规范性和安全性。
③提供数据订阅和数据发布机制，提高数据可视化展现和数据应用效率。

1. 信息集成的基本功能

1）信息采集

（1）设施设备二维码：设施设备应用二维码技术，增强其信息存储、传递和识别的能力，确保移动终端能够快速便捷地识读目标设施设备，以实现信息的自动处理。员工能够在日常设施设备巡检、故障报警、故障处置等作业过程中，快速获取及查阅设施设备的数据信息与运行状态。在移动互联业务模式下，实现轨道交通物联网的应用。

（2）手持式移动终端：配备适应轨道交通运用手持式移动终端，一方面根据轨道交通业务作业的环境，如现场施工、维护巡检、日常运营、应急处置等不同作业环境的需求考虑移动终端的物理特性，如耐摔、高温、低温、腐蚀、辐射等；另一方面根据轨道交通业务作业的应用需求，如设施设备识别、人员定位、语音视频传输等考虑移动终端的硬件配置，如条码扫描、定位功能、无线数据通信、身份识别等。

2）信息传输

（1）移动应用管理平台：构建移动应用管理平台，实现移动互联网应用的统一管理、应用数据的统一传输。通过与运管平台、维保平台以及未来数据中心与运营调度指挥大楼的对接实现信息传输的安全、平稳、高效，减少不同业务板块之间数据交互的不便性。

（2）专用无线通信系统：专用无线通信系统是轨道交通无线指挥调度系统，为调度人员、列车司机、车站值班人员、处于移动作业的工作人员之间以及应急指挥人员等提供无线通信手段，直接服务于行车调度、运营管理、事故防灾和维修施工。结合网络运营指挥调度大楼的建设及功能定位，应对运营监控区、部分设备及维修操作区进行无线信号覆盖，使配备了无线终端的相关人员可在对应区域内使用终端进行无线通信。

3）信息存储

收集全面、丰富的车站业务数据，对海量数据应进行脱敏处理和存储分析。目前，车站同时使用多个业务系统，各系统之间业务数据相互隔离，没有交互，缺乏数据标准、关联以及一致性。数据汇聚的关键技术帮助实现各个业务系统的数据汇聚到一个统一的大数据融合平台中，并对各个子业务系统的数据进行清洗。为实现高效的数据汇聚和清洗，数据采集和数据存储层主要包括以下核心技术模块：大数据收集引擎、分布式任务调度引擎、工作流引擎、海量结构化数据存储、非结构化数据存储等。

（1）建立基础数据库：通过与运管平台以及数据中心建立接口，建立移动互联网应用统一存储的数据库,确保数据存储的安全高效,最终能向所有移动互联网应用提供数据支撑,应当具备增量备份和定期全备份的功能,在出现故障时能在最短时间内恢复;建立历史数据保存、数据挖掘的数据库,为后期的大数据分析奠定基础。

(2)数据自动分类存储。通过移动终端采集的数据能够自动分类存储,如员工作业记录、业务电子工单、视频信息、语音信息、文字信息等,并与运管平台以及数据中心的存储要求保持一致,便于信息调用、传输。

4)信息调用

(1)数据调用:依托运营管理平台与数据中心的数据仓库或数据云进行移动应用的数据调用,建立数据调用的交互协议,保障数据调用的便捷、安全、可靠,提升对数据调用的管理能力。

(2)信息查询:为移动终端增设查询便捷、界面友好的信息查询功能,使得处于移动办公作业的人员能够通过移动终端快速查询,如运营信息、首末班车信息、基础设施设备信息、票价信息等信息,实现信息智能查询。

(3)操作信息智能化提示:为移动终端增加操作指导信息。在进行设施设备巡检、车辆一次出乘、日常交接班、故障处理等业务时,工作人员能够快速查阅相关工作规范与工作计划,同时根据移动终端对作业工程的实时追踪记录实现面向作业人员的操作信息智能化提示功能,确保作业人员操作的规范、安全。

(4)App模块化设计:针对移动终端应用App进行模块化设计,根据涉及的业务以及岗位,按不同的权限设计应用界面。不同的工作人员能够凭借其身份信息,使用其相应的移动应用模块,实现移动终端使用的快速、便捷,并保障数据信息应用的安全性。同时,保障对移动应用App的管控能力,能根据不同的模块进行专业化的维护管理。

5)信息安全要求

车站综合监控集成平台和车站综合管理集成平台分别部署在生产核心网域和生产辅助网域,二者之间通过专用的网络单向隔离子系统进行单向数据摆渡。数据摆渡的内容为车站综合监控集成平台采集的全部电设备状态数据、客流数据和值班员操作记录,要求为实时摆渡。严禁车站综合管理板块数据反向传输至车站综合监控板块。

车站智能运行与综合管理系统按照信息安全等级保护二级的要求建设。

2. 基于 BIM 技术的集成平台

车站结构与空间是轨道交通车站运营服务的基础，人性化和有温度的关怀服务需要从车站设计与建造过程中就开始加以考虑。轨道交通工程建设 BIM 技术体系及智能建造实施途径参见图 9.5 和图 9.6。

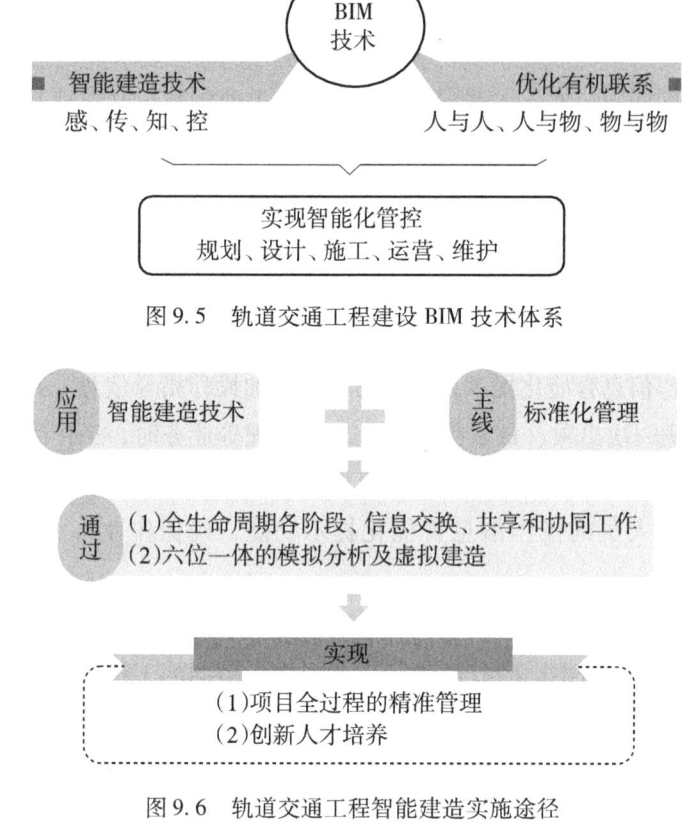

图 9.5　轨道交通工程建设 BIM 技术体系

图 9.6　轨道交通工程智能建造实施途径

1）智慧规划与设计

规划设计是工程建设的灵魂。智慧规划设计可以通过 BIM 正向设计，结合多项目、多专业系统集成云平台来实现。新一代智慧规划设计可以通过 BIM 的三维模型直接生成设计图纸，即正向规划设计。正向规划设计可以大大提高出图效率，并在第一时间发现问题，提高正向规划设计质量。智慧规划设计可以在可视化环境中真正实现乘客出行和企业管理需求，实现规划方案优化、场地现状仿真、场地分析，同时可以模拟管线搬迁、道路翻交和装修设计模拟等功能。轨道交通车站担负着塑造城市良好形象、充当文化载体的使命，成为传播城市文脉、展示城市风貌的窗口。因此，轨道交通车站空间的规划设计还需要充分体现文化和艺术的品质，使轨道交通车站空间更具场所感、亲和感、地方感和历史感。BIM技术优化轨道交通线路选线方案应用实例参见图9.7，BIM技术结合谷歌地图优化轨道交通车站规划布局应用实例参见图9.8，BIM技术融合VR技术优化轨道交通车站空间布局设计应用实例参见图9.9。

图9.7　BIM技术优化轨道交通线路选线方案应用实例

图9.8　BIM技术结合谷歌地图优化轨道交通车站规划布局应用实例

图 9.9　BIM 技术融合 VR 技术优化轨道交通车站空间布局设计应用实例

2）智慧工程物料溯源

运用 BIM+物联网技术实现轨道交通工程项目原材料和构件全流程信息化管理，信息化管理应遵循标识化和凭证化的原则实现施工全过程可追踪，从源头强化轨道交通工程质量控制。

3）智慧建造工序管理

综合运用 BIM 融合激光点云技术、BIM+3D 可视化技术科学划分工序，识别、界定、预控关键工序，对重难点工程进行工艺工序模拟，突出深基坑、箱梁、连续梁等关键工序的施工许可，优化工序监控与管理。可以应用 BIM 融合激光点云技术生成轨道交通隧道工程实时三维模型，有利于优化工程监控管理，应用实例参见图 9.10；可以应用 BIM+3D 可视化技术模拟钢筋、波纹管、预埋件的空间布置，优化结构设计，促使连续箱梁等复杂结构一次成型，提高工程建造工序管理水平和效率，应用实例参见图 9.11。

4）BIM 融合信息共享技术加强轨道交通工程投资管理

在 BIM 模型中纳入进度和投资两个维度形成信息管理系统，可统计分析轨道交通工程任意时间点或时间段完成的工程量和造价，为验工计价的量价匹配提供支撑。同时，关联建设项目变更设计时，信息管理系统会相应更新信息，形成"制度+科技+阳光"管理机制，使建设方案变化的管理流程显性化、规范化、实时化。

图9.10 BIM融合激光点云技术生成轨道交通隧道工程实时三维模型应用实例

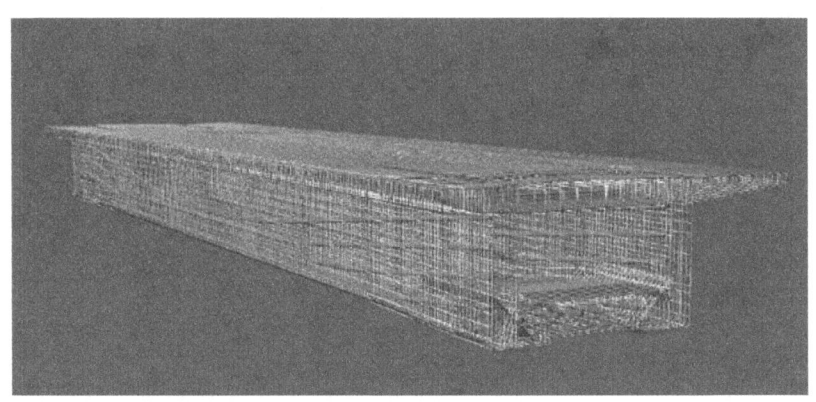

图9.11 BIM+3D可视化技术模拟钢筋、波纹管预埋件等复杂构件空间布置优化应用实例

5) 基于BIM技术的轨道交通车站运维管理系统

基于BIM技术,构建完备的轨道交通"建维一体"智能管理平台,实现全生命周期内跨部门、跨专业的信息共享、资源整合,是轨道交通建设和运营实现智能化的重要基础和保障。作为轨道交通"建维一体"智能管理平台的子系统,轨道交通车站运维管理系统可以对站房内所属土地、房产、设备设施、图纸和维护手册等资料、巡检信息、维修事件和维护任务、站房内商业开发、能耗管理、应急安全疏散等实行全方位管理,对项目全生命周期的运维进行有益探索。

3. 大数据云平台

在大数据云平台中,底层是容器云平台,通过对硬件资源的虚拟化提供

CPU资源、内存资源、存储资源以及网络资源；中间层包括大数据平台、人工智能组件以及微服务开发框架，可实现数据的统一存储、管理和分析，并进行AI建模分析等。

在SaaS层，大数据云平台一期支撑的业务应用包括：乘客出行特征、客流预测应用、客流风险评估预测以及统计分析。

将大数据应用于轨道交通，可在硬件层面实现资源灵活调度，提升硬件使用率；在平台层面促进系统融合共建，实现数据开放共享；在业务系统层面增强系统间协调性，增加灵活性；在运维层面可以实现业务和运维的分离，提高运维效率。大数据云平台的应用还可为人工智能、大数据、物联网等技术的应用提供基础支撑，助力轨道交通的智慧化发展。当前，苏州轨道交通基础信息平台按照"线网层业务系统云平台+传统线路层业务系统"方案，建设轨道交通统一建设线网层云平台综合业务承载系统，而线路层各生产系统按传统方式独立建设。轨道交通线网层云平台所承载的线网层业务包括：NCC、线网编播、线网门禁授权、线网客服、线网广播等系统，并统一为各业务系统提供计算、存储、视频存储、数据库、操作系统等资源，以及为各业务系统提供大数据、人工智能等平台支撑服务。

1) 信息源接口与信息标准技术

智能化综合监控系统要从现有各系统提取大量的信息和数据，必须按一定规则将上述来源不同、位置不同、类型不同、容量庞大的数据发送给数据共享平台。这些数据由平台进行规范化处理后进行存储，根据需要以规范格式被发送出去。因此，建立统一的接口标准和数据规范是智能化综合监控系统能否正常运行的关键之一。

2) 信息安全与内外网数据安全

网络单向隔离子系统由数据摆渡服务器、单向隔离网闸和数据摆渡软件等构成。数据摆渡服务器分为数据推送服务器和数据接收服务器。数据推送服务器是部署在生产执行网域的数据摆渡服务器，数据接收服务器是部署在生产辅助网域的数据摆渡服务器。数据推送服务器和数据接收服务器应配对使用。数据推送服务器应配置流量控制接口和数据推送软件，数据接收服务器应配置流量控制接口和数据接收软件。

单向网络隔离设备具备不同的数据传送模式，支持全数据传送模式、变化数据传送模式和指定数据传送模式等，支持重要数据优先传送。单向隔离子系统结构参见图9.12。

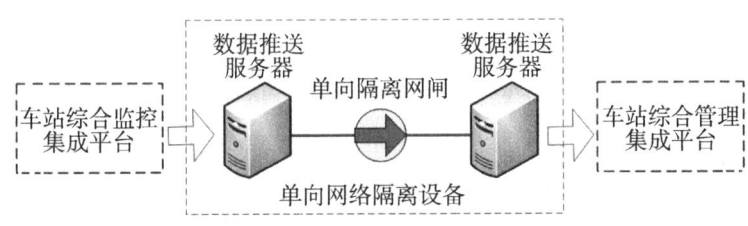

图9.12 单向隔离子系统结构

下面，我们以广州轨道交通5G应用和深圳地铁华为城轨云为例进行分析。

中兴通讯与广州移动率先完成在广州地铁广州塔站的5G覆盖及基于5G的地铁业务部署开通。已开通业务包括5G+智慧安检应用、5G+无线监控应用、5G+AR眼镜安防、5G+边门求助等，以5G+AI+大数据技术助力广州地铁建设智慧车站示范工程，在提高运营效率的同时为乘客们带来智慧出行新体验。

将5G技术应用于地铁，能够推动行业创新，改善乘客感受，提升运营管理效率，推动广州地铁智慧轨交运营的健康可持续发展。

基于5G的地铁新型智能安检业务、基于5G的升级现有地铁标清监控系统及基于5G的边门求助等地铁车站业务的顺利开通，验证了5G网络的高带宽能支持超高清监控视频及语音数据、安检业务数据的实时回传和下行能力。

在基于5G的地铁AR眼镜安防应用中，中兴通讯为广州塔站提供AR安防眼镜。基于人脸特征提取和人脸比对关键技术，该眼镜提前把需要识别的身份人员信息导入视频分析平台。安保或执勤人员佩戴AR眼镜后，能对出入卡口人员进行身份识别，并推送身份识别结果信息到AR眼镜进行呈现。AR眼镜巡查能够完全释放地铁安保的双手，同时可无接触地识别出出入卡口人员身份，使地铁安检体验更友好。

广州地铁联合中兴通讯等多家企业利用5G、人工智能、大数据、云计算等先进技术实现了地铁站厅、站台5G全覆盖，乘客服务全过程覆盖，建设5G智慧车站示范工程，打造全国标杆。

2020年8月，深圳地铁6号线、10号线正式开通，这是国内第一次单线全部应用华为城轨云解决方案的地铁线路，也是深圳首批5G全覆盖地铁线。在国内轨道交通行业中，应用云计算+大数据技术综合承载地铁各业务系统。

通过建设基于云计算技术的融合统一业务平台，搭载 ISCS、ATS 的备用系统、PIS、安防系统（含视频监视、门禁等子系统）、车场智能化系统以及办公自动化系统（OA）办公计算机部分等子系统，可大大降低线路各专业重复性投资，实现各业务系统的高度集成和快速部署，从而简化运维难度，提升运营运维效率。城轨云方案将整个平台安全性提升 80%，使 IT 资源利用率达到 50% 以上。平台统一发放资源，提高运营管理效率，业务部署以典型车站作为模板，采用克隆复制技术，30 分钟内可完成 20 个车站实时服务器业务部署。不仅如此，线路还配合使用模块化机房方案，使单个车站的机房面积节省约 50%，电费节省约 200 万元/年，机柜空间节省约 10%，数据中心能源效率（PUE）值低至 1.5。

在城轨云平台基础上，结合华为云 FusionInsight 能力构建深圳地铁大数据分析平台，支撑设备健康、能耗管理、客流统计、线路中心级监控、应急决策和图像型火灾分析等线路级数据分析。华为还联合生态合作伙伴为智慧地铁各业务子系统，如智能联动、大数据分析等智能应用提供基础平台支撑。

深圳地铁 6 号线、10 号线均已实现 5G 信号全线覆盖，成为深圳首批 5G 全覆盖地铁线路。无论是在站厅、站台还是在地铁上，乘客只要进入 5G 的覆盖范围内使用 5G 手机，即可享受到 5G 网络带来的便捷体验。

在地铁建设期间，5G 网络可以提供充足的无线带宽支持工程建设的可视化管理服务；在地铁运营中，利用华为 AirFlash5G 车地转储解决方案的高带宽低时延特性可以将车载 CCTV 与车载监测数据自动上传到城轨云平台，可实现设备健康管理和状态的及时分析。通过大数据分析和人工智能实现从状态管理到预防性管理的转变。

9.2.2.5 智能决策技术

通过对多源数据进行多层次组合优化融合，结合大数据、云计算、人工智能、交互式探索方式、可视化仿真技术，结合乘客、列车、设施设备、站外交通环境、天气等状态监测数据，可以实现精细化出行需求预测、承载能力分析、网络能力状态实时评估、设施设备与人员智能管理调度、联动预警、应急疏散决策、协同限流决策、列车运行调整决策、信息智能发布、智能导航等。例如，通过对历史列车和客流状态的全息感知，基于处理、分析、计算、实验和建模等过程提取出城市空间、交通方式、轨道交通线路的乘客出行特征信息；同时，从群体和个体乘客出行时空轨迹大数据中提取出各类出行活动（通勤、通学、生活、游憩）的时空规律信息，结合实时采集的客流状态精准预测客流量和客流分布、大客流的流向，为网络列车开行方案和客流组织方案的优化提供支持。

业务过程中会产生大量的生产数据。将数据信息进行自动收集、分类存储，建立后台大数据分析基础，通过对关键岗位绩效的智能化统计分析、关键业务绩效的智能化统计分析、设施设备的可靠性智能化分析，为实现智能化应用与辅助决策提供有力的支撑。

（1）关键岗位绩效智能化统计分析：通过工作人员作业工程中的位置和状态信息，对人员工作时间进行精确记录，实现对关键岗位绩效的智能化统计分析；同时，相比于传统统计方式，还具有较强的实时性，能够协助管理人员更好地安排工作计划，平衡员工之间的工作量，提高运营管理的水平。

（2）关键业务绩效的智能化统计分析：通过电子工单功能掌握日常交接班、故障处理、车调联控、巡检、施工组织等业务运作的过程与结果，通过对业务工单的信息整合分析以及各项指标完成情况进行评估，实现对关键业务绩效的智能化统计分析，并能够针对分析结果对关键业务进行管理调整，保障关键业务运作的高效、安全。

（3）设施设备的可靠性统计分析：通过设施设备状态指标采集功能对设施设备的运行状态进行追踪记录，并结合故障处置信息进行后台大数据分析，实现对设施设备的可靠性统计分析，并在维修巡检作业过程中，针对存在隐患设施设备给出智能化的提示，对问题设备进行重点的维护工作，保障设施设备运行的安全、可靠。

智慧运行的体系架构应遵循智慧地铁的体系模型，应符合统一的标准规范和安全策略。模型理念应为"核心智慧＋边缘智能"。

1. 智能服务

为达到体面与愉悦出行的目的，智能服务的目标是提升出行品质，主要体现在以下几方面：

（1）智能出行规划：基于出行的一体化规划实现跨线路、路网与跨交通方式的一体化出行智能规划，例如实现多种方式（如公交、铁路、长途汽车、航空、共享汽车、共享单车等）的服务信息查询、出行路径规划、周边信息（如医院、公厕、银行、商业设施）查询等，实现旅客出行的全流程定制化服务。

（2）智能购票与售检票：基于移动终端、智能卡、人脸识别等新技术实现车票的电子化和检票的快速化。

（3）快速安检：通过研发新的安检设备实现不停留、非接触式安检，同时实现不同交通方式的安检一体化。

（4）智能问询：针对售票和问询服务，设置能够提供智能面部识别、肢体语言识别、表情感知识别、语音识别、智能翻译的智能客服机器人，以人机互动、人机对话的方式为乘客提供信息咨询。

（5）站内智能导航：基于多维、多层次的数字地图实现站内的自助导航、智能移动终端引导、移动机器人引导服务等功能。

（6）智能巡检和现场勘测：如实现移动机器人的智能巡检、突发情况下的现场智能勘测（如火灾）等。

（7）工作人员智能布岗：通过实时采集车站工作人员的工作位置和工作状态，能够实现工作人员智能布岗的管理。

（8）站台候车区域智能引导：基于实时采集的列车、站台的客流信息，可估计不同车厢的拥挤程度，实现站台候车区域智能引导。

（9）智能舆情监测：通过捕获乘客的上网行为和关键字搜索等信息，可及时了解地铁用户群所关注的舆情热点和目前的运营状态，以改进服务质量和提升安全水平。

2. 智能诊断与维护支持

智慧车站系统应为线路级系统提供基础的设备维护数据，配合线路级系统实施智能诊断与维护支持功能。

智能诊断与维护支持将实现对车站重要机电设备设施（通风空调、消防、给排水、站台门、电梯/扶梯、动力照明等）全生命周期管理及维护，提供智能诊断与维护支持模型，动态评估设备健康状态，提供重要设备故障预警和维修建议。具体功能包括：

（1）构建受控设备维护管理数据库，实现对受控设备的全信息管理。设备管理信息应包括但不限于基础信息、管理信息、技术参数和维修记录等。

（2）监视受控设备的运行状态和故障报警信息。

（3）采用趋势诊断和寿命诊断等智能分析方式，实现对受控设备的状态预警功能（状态修功能试点），提供故障维护建议。

（4）提供预防性维修计划生成、修改和到期提示功能。

（5）可按时间、区域和设备类型提供设备故障的统计分析功能，提供统计报表。

（6）支持设备管理信息的批量导入、导出、录入、修改、删除和查询。

（7）支持设备维修记录录入、修改和查询。

（8）支持设备及其维修记录的条件查询。

（9）支持维护检修联动功能，可以制定相应的检修计划，对风机、风阀、水泵等设备进行定期自动检修，并形成检修的状态报告。

（10）具备所见即所得图形化显示专业设备状态和基础设备信息（宜结合三维可视化展现）。

（11）结合三维可视化系统应用可实现对故障设备及故障部位的快速定位和全景展现。

综合运管平台系统可以通过与三维建筑模型的接口支持基于三维建筑模型的设施设备运维管理，包括集成对设备的搜索、查阅、定位等功能。通过点击三维建筑模型中的设备可以查阅当时此设备的状态信息，可以实现对设备信息生命周期的管理；也可以通过在管理界面中搜索设备名称或描述字段查询所有相应设备设施在虚拟建筑中的准确定位。系统维护人员和各相关部门可以通过平台提供的客户端，查询各个系统功能模块的工作状态和监测对象的实时共享信息，协同对工程出现的异常状态做出及时科学的决策。

9.2.3 珠三角城市群轨道交通智能化管理与智能决策技术探索与应用

1. 广州地铁——穗腾 OS 系统

作为全国首创的城市轨道交通智慧操作系统，穗腾 OS 系统是广州地铁与腾讯公司在智慧交通领域合作取得的突破性和创新性成果，在智慧地铁示范站中担任智慧指挥官的角色，对车站人员、物、环境等要素实现全息感知、智能分析、科学调度，同时该系统的基础功能将向所有合作伙伴开放，与全行业共建轨道交通智慧生态系统。

对标《新时代城市轨道交通创新与发展·广州2019》，示范工程在乘客服务及车站管理方面的功能全面达到智慧地铁 GoS2 级，票务及资讯服务方面的部分功能达到 GoS3 级。

新时代广州轨道交通的建设和落地将以专项研究为引导,以成果效益为本质,以工程建设为依托,以运营实践为核心,循序渐进部署和推进,采用分阶段分类别的方式进行组织和落实。

(1) 于 2019 年打造智慧地铁示范站。示范工程以"一个平台(穗腾平台 OS-2.0)+四个应用(综合信息发布、客流智能引导、智慧安防、智慧站务)"的构建方式实现新兴技术与运营场景的跨界融合,以"全景式安全、灵活、高效运营管理""全时空便捷精准乘客服务"为导向,实现了 24 项功能,其中 17 项达到 GoS2 级,7 项达到 GoS3 级。

(2) 到 2025 年底,新建线路与车站达到智慧地铁 GoS3 级,同期升级改造的已开通线路按智慧地铁 GoS3 级技术标准实施。

(3) 计划"十四五"规划线路将逐步提升为"多层域感知、移动互联、智能联动、主动协同"智慧地铁的 GoS4 最高功能等级标准。

广州地铁天河智慧城示范站运用了自主研发的基于工业互联网的智慧地铁大平台,为地铁装上"大脑"。该平台基于微服务架构设计,打造出一个支持可迭代开发和业务应用创新的开放生态,由边缘平台、技术中台、业务中台、数据中台、AI 中台及智慧应用构成;其核心特征是泛在连接、云化服务、知识积累、应用创新。以智慧地铁大平台为依托,佳都科技大量运用计算机视觉、生物识别、智能传感、无线通信、激光探测等技术全面提升车站的数据感知能力,实现车站运营的实时监测,包括微观客流、热点客流密度、车厢客流密度、电扶梯运行状态、有害气体探测、入侵及异常行为监测、遗留物监测、站台门夹人检测、金属探测等。

所有数据可实时传送给地铁的"大脑"。由"大脑"进行智能分析,并使用分析结果进行智能决策或呈现给运营人员作为决策依据。通过数据通信与传感网络、三维可视化与虚拟仿真、智能分析与智能联动等最新技术的联合应用,完成对车站多方位、跨专业的管控,有效地提升车站信息化水平,丰富车站管理的内涵,提高服务效率和品质,降低运营成本。

2. 深圳地铁——5G + AI 智慧安检辅助系统

5G + AI 智慧安检辅助系统是辅助安检员进行安检机判图的外接 AI 设备;其通过 AI 技术对安检机拍摄的照片进行智能分析,能够自动识别各类违禁物品，后台人员可以通过 5G 网络在手机 App 上查看报警照片，进行远程监控。5G + AI 智慧安检辅助系统使用的是深圳地铁与腾讯公司共同研发的卷积神经网络深度学习算法；其针对地铁安检要求专门通过大规模 AI 训练实现对扫描图像的智能判断，依托联通 5G 网络提供的高速率、大容量、低延时通信能力快速回传安检机扫描的报警照片实现远程判图。创新提出两地三判（本地人工判断、异地人工判断、AI 辅助判断）的全新安检模式，进一步保障乘客出行安全。

9.3 城市群轨道交通智慧车站与智慧化管理

城市轨道交通的基础构件是车站，而实现轨道交通智慧化的核心则在于智慧车站。为了满足智慧车站的业务功能和运营管理需求，迫切需要解决当前运营管理部门面临的主要挑战之一，即构建一个与智慧车站完全匹配的智慧化管理体系。

9.3.1 智慧车站

传统车站在智慧化管理方面呈现多方面不足之处。就乘客服务而言，这些车站存在进站手段单一的问题，无法提前疏导客流，对乘客异常行为缺乏及时处置，且乘客问询类业务较为繁琐；在设备管理方面，大多数设备主要通过人工控制，其对设备状态监控数据的智能分析能力有限，同时缺乏能耗监测系统及节能策略手段；在站务管理方面，日常工作主要依赖纸质化记录，仍然采用传统的人工排班和下发工单方式；此外，在应急处置方面，车站对各种突发情况的应急处理仅限于车站级综合监控联动，未能充分将设备联动、人员干预、物资使用及环境资源利用等手段有机结合。

对比之下，智慧车站基于各类智能化信息技术的全面应用，将架构、系统、应用、管理及优化有机结合；它具备感知、传输、记忆、推理、判断和决策等多方面的综合智慧能力，形成了人、建筑和环境相互协调的整合体；在设计、建造、运营、服务和维护等方面实现了从"生产范式"向"服务范式"的全面转变。这种全面性的智慧化应用，不仅提高了运营效率，同时为未来城市轨道交通系统的可持续发展奠定了坚实基础。

智慧车站的建设聚焦于乘客服务、站务管理和设备管理这三大核心方向。

在乘客服务方面，系统通过深度理解乘客的出行链，致力于提供全流程的主动式服务，包括但不限于出行规划、爱心服务和智慧客服等，旨在满足乘客对于"安全、便捷、舒适、个性、无障碍"出行的智慧化需求，从而显著提升乘客的服务满意度。智慧车站建设目标及功能要求参见图9.13。

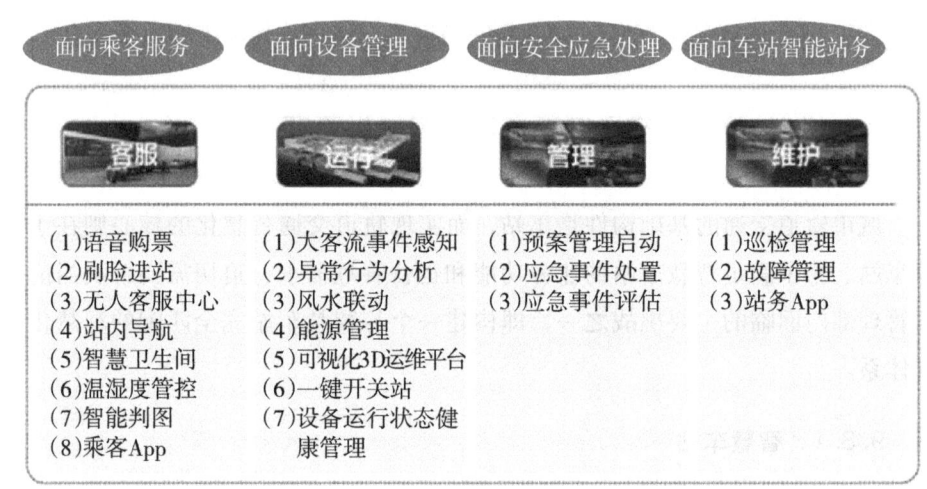

图9.13　智慧车站建设目标及功能要求

在站务管理方面，系统引入了一系列创新功能，如远程请销点、自动开关站、物资管理、电子台账等，以促进车站组织架构的升级和优化；通过这些功能的应用，系统实现了对车站综合业务运营管理的优化和效率提升，这有助于车站更加灵活、高效地应对各种运营挑战，从而提升整体业务运作的效能。在车站设备管理方面，系统通过综合显示设备信息以及实施故障管理、健康评估、智能诊断决策、应急指挥管理等功能有效解决了监测功能薄弱、维修效率低、作业把控困难、运维成本高等难题；通过这些创新性功能的应用，系统成功实现了大幅降低故障率、提升生产效能、缩减运维成本、优化组织架构的战略目标，使得车站设备管理更具智能化和可持续性，为城市轨道交通系统的可靠运行奠定了坚实基础。具体来说，有以下方面：

（1）面向乘客服务：系统将进行智慧票务服务的全面升级，引入多元支付方式，包括语音购票、扫码过闸、刷脸进站等功能，以满足移动支付的多样需求。智慧交互服务的新能力将得到显著提升，引入无人客服中心，借助语音识别、室内定位、移动互联网等前沿技术为乘客提供更为精准、实时和个性化的服务信息,进一步实现自助服务的人性化。车站的环境和服务设施将迎来全方位优化,采用灯光控制、传感器、环境监测、红外感应等高科技手段,广泛推广智慧照明、智慧温湿度管控、智慧卫生间、PIS 屏等智能设备,以为乘客提供更为优质的出行体验;车站通行能力在高客流时期将会得到显著提升,通过图像识别、生物特征识别、大数据平台、太赫兹人体安检等先进技术,引入智能安检机、安检票务一体机、安检绿色通道等,试点智能安检判图、乘客识别的高精度和无感出行模式。系统致力于打造"地铁+生活"的全面服务平台,推出地铁 App,提供运营信息查询、站内精准导航、周边商业资讯、公交接驳导乘等多样化服务,实现信息获取的及时性和丰富性,以进一步提升数字地铁时代的便捷、高效和人性化的乘车服务水平。

(2)面向设备管理:在已有设备的基础上,系统将引入温湿度环境传感器等硬件设备,以构建具备客流密度分析、环境监测、视频分析等多项功能的系统,最终实现对站台屏蔽门、闸机、售票机、电扶梯、机电设备、环控设备、门禁、PIS/PA 设备、CCTV 设备的全面运行数据采集。通过设备健康诊断模型,系统对设备进行综合评估,并实时显示系统的告警和故障信息;利用客流监测系统生成客流密度热力图,以实时了解车站各区域内的客流情况;借助大客流预测模型,系统可提前预测和感知大客流事件。通过将火灾探测系统结合视频智能分析技术发现和探测火灾事件;通过将环境监测系统结合视频智能分析技术实现对地铁其他应急突发事件的感知,如爆炸、人员异常行为和设备严重故障等。通过全息感知方式对车站运行状态进行监控,及时发现潜在隐患;利用 3D 可视化技术在一体化网页中展示对车站关键设备的数据监测情况,有助于运维人员实时准确了解车站运行状态。基于 BIM 技术的智慧车站 3D 可视化技术,不仅展示站台、站厅等区域的设备、仪表和建筑等,还显示设备信息、当前车站的客流、环境情况以及当前设备转台及是否发生告警等信息。依托管控平台和综合监控与车站场景的联动技术,实现车站过程化管控与管理业务的自动化和高效化。车站自主运行功能涵盖一键开/关站、智能环境动态调控、运营场景应急联动,同时通过定位技术和视频智能分析技术实现智能安防系统的电子围栏、视觉监护、行为轨迹回放等功能。一键开/关站的功能在于自主运行,包括自主检测设备状态、人工视频确认、开/关站操作执行、保存历史记录等四个方面，通过智能手段和人工确认相结合确保开/关站的可靠性和安全性。

（3）面向安全应急处理：智慧车站的应急处理采用智能传感、视频智能分析、智能辅助决策、BIM 仿真可视化等先进技术。通过深度分析和挖掘各类运营场景下车站运行大数据，系统能实现对应急事件的迅速感知、智能判断、应急指令主动推送、应急处置高效联动以及应急处置评估的优化，为车站的运行管理与应急处置提供智能化辅助决策支持；系统通过高清视频采集和智能视频分析技术实现对车站各区域的客流统计，运用大客流模型判断大客流事件，借助智能传感器、环境探测器，结合综合监控系统进行火灾、空气质量劣化等状态的监测，以实现对应急事件的快速实时感知；基于监测指标阈值设置和应急联动功能，系统能够智能检索并推送应急预案，自动调取和展示应急事件现场视频、数据以及启动应急预案的依据。应急预案的启动会触发人员应急任务管理与设备联动，而相关岗位人员将接收应急任务并进行相应处置，与此同时相应的应急设备，如电扶梯、闸机、卷帘门等将联动开启，相关信息也会自动发布到设备（PA、PIS）进行应急播报。基于 BIM 技术的 3D 车站应急管理，不仅能实现对应急处置的环节监测与过程管控，还通过在线回放和数据分析，实现了从事件感知、事件判断、预案启动到应急处置全流程的可视化效果评估，这有助于完成应急预案和应急处置的调整和优化。

（4）面向车站智能站务：智能站务系统涵盖了多个子系统，包括车站人员管理系统、资产管理系统、维修维护系统和施工管理系统等。车站站务管理系统以车站为基本单位，集中统计设备信息、工单信息、施工计划等各项数据，通过智慧车站管控平台及时全面地了解车站设备运行和施工进展情况；线网运维中心和站务人员通过线网运维管理中心系统（OMC）基本实现智能站务的主要功能，包括车站设备的运行管理、故障报修、维修计划管理以及施工监管等方面。这些子系统的协同运作有助于提高车站运行管理的智能化水平，通过信息的及时汇总和管理，使运维人员更加高效地进行设备运行监控和维修管理，从而确保车站设备的正常运行和维护工作的有序进行。

珠三角城市群智慧车站建设是一项长期而复杂的系统工程。要求树立具有远见卓识的发展观念，除了进行顶层设计和功能规划之外，还需要深入研究和合理规划科学问题、评价体系等，以保证有序推进并稳妥实施。该建设的实施路径涵盖以下四个关键步骤：

（1）试点应用：基于已经积累的智慧车站建设经验，系统在考虑推广应用时应以"数据—信息—知识—决策"数据进化链为基础，而不宜进行大规模推广；首要选择客流较大的换乘车站进行试点应用，涉及感知层、执行层设备接口改造与调试以及平台层软件开发，最长建设周期可达 8 个月，而最短仅为 3～4 个月。这样的有序试点应用有助于更好地了解系统的运行和效果，为未来更广泛的应用提供有力的实践基础。

（2）新建线路的应用：智慧车站可以充分借助新建线路的建设契机，结合多种新兴技术和整合各方优势资源初步实现试点目标。在这一过程中通过系统云架构与生产管理云的有机融合成功实现运维管理平台、资产管理平台等系统之间的数据互通，为全生命周期管理和智能运维建设奠定了坚实的基础。这种综合性的整合方法不仅有助于提高系统的协同性和效能，还为未来的发展打下了可持续的基础。

（3）既有车站的智慧化改造：智慧车站的建设为城市轨道交通车站的建设和运营带来了崭新的改革方向。为实现这一方向，可以通过多方位简化工作流程的方式来推动。对已有车站进行智慧化改造的关键在于强化对传统运营管理业务流程的改革和优化，建立与智能化水平相适应的运营组织方式，以确保智慧车站的建设能够充分发挥其预期效益。这种全面而有序的改革措施将有助于推动智慧车站的建设顺利实施，并推动城市轨道交通系统朝着更加智能、高效的方向发展。

（4）推广应用：智慧车站的建设提出了新的城市轨道交通车站的建设和运营目标，旨在通过智慧赋能先行先试推动形成"轨道上的都市圈"。此举紧密结合了《中国城市轨道交通智慧城轨发展纲要》以及地方政策的积极推动，为城市轨道交通系统的高质量发展贡献了积极的作用。通过这一全面而前瞻性的智慧化发展方向，城市轨道交通得以更好地适应现代城市的发展需求，提升服务水平，加强管理效能，实现高效便捷的出行体验，为城市轨道交通体系的可持续发展注入新的动力。

9.3.2 智慧化管理

目前，车站的管理实行层级负责制，分为"值班站长—值班员—站务员"三个岗位层级。通过相应的规章制度和管理要求，车站详细规定了各岗位的职责和工作内容,以确保车站服务的一致性、标准性和规范性。车站的业务主要划分为客运服务、行车安全、票务运作、设备管理这四个关键模块,每个模块都经过精细的岗位分工,形成了高效而专业的管理体系。在智慧车站的运作框架下,消防控制室仍然必须由专业人员进行值守,无法被其他人员替代。车站仍保留车控室的设置,但其角色被定义为车站的消防监控中心、信息中心和调度中心。通过引入"智慧巡检+视频分析"功能可以有效替代人工对车站设备、人员和环境的巡视和检查。这项技术应用有助于减少车站工作人员防火巡查的频率,从而在一定程度上降低对人工巡视的依赖,为车站运行提供更为智能和高效的监控和管理手段。

9.3.2.1 业务功能转变分析

通过对车站整体运作情况的全面研究,我们可以将车站的业务功能划分为四大类,涵盖了客运服务、行车安全、票务运作以及设备管理等共计 70 项业务。在这些业务中,智慧车站相关功能已成功替代人工操作的业务达到了 54 项,呈现出显著的自动化和智能化水平;然而,由于特殊性或复杂性,16 项业务暂时难以被智慧车站替代。部分业务功能转变情况参见表 9-2。

表 9-2 业务功能转变情况

业务	业务内容	可替代	不可替代
客运服务	乘客问询服务	√	
	乘客意见与投诉处理	√	
	公共区域环境卫生检查	√	
	服务设备故障防护设置		√
	拾遗物品管理		√
行车安全	施工请销点	√	
	确认施工出清	√	
	开关站	√	
	上下备车配合开关站台门		√
	消防控制室 24 小时需人员值守		√

续表

业　　务	业务内容	可替代	不可替代
票务运作	正常票卡异常处理	√	
	特殊票卡异常处理	√	
	票务政策查询	√	
	车票盘点		√
	废票回收		√
设备管理	电梯、扶梯开关	√	
	PIS播放	√	
	卷帘门开关	√	
	综合后备盘操作		√
	火灾报警系统、气灭主机操作		√

根据表9-2可知，智慧车站的业务替代范围主要涉及常规性质的工作领域，包括日常的乘客服务、车站业务设备和系统的操作与管理、设备运行状态的监测、定期的站内巡视任务以及涉及票务的服务等；然而，那些难以被替代的工作主要涉及一系列非常规性、具有较高不确定性的任务，包括对数据的深入分析和挖掘、车站防护设置的管理、站外服务设施的维护、在异常情况下车站设备的人工操作、票务的详细盘点与废票的回收，以及在特殊情况和电气有关的人工操作等。两者的对比清晰地凸显了智慧车站在替代业务方面的局限性，尤其是在处理复杂、非标准化任务的情况。

9.3.2.2　管理功能转变分析

车站的管理功能共包含23项任务，这些任务涉及车站的日常运作和各方面的管理。在这些任务中，智慧车站相关功能展现了强大的替代人工操作的潜力，涵盖了19项业务，包括保洁质量管理、服务导向标志管理、乘客事务质量管理、端门管理、施工监管、隐患排查治理、施工调度系统、乘客票务事务管理、票务管理平台、票务政策宣传、电梯/扶梯运行监控、卷帘门状态监控、机电设备运行监控、票务设备运行监控、车站计算机系统监控、站级列车自动监控、综合后备盘监控、屏蔽门就地控制盘监控、站台门监控；然而，仍有4项特殊业务功能无法被智慧车站完全替代，包括拾遗物品平台、信息管理、消防管理、票务管理。可替代的工作主要覆盖了服务质量管理、运营辅助决策、行车安全管理、票务管理以及车站设备及人员管理等日常的业务环节；而不可替代的工作则主要涉及异常处置和强制性任务，具体包括拾遗物品管理和消防管理等。这一分析有助于深入理解智慧车站对车站管理功能的影响，为未来的系统优化和智能化决策提供了指导方向。

大约77%的车站日常基础工作可以由智慧车站相关功能替代，包括车站巡视、台账填写、数据统计等，智慧系统的自动化和智能化功能能够显著提高工作效率，减轻人工负担；然而，剩余23%的工作仍无法被智慧车站的功能替代，其涉及人员之间的协同配合、设备的应急操作以及对于消防值守等方面的需求。这一现象表明虽然智慧车站在日常基础工作中表现出色，但在某些特殊情境下仍需依赖人工的专业技能和判断。

9.3.2.3 管理模式优化

1. 车站业务模式

智慧车站的全面建设极大地提升了设备自动化管理水平，实现了不同专业系统之间的信息高效互通。在这一智能化的背景下，使车站的日常业务经由智慧大脑的数据汇集和分析，以更为智能化的方式进行辅助决策和运营。业务组织模式采用了"智慧车站管控系统为核心，人工协同为补充"的策略。具体而言，业务运作呈现出高度自助化的特征，同时充分发挥人工协同的作用，以更灵活、高效地适应不断变化的运营环境。

借助智慧车站管理系统和自助终端设备，车站实现了施工办理和乘客票务事务的高度自助化，减少了对车站工作人员的过多依赖。行车、服务、应急处置以及极少部分需要更为精细化服务的业务都可以通过智慧车站管理系统的协助来高效完成。这种业务模式旨在实现系统的自主运行，通过自助终端的智能化功能和车站管理系统的支持，提高了业务处理的效率，减轻了工作人员的负担。尽管智慧车站系统在车站管理中取得显著进展，然而一些业务无法被智能系统覆盖或替代，包括数据深化分析、挖掘、处理，特殊乘客事务，消防值守以及应急设备操作等功能，仍需由车站工作人员人工执行，这确保了这些关键任务的高效执行，同时强调了人工参与在某些业务领域的不可替代性。

2. 车站管理模式

在智慧车站功能实现的背景下，系统的高度可视化、信息化、一体化和智能化为车站业务提供了更加全面和精准的管理手段，这使得车站大部分业务得以被系统替代，为通过岗位融合实现减员增效提供了有力支持，同时为改变管理模式、进一步提升车站管理效能创造了机遇。在苏州市轨道交通智慧车站建设及线网运营管理的实践中，车站管理可借鉴"岗位融合＋业务集约化"的管理模式，包括集中式远程座席客服和线路集中队伍两个关键方面。这种模式将为车站管理带来更高的效益和更灵活的运营方式。

3. 集中式远程座席客服

智慧客服系统及终端设备的广泛应用使得传统车站客服中心岗位的职能逐渐受到挑战。在智慧车站的背景下，考虑到客户服务需求的复杂性和多样性以及设备与人交互的不足之处，可以重新审视客服中心的存在；在这一新的背景下可以思考引入集中式远程坐席客服。通过这一模式，车站可以借助统一的后台客服来为需要帮助的乘客提供操作指引、受理特殊乘客事务等服务。这种模式不仅有助于提高服务效率，还能够为乘客提供更为便捷和个性化的服务体验，从而进一步提升整体服务水平。

4. 线路集中队伍

在智慧车站功能逐步实现的背景下，系统的自动化程度不断提升，覆盖了设备运行监控、车站安全巡视、基础乘客事务处理、施工手续办理等诸多方面的工作，这使得车站有望进一步整合不同岗位的角色，从而减少对于特定岗位人员的需求。为了确保乘客服务和应急处置质量，可以考虑在每条线路上设立专门的集中队伍，与车站形成良好协同，以应对灵活性业务处理和突发情况下的应急处置。这一管理模式的目标是在提高工作效率的同时使车站更好地适应智慧化运营的要求，保障服务质量和安全性。

车站灵活性事务，如早晚高峰的立岗、客伤防控、公共区服务巡视以及营销活动策划等，都可以交由线路集中队伍来执行。针对车站应急事件的复杂性和对人工处置的高度依赖，为了突破当前由车站固定岗位进行应急处置的模式，可引入更加集约化的应急处置模式。在这种模式下，车站的固定倒班人员负责应急事件的先期处置，而线路集中队伍则充当应急支援力量，随时根据需求前往车站，参与并协助应急处置工作。考虑到实际运营经验，初步建议每条线路的每个区域站点配置8人的集中队伍，以确保能及时对各种突发情况进行迅速、有序、高效的响应和处理。

5. 人员配置

在实现了智慧车站设计功能的全面升级并且可靠度接近100%的情况下，设备和人员之间的高度协同已经得以实现。乘客，包括各类特殊群体乘客，已经相当适应了这一智慧化服务模式。基于这一前提，我们可以更深度地调整车站岗位的业务结构，通过优化配置使之演变为"一个负责人＋若干管理员"的模式，并引入一系列新的岗位角色，如综合督导岗、综合监控岗、综合巡视岗等。这一变革不仅更加符合智慧车站高度自动化和智能化运营的要求，同时有望提高管理效率，降低运营成本，从而实现更加灵活、高效的车站管理模式。

（1）综合督导岗的主要工作区域为整个车站，负责在班期间全面监督车站运营，主要任务包括执行安全与服务巡视、关注站厅和出入口区域以及设备区的安全检查；通过有效的监督和协调，综合督导岗确保车站在当班期间顺畅、安全地运营。

（2）综合监控岗的主要工作区域为车控室，负责执行各类车站监控任务和信息报告，除此之外还协助综合督导岗协调处理车站其他事务，以确保整个车站运作的协同有序和高效执行。

（3）综合巡视岗的主要工作区域为站台，主要职责包括协调站台的接发车作业、确保站台安全，进行服务巡视等任务，除此之外还协助综合督导岗协调处理车站其他事务，以确保整个车站运作的有序和高效执行。

基于上述设想，引入智慧车站系统有望极大地简化对岗位和人员的需求。在普通车站正常运营期，只需配置2～3名工作人员；在非运营时期，仅需2名工作人员即可。对于具有岔口或大客流量的站点，可根据实际情况适度增加人员配置。据统计，相比当前的管理模式，引入智慧车站的管理模式，尤其是在有岔口或大客流站的情况下，平均可以减少6名人员配置；对于普通车站，采用这一管理方式平均可减少10名人员配置。这些统计说明智慧车站的管理模式在提高效率、简化人员配置方面具有显著的优势。

在实际运用中，智慧车站的经验显示新的运营管理方式不仅有效地提升了总体运营水平和乘客服务体验，还显著减少了车站工作人员的配置，使运营管理更富人性。然而，需要明确的是，智慧车站的建设并非一蹴而就，运营管理方式的调整也不能在短时间内实现完全转变。因此，我们需要持续进行优化和改进，为此提出以下三点建议：

（1）随着智慧车站功能的不断演进，管理模式的融合和优化应当采取渐进的方式。在智慧车站的功能逐步完善的同时，我们可以选择在传统模式和智慧车站管理模式之间进行双轨运行，有序地推进岗位、业务和管理模式的转变。通过对智慧车站功能进行系统的测试和验证，我们可以逐步研究岗位融合、业务融合以及管理模式融合。这一渐进的过程有助于更好地适应车站管理的实际需求，确保智慧车站的建设和管理模式的调整是稳妥、可持续的。

（2）在推动智慧车站的建设过程中，与运营安全相关的功能点必须进行充分的测试和全面的安全评估，确保其在正式投入使用时能够达到高标准的安全性。同时，在智慧车站试点和逐步运营的过程中，应当对相关功能进行不断改进和完善，以保证系统的整体安全性和可靠性。

（3）在智慧车站的规划和建设中，我们要立足于智慧城轨的整体规划，充分考虑当地文化和运营实际情况。通过深入剖析车站业务了解业务的发起点、执行过程、闭环环节、频率周期等关键因素，深入研究城市轨道交通智慧车站业务的独特特点，以实现智慧车站运营效益的最大化，提高车站管理水平。

9.4 城市群轨道交通智慧乘务

9.4.1 智慧乘务内涵与概述

轨道交通客运的核心产品是旅客的位移，其实现载体是旅客列车。产品是一个整体性概念，需满足旅客的各种需求，而产品质量的高低由产品自身的使用价值决定，即产品对旅客需求的满足程度。旅客需要的满足程度越高，则产品的质量就越好，产品的竞争力就越强。随着经济社会的发展和民众消费能力的提升，旅客多元化和个性化的需求将会逐渐增加，对轨道交通客运产品的方便、快捷、舒适、安全等要求也会明显增强。

旅客列车的运营质量决定了轨道交通客运产品的质量。作为旅客服务和客运经营的核心场所，旅客列车计划的兑现涉及行车调度、车辆运用、乘务排班、列车服务、备品配备、商品供应链管理等多方面多环节。传统的乘务管理和作业手段无法实现资源的科学统筹和优化配置，无法做到信息的高效流转和集成共享，落后于当前乘务管理的实际需求，很大程度上制约了列车服务质量的改进和提升。

因此，围绕旅客列车完整的运营流程，通过战略层面的乘务信息化规划，以乘务组织模式和作业流程的规范化、标准化、可视化为基础，运用信息化手段、大数据技术建设面向未来的智慧乘务，对优化现有管理和组织模式，提高效率和实现精准服务具有十分重要的现实意义。我们从客运乘务作业的实际需求出发对智慧乘务平台进行分析构建，探讨乘务信息化建设和大数据运用的相关思路，为轨道交通乘务工作提供充分的管理和作业的信息依据。

轨道交通智慧乘务的前提是信息化建设，是指借助先进的数字化技术和智能化系统为乘客提供更便捷、高效、舒适的出行体验，提高轨道交通系统的服务质量和运营效率。随着轨道交通运营管理体量的增大，传统轨道交通乘务管理模式存在瓶颈，制约了乘务管理的整体工作效率。近年来，随着国铁集团、各路局集团层面智慧铁路建设规划的推进，铁路客运信息化建设取得了一定成果。例如，客票系统、旅服系统、营销辅助系统、自助设备等信息化项目，在客运组织、生产作业、旅客服务、经营管理等领域发挥了重要作用，而车站的客运组织、动车组车辆的运用检修等作业日趋信息化，效率的提升成效显著，但是客运乘务信息化建设方面略显滞后。

互联网技术渗透于我们生活的点滴，正日益改变我们的生活方式。互联网最大的意义在于信息数据的互联互通。依托互联网平台，有价值的信息被资源整合。人们各取所需获取信息，使信息流转更加高效便捷。轨道交通智慧乘务主要涉及的信息数据为"人、车、物、流"四个方面。其中人即乘务人员，核心是乘务交路的编排优化；车即车底信息，含车底交路、车况等信息；物即列车服务备品、商品，主要是供应配送链条；流即旅客，涉及客票、服务等信息。轨道交通列车的顺利开行涉及"人、车、物、流"相关单位、部门间的配合和对接。数据的流转和分析直接影响到各单位的决策实施和生产组织效率，而数据的调取、分析和应用建立在完善的信息系统基础之上。目前，在乘务管理信息系统建设方面，还存在缺乏系统规划和顶层设计的问题，没有从业务模式整体研究以及业务、管理流程全面梳理的角度进行统筹建设，导致信息系统较为分散，集成度不高。

（1）信息化建设发展不均衡。在乘务组织中需要获取各种有效信息才能有效决策，有序生产。然而，在目前的信息化建设中存在发展不均衡、不同业务领域的信息化水平参差不齐的问题。例如，中国铁路广州局集团公司某客运段开发出调令通系统、接入列车到发系统、职工考勤和工时核算的出乘点名签到系统、添乘系统等，另一客运段开发出乘务排班系统，但前者的系统能够实现的功能，如调令的直接导入、列车正晚点信息查询、干部添乘检查及安全质量考核信息的生成，在后者的乘务排班系统中都需要进行手工录入，工作量巨大，且信息更新维护较为滞后，无法实现将有效信息第一时间导入，信息共享程度低，导致排班系统缺乏生命力，同时前者的多个系统也存在集成度低、功能分散的弊端。因此，不同客运单位之间存在信息化建设发展不均衡以及数据流动和分享的门槛，制约着信息系统作用的全面发挥。

（2）信息数据未有效利用。信息化建设碎片化，不成体系，没有统筹规划，没有建立有效的沟通评价机制。集团公司及站段层面信息化建设随意性强，各自为政进行信息化开发和应用，造成了资源浪费。当前，中国铁路广州局集团公司铁路乘务担当为"六乘一体"，分别为乘务员、配餐、保洁、机械师、司机、乘警六个不同工种。各工种协同配合才能高效优质完成旅客运输任务。但在信息系统建设方面，还未将各工种作为一个完整的班组，按照一体化管理思路对各自信息进行集成，不利于班组的管理、班组成员间的配合和作用的发挥。在铁路商品配餐的管理方面，可对不同线路区间的商品销售和盒饭销售情况通过数据库进行统一的采集，分析规律，优化供应链管理。针对冷链饭、热链饭保质时间较短的问题，对不同线路车次区间盒饭需求进行精准预估，实现精准投放，减少逾期报废和资源浪费，降低经营成本，提高经济效益。这些目标的实现都需要建立在信息系统建设的基础上，建立在基础数据采集和大数据分析的基础之上，从而实现对信息数据的有效充分利用。

9.4.2 城市群轨道交通智慧乘务平台功能

智慧乘务整合运管、客票、旅服、办公、收入、调度、库保、动车检修等资源，搭建轨道交通智慧乘务作业平台，围绕旅客列车的业务全流程，从列车作业保障入手着眼于非正常作业情况下的快速处置，实现列车兑现和列车服务的自动化运营。下面，我们从轨道交通智慧乘务平台的功能、目标、框架、模块等几个方面进行论述。

1. 轨道交通智慧乘务平台需要实现的功能

（1）实现旅客列车业务全流程信息化。长期以来，客运信息系统的重点放在车站，但对乘务管理较为忽略。目前，服务备品、乘务排班、车底编组、机车或司机交路等均还由人工安排。所以智慧乘务首先要实现这部分作业的信息化处理，填补企业内部信息数字化空白。

（2）实现信息共享，减少信息不对称。旅客列车的兑现包括开车依据、车底、司乘人员、服务用品、机车、整备、上道、乘降、途中、退乘等多个环节，涉及动车所、客技站、车机工电辆、供电、供水等多家单位，常常出现信息不对称的情况。轨道交通智慧乘务平台对接各个环节的信息系统，打通信息壁垒，实现信息快速流动、实时共享。

（3）实现科学作业流程。轨道交通智慧乘务平台提供作业优化策略，实现业务流程的合理优化，例如通过分析保洁作业计划与动车检修计划之间的关系，对即将进行动车一、二级修的列车不再进行库保，避免重复劳动等。

（4）实现多点多中心指挥和社会化生产。乘务作业的特点是小型化、分散化、移动化。智慧乘务将各类信息快速传递，形成以段、车队、班组多点、多中心指挥体系，通过智能出行平台协调站、车、路内、路外资源，实现生产在更广泛、更深入的程度上社会化。

（5）实施网络式管理模式。基于融合通信和移动互联技术，智慧乘务将采用小型分散化的水平网络式的新型管理体制，代替集中、庞大而又互相牵制的传统金字塔型的体制。无论是作业任务、旅客需求还是突发事件都通过智能移动终端与后台实时交换信息。车长、乘务员、保洁、机械师以及各级管理人员组成一个个网络管理单位，实现客运管理创新尝试。

（6）实施评价与反馈。轨道交通智慧乘务平台积累的数据，不仅为乘务、保洁等提供考核、评先依据，为联劳协作提供改进依据，而且为流程再优化提供参考。

日本新干线乘务员运用计划是新干线运输计划中的一部分，与列车开行方案、车辆运用计划、车站股道运用计划一起构成日本新干线运输计划。日本新干线运输计划采用软件自动编制完成，JR东日本公司采用的是新干线综合系统（COSMOS）。日本新干线乘务员运用计划的编制一般由2个部门联合完成。其中由JR客运公司本部的运输营业部负责编制完成基本的乘务交路图；由JR客运公司下属的各乘务段（所）对基本乘务交路图进行细化，编制具体实施的乘务交路图，再对每个乘务交路进行乘务组的分配，并制作乘务组之间的交接表。编制新干线乘务员运用计划遵循的基本原则包括：①同一乘务段（所）可以出乘与退乘，不同乘务段（所）只能临时休息、换乘，不能退乘；②乘务交接必须在指定车站进行；③乘务计划应考虑必要的接续时间，确保乘务员可以接续值乘；④确保吃饭、休息时间；⑤已经确定的交路原则上不得更改；⑥乘务员的值乘内容和值乘时间应保持公平等。编制新干线乘务计划时对乘务人员的值乘时间有相应的时间标准。新干线已经建立了符合日本高速铁路布局的乘务体系和运作模式，其生产力有以下特点：

（1）集中管理优势明显。JR各公司通过强化乘务计划编制、乘务标准准则制定、乘务员定编及培训等实现对本公司乘务的专业归口管理，有利于发挥新干线列车密度大的规模优势，实现全公司资源的优化配置；基层段（所）负责具体值乘任务组织和乘务员日常管理。

（2）乘务综合运用呈现新趋势。随着日本新干线的发展，从人员综合利用、提高劳动效率的角度考虑，新干线乘务员管理逐渐由过去的单一列车员单一司机的管理模式向综合运用的管理模式转变。

（3）乘务计划编制实现自动化。新干线乘务计划的编制、调整与车辆、车务等多部门有关，所以如果没有统一的操作平台则很难实现。当前，日本新干线已经能够利用统一平台和计算机自动编制软件实现乘务计划编制的自动化。

（4）劳动时间管理全面细致。日本新干线对乘务员的劳动时间规定细致、全面，在目前执行的相关规定中对全年、全月、单日、单趟、夜间乘务里程等都进行了详细的规定，以充分保证乘务员能够有充分的休息时间。

2. 轨道交通智慧乘务平台的主要建设目标

围绕旅客列车完整的运营业务流程将相关信息进行汇集、运用，进而优化乘务业务流程，这是智慧乘务的重要建设目标。轨道交通智慧乘务平台建设目标可分为两个层次：①实现基础信息化，将乘务工作中的各项数据信息进行系统录入，解决信息的传递、处理、汇总等问题，形成有效的列车信息包，如在途列车信息系统、视频管理系统、仓储管理系统等；②实现乘务管理决策的信息化，如调令传输、应急处置、乘务排班等综合管理信息系统。通过强化综合管理控制能力为安全生产提供保障，为优质服务提供支撑，为高效管理提供保证，具体包含以下四个方面：

（1）建立信息平台。以面向现场生产、辅助决策管理为原则，将涉及列车整备、途中作业、终到退乘等不同作业环节的信息进行全面汇总和梳理、加工和完善，形成有效的基础信息数据库，便于信息获取，并对信息运用过程进行完整的追踪，掌握数据流来源、去向，为决策提供依据，实现相关信息的全面开放和共享，提高管理和生产效率。

（2）形成数据体系。建立具有一个数据节点和多个数据支点的体系。其中，数据节点是各客运段及相关多经公司的生产指挥中心，通过集成控制成为乘务作业体系的主干；数据支点是生产一线的数据源，即列车长的手持终端。通过手持终端进行基础信息录入，实现作业及服务相关数据的上传，获取管理及评价等数据。一个节点与无数支点共同形成有效的指挥网络，构造全局协调一致的集管理、指挥、作业为一体的智慧乘务体系。

（3）构建保障体系。该体系包括设备设施等后勤保障和应急处置保障两方面，主要应用视频、摄录、卫星定位、远程传输等技术手段支持乘务现场作业，建立物资采购、库管、配送、库保以及车辆上部设施报修等设备后勤保障体系和以广播视频运用为基础的应急处置保障体系。例如，巡视仪视频管理系统用于记录列车长在日常巡视、突发事件、站车交接等需要记录时的视频影像；动车组车厢视频监控系统真实反映车厢内现场作业动态，为处理旅客伤害、纠纷、投诉等提供真实可靠的视频证据，确保旅客列车安全管理和旅客生命财产安全。

（4）系统进化完善。轨道交通客运智慧乘务平台建设将不同的乘务信息系统进行集成和规划，通过不同信息系统之间的关联，建成同一平台下不同的功能模块。例如，备品仓储管理系统和乘务交路排班系统之间相互提供决策依据，同时排班系统即乘务员交路，与仓储管理系统发生联动，为低值易耗品的供给、作业机具的精准配备等提供依据。不同系统之间依托数据的共享促进管理作业体系的完善，实现面向旅客服务和乘务作业流程的再造，消除多余环节，优化中间流程，提升作业和管理效率，最终实现一个App平台解决所有问题。

3. 轨道交通智慧乘务平台构建的框架

轨道交通智慧乘务平台建设旨在构建大乘务框架，解决日常作业和管理中的难点和痛点，以实现高效精准管理、提供现场作业支持、优化旅客服务体验的目标，利用互联网、融合通信等传输手段，综合运用人工智能、综合集成、多源信息协同等信息技术对乘务大数据进行充分的分析和运用，实现大乘务框架下的智慧乘务。轨道交通客运智慧乘务平台功能结构参见图 9.14。

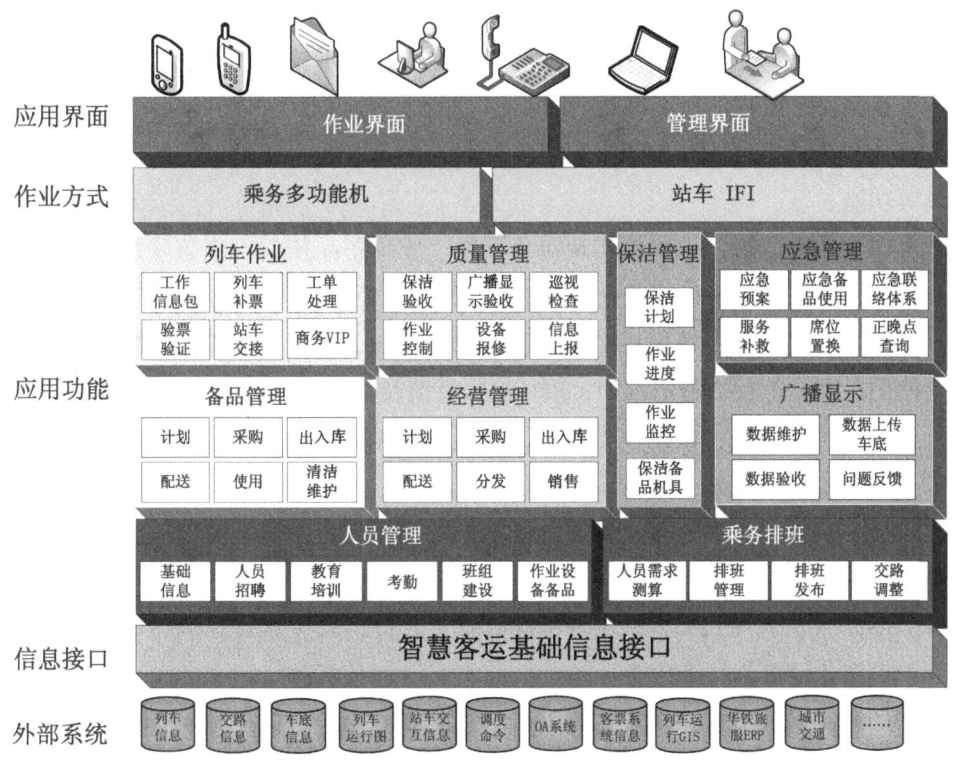

图 9.14　轨道交通客运智慧乘务平台功能结构

（1）信息来源：轨道交通智慧乘务平台通过数据接口获取所需信息，形成有效列车信息包，主要包括车底交路运用、车型、车号、车票预售数据、运行图及调令等信息。

（2）核心功能：轨道交通智慧乘务的核心为应用功能部分，主要是依据乘务信息包数据生成管理决策，其物理基础为融合通信技术、站车 Wi-Fi 覆盖及定制的乘务多功能终端。

（3）主要用户：智慧乘务平台的主要用户为列车、客运段生产指挥中心、后勤等客运作业人员和各级管理人员，其操作可通过网站、乘务多功能机、手机 App 的应用及管理界面等途径实现。列车作业人员通过乘务多功能机进行乘务作业、巡视、备品管理及报修等。

4. 轨道交通智慧乘务平台的模块

（1）列车作业：该模块功能实现工作信息包、列车补票、工单处理、验票验证、站车交接、商务 VIP 等功能。

（2）质量管理：该模块实现保洁验收、广播显示验收、巡视检查、作业控制、设备报修以及信息上报等功能。

（3）保洁管理：该模块实现保洁计划、作业进度、作业监控、保洁备品机具等功能。

（4）应急管理：该模块实现应急预案、应急备品使用、应急联络体系、服务补救、席位置换、正晚点查询等功能。

（5）备品管理：该模块实现服务备品的计划、采购、出入库、配送、交接及使用，卧具备品的清洁维护、损坏缺失反馈及补充确认等功能。

（6）经营管理：该模块实现餐食、商品、VIP 赠品等经营类物品的计划、采购、出入库、配送、分发、销售等功能。

（7）广播显示：该模块实现数据维护、数据上传车底、数据验收、问题反馈等功能。

（8）人员管理：该模块实现基础信息、人员招聘、教育培训、考勤、班组建设、作业设备备品等功能。

（9）乘务排班：该模块实现人员需求测算、乘务智能排班、排班管理、排班发布、交路调整等功能。

5. 轨道交通智慧乘务平台模块功能的实现

目前，珠三角轨道交通部门正在使用的主要系统有客运管理信息系统、乘务多功能作业系统、列车移动售票系统等。随着数字技术、人工智能等现代新兴技术在轨道交通运营管理的应用发展，未来需要开发调令系统数据接口、客票数据接口、日班计划数据接口、运管系统数据接口、动车管理数据接口等，构建趟工作信息包的生成及流转机制，开发列车作业、质量管理、应急管理、广播显示等模块，整合职工培训系统资源，开发人员管理模块和乘务排班模块；结合列车 Wi-Fi 覆盖应用建立乘务多功能作业终端安全认证机制，构建轨道交通智慧乘务平台。

9.5 城市群轨道交通智能运维

9.5.1 智能运维内涵与基本概述

城市群轨道交通的运维管理在轨道交通运营中扮演着至关重要的角色，然而在当前的运维管理模式下，先进的数字化技术与运维行业的整合程度较低，导致轨道交通的运行效率受到明显限制。以设备检修为例，传统的协调和联动过程非常复杂，因此从手动提报工单到车站确认调度的闭环都需要人工干预。一些粗放的运维管理模式导致了运维岗位人员的工作负担增加，而设备维护经验的积累和问题的跟踪也存在挑战。

轨道交通智能运维是指运用先进的技术和数据分析方法提高轨道交通系统的运行效率、安全性和可靠性的一种维护和管理方法；其依赖现代化的技术和数据收集工具，以优化列车、轨道、车站、信号系统和其他交通设施的运行和维护。智能运维模式下，城市轨道交通的运维效率、作业强度、装备维护智能化程度、生产组织模式、设备可靠度等关键指标都得到前所未有的升级。

城市群轨道交通智能运维关键特征和方法包括：

（1）数据驱动决策：智能运维依赖大数据分析，以监测设备设施的状态，包括使用传感器和监控系统来实时收集数据，从而提前发现潜在的问题，以便及时采取措施。

（2）预测性维护：运用数据分析和机器学习等技术，智能运维可以预测设备的故障和维护需求，有助于减少计划外的停机时间，提高运行时间。

（3）远程监控：运营商可以通过远程监控系统实时监视列车、信号系统、轨道和设备的运行状况，允许运维人员快速识别和解决问题。

（4）自动化维护：智能运维技术可以用于自动化维护任务，例如自动设备检查、维护计划的生成和执行。

（5）可持续性：智能运维可以帮助运营商采用更节能、环保的方法来管理设备设施，以降低环境影响。

（6）数据共享和互操作：不同部门和运营商之间的数据共享和互操作是智能运维的关键，确保了信息能够在各个级别流动，并支持维护和决策。

(7) 网络安全：由于大量的数据和设备互联，智能运维需要强大的网络安全措施，以保护系统免受潜在的网络攻击。

轨道交通智能运维的目标是降低维护成本、提高系统的可用性，同时提供更安全、高效和可持续性的轨道交通服务；它使运营商能够更好地规划维护活动，减少停机时间和服务中断，同时提供更好的乘客体验，有助于现代城市轨道交通系统的可持续性和创新。

9.5.2 轨道交通智能运维平台模块

轨道交通智能运维平台通常包括多个模块，以支持轨道交通系统的高效管理、监控和维护。以下是一些常见的模块：

（1）设备监控：用于监测轨道交通系统的各种设备，如列车、信号系统、轨道、电源系统等，包括实时数据采集、设备状态监控、故障检测和警报生成。

（2）大数据分析和预测：使用大数据分析和机器学习技术，以分析历史数据并预测设备故障、维护需求和列车运行情况，有助于实现预测性维护，减少停机时间。

（3）维护计划：用于生成和管理设备设施的维护计划，可以根据设备状态、使用情况和预测性分析来制定维护策略。

（4）远程监控：允许运维人员通过远程监控系统实时监视轨道交通系统的运行状况，包括车站、信号系统、轨道、电源系统等。

（5）故障排除和警报：用于识别设备和系统故障，并生成警报，通知运维人员，也提供了故障排除指南和支持工单的生成。

（6）可视化界面：智能运维系统通常包括用户友好的可视化界面，以显示设备状态、故障信息、维护计划和其他关键数据，使运维人员能够更容易地监控和管理系统。

（7）数据共享和互操作：允许系统与其他轨道交通部门进行数据共享和互操作，是确保信息能够在各个级别流动的关键。

（8）网络安全和访问控制：运用强大的网络安全措施，以保护智能运维系统免受潜在的网络攻击。同时，系统应该有访问控制功能，以确保只有授权人员能够访问系统。

（9）报告和分析工具：提供报告和分析工具，以便管理人员能够了解系统的性能、维护活动和趋势。

（10）移动应用：为运维人员提供移动应用，以便他们可以在现场进行设备检查、故障排除和维护工作。

（11）可持续性和能源管理：系统通过可持续性和能源管理监控能源使用情况和采取节能措施。

9.5.3 珠三角城市群轨道交通智能运维平台发展趋势

珠三角城市群的一些轨道交通系统已经开始采用预测性维护技术，这意味着运维团队使用传感器和大数据分析来监测设备的状态，以提前发现潜在故障，并采取维护措施。物联网技术在轨道交通运维中得到广泛应用。例如，运营商可以使用传感器来监测列车、轨道和设备的状态，并实时收集数据；运营商利用大数据分析技术来优化列车运行、人员安排和设备维护，有助于提高整个系统的效率；运维人员可以使用远程监控系统来监视车站和轨道的运行状况以及设备的性能，提高故障排除的效率。

此外，随着轨道交通行业的数字化转型不断深化，系统变得日益复杂，智能设备的数量和种类也呈增长趋势，这加大了对轨道交通运维的专业性和技术性的要求。员工面临复杂而前所未见的问题时或缺乏经验来处理某一类故障时可能会影响运维质量的一致性。为了确保宝贵的运维管理和技术经验被妥善积累，并在问题发生时进行及时分享，智能化运维还会通过构建大模型自动创建故障报告，详细记录故障的发生时间、维修人员、处理时间以及定位等信息。这些故障报告不仅可以用于员工培训，帮助他们了解和掌握故障处理的过程和方法，还可以用于训练大模型，以构建行业级的智能大数据平台。通过深入挖掘运维数据的价值反哺未来的业务发展。

与此同时，收集大量的运维数据可能带来数据安全和隐私问题，因此确保这些数据得到安全存储和处理是一个挑战。运营商引入智能运维技术需要大量的投资，需要权衡成本和效益，以确定何时和如何采用这些技术。此外，珠三角城市群的不同轨道交通系统使用不同的智能运维技术和平台，因此确保它们之间的互操作性是一个问题。

未来，珠三角城市群轨道交通运维将继续朝着自动化、智能化方向进一步发展，利用机器学习和人工智能来改进设备的维护和列车的运行，同时运营商将更广泛地使用智能传感器来监测设备和基础设施的状态,提高运维的效率和精度。远程维护将变得更加普遍,使运维人员能够远程监测和修复设备,以减少停机时间;大数据分析将继续用于支持运维决策,以优化列车调度、设备维护和人员安排;行业标准和互操作性将变得更加重要,以确保不同运营商之间的智能运维系统能够相互协作;运维人员将需要不断更新他们的技能,以适应新的智能运维技术和工具。

9.5.4 轨道交通设备运维智能化系统设计

9.5.4.1 珠三角城市群轨道交通运维现状

中国铁路广州局集团公司采用"三位一体"的综合养修集成管理模式,即工务、电务、供电三个专业在同一天窗时间内在同一区间进行维修养护,共同以维修成本、维修质量和天窗时间为目标相互协调完成对基础设施的年度、月度、日维修计划,施工方案、施工组织设计、现场维修工作及完成后维修小结和总结等各方面的整合,通过对专业业务的明晰化、具体化和各方维修配合的管理办法全面提高高速轨道交通技术设施维修效率。例如,国铁集团设置铁路维管段,段下辖综合维修车间,综合维修车间下辖综合维修工区,对管辖范围内所有工务、电务、供电设备的安全运行全面负责,按照轨道交通基础设施的技术要求制定维修管理细则,全面落实各项生产任务,综合安排维修天窗,卡控天窗作业的各安全环节,实行周期检查、状态检修,实现安全、稳定、有序可控。这种维修模式改变了原有三个专业工种分别设置专业车间和专业工区的做法,能够充分实现资源统筹共享、安全责任共担、高度融合的一体化目标。维修生产布局经过这一优化既节约了成本,又提高了劳动生产率。

以中国铁路广州局集团公司为例,装备在广州高速铁路维修段的综合巡检车集成了摄像采集、激光扫描、计算机图像处理、RFID 精确定位、智能化分析判断等先进技术于一体,一次开行,可同时对工务、电务、供电三个专业设备同步进行检测、分析、预警。工务、电务、供电三个专业规划实施设备养修作业时从检修周期的兼顾、检修项目的重组、计划编制的平衡、生产组织的优化、出行方式的统筹等方面进行组合优化,最大限度消除专业间的结合部署问题,以最小的成本投入提供高可靠性的设备质量,实现高速轨道交通基础设施综合养修的三个专业作业计划上统一平衡、劳动组织上优化组合、生产资源上统筹共享、生产效率上显著提高的目的。综合巡检车检测项目内容主要有：

（1）轨道检测：综合巡检车具有轨距、轨向、高低、水平、三角坑等轨道几何参数检测功能；采用捷联式检测系统结构，采用多维惯性基准技术实现了大半径曲线精确测量。

（2）弓网检测：综合巡检车具有接触网几何参数、弓网动态作用、接触线磨耗和受流参数等检测功能。

（3）轮轨动力学检测：综合巡检车具有车体加速度、轮轨作用力等检测功能；通过列车动态响应特性评价轨道平顺性。

（4）通信检测：综合巡检车具有 GSM-R 场强覆盖、应用业务服务质量检测及评定、沿线电磁环境干扰检测和分析等检测功能。

（5）信号检测：综合巡检车具有轨道电路、应答器、车载 ATP 等技术参数检测功能。轨道电路、应答器传输模型实现轨道电路、应答器的信号采集和实时分析，解决了动态无接触方式无砟轨道补偿电容状态检测难题。

（6）综合系统：综合巡检车具有检测列车精确定位和监测信息实时传输等检测功能。系统利用多种定位技术实现精确定位，实现了各检测系统的空间同步、时空校准、数据交换和集中监控。

轨道交通的安全运营是通过动车组、桥梁、隧道和轨道等装备及基础设施的安全性与可靠性来满足乘客的安全出行需求的；其运营与维修性管理目的就要保证轨道交通系统的可靠性和可用性，从而增加轨道交通全系统的使用价值。随着运营规模的扩大，人们对运维管理的要求也越来越高。目前，轨道交通设备运维管理主要存在的问题有：①各专业、各线路分别进行运维管理，存在信息孤岛，各系统的开放性差，导致专业间、系统间互联互通困难；②各系统建设标准不统一，软/硬件、操作系统、数据库种类繁多，导致重复投资问题突出；③数字化、智能化程度低，智能感知水平有限，覆盖范围不全面，制约智能应用和智能辅助决策等。

目前，根据轨道交通基础设施健康管理的基本现状观察，珠三角城市群轨道交通网络健康管理尚在起步阶段，现行的基础设施健康管理主要表现为智能监测、系统功能、健康新技术和先进维修技术。例如，基础设施健康管理在评价分析、故障感知及预测、维修决策等方面都已经智能化，但基本上以高校、科研单位为主，且各自为政；珠三角轨道交通系统在综合健康管理体系建设、功能与效率、全维度监测和主动维修的决策协同与响应上，在理论和实践方面还有较大的距离。

9.5.4.2 轨道交通智能设备运维系统的设计方案

轨道交通运维的发展方向已经从传统的周期性计划维修、事后维修转变为基于状态的预知维修。这种模式的关键是及时准确地获得设备状态，以便预测设备的使用寿命，避免周期性计划维修和事后维修的弊端，防止和减少非正常磨损和突发故障，提高设备利用率，最终实现效益的最大化。

智能运维系统的核心是利用设备的状态数据、故障数据、环境数据、管理数据等海量数据信息，借助大数据、云计算和人工智能等技术综合考虑设备的可靠性和经济性，实现维修管理的信息化和智能化。

1. 智能运维系统功能需求

（1）设备健康状态监测：在设备发生故障时及时预警，提供详细的故障位置、故障类型等信息，同时提供健康维护辅助决策。

（2）设备健康智能管理：通过大数据分析进行故障管理、智能预测及性能衰退分析，减少故障维修的概率。

（3）闭环处理功能：从系统高度上为智能运维提供一个"发现问题—处理问题—解决问题—反馈问题"的作业处理机制，针对不同维护类型监测目前的执行状况，根据不同的维修模式、跟踪作业分别进行工作流程追踪，应用于设备运维的全过程。

（4）设备资产的全生命周期管控：全程进行设备资产的状态监测，包括设备的使用、维修与报废等。如果设备的使用状态发生变化，平台应当及时进行跟踪处理，更新设备资产的使用情况，实现系统化的资产管理。

2. 系统架构设计

轨道交通智能设备运维系统整体架构可定义为四层：

（1）数据采集层：数据采集是整个系统的基础。对各线路 ISCS、信号、集中告警、AFC 系统、车辆等系统设备的状态数据、故障数据、日志数据、告警数据、配置管理数据、用户行为数据、运维流程类数据、性能指标数据、环境数据等海量数据进行统一采集，打破独立感知监控的信息孤岛格局，满足系统数据获取的需求。

（2）接入层：自建线网私有云。各线维修中心接入线网私有云，把各线运维信息上传；接入层对数据协议解析及编解码、聚合计算等处理后把数据上传至大数据平台。

（3）大数据平台层：对信息数据进行存储、分析、计算等，并定义标准化的指标体系。数据存储用于落地运维数据。可根据不同的数据类型、数据消费和使用场景选择不同的数据存储方式；对运维数据进行萃取，积累大量可用运维数据。数据分析相当于"大脑"功能。利用人工智能算法，根据具体的运维场景、业务规则等提供实时和离线计算，并作出决策。

（4）应用层：应用层可分为决策层、管理层、业务层和接口层。其中，决策层把握企业的发展战略、绩效成本等；管理层主要包括制定检修维护流程、维修规程、成本管理等；业务层根据大数据平台的分析结果对线网系统设备进行状态监测、异常报警、趋势预测、可靠性评估等；接口层预留的接口应用于列车运行、应急决策、信息发布等，便于数据资源的共享，促进不同业务和专业的信息交流。

3. 智能运维的实施步骤

智能运维的建设是从无到有的过程。智能运维系统的搭建不是一蹴而就的，其功能是由信息化到智能化的过程，实现最终目标需要有数据积累、功能完善、功能升级阶段，且需结合城市轨道交通的规划等方面来考虑。目前，结合新技术及智能运维的发展方向，智能运维的实施分以下三个阶段：

（1）大数据平台的建设：数据是智能运维落地的基础。需要基于云平台的基础建立大数据平台，采集和存储分散建设的轨道交通应用系统的部分或全部数据以及轨道交通体系外部的相关数据，完成相关数据的规范化、标准化，实现数据的共享、交换、展现、服务等功能。

（2）设备信息化管理及状态性维修：此阶段是实现设备的信息化管理功能。在数据平台建立的基础上引入先进的、符合本行业特色需求的设备管理模式和管理软件，实现不同线路之间的设备物资的统一管理、全线网的资产运营、维护成本的统一核算、全线网设备维修维护策略的科学合理制定，最大限度提高设备物资的管理效率，保证仓储合理化、维修科学化。本阶段最直接的成果为实现维修系统的数字化、信息化，实现基于故障告警的状态性维修，提高维修效率。

（3）智能运维：智能运维是智能运维系统的终极目标，随着数据的积累、设备状态数据的监测可采用大数据、互联网和云计算等技术实现运维场景智能化闭环，且智能运维能力与运维管理流程、运维组织架构、运维自动化深入融合。运维人员不再以发现故障、解决故障作为目标导向，转而专注业务运行状态，探索运维需求，定义并实现运维场景，丰富智能运维的广度与深度。

9.5.5 工务设备养护维修

为满足运营期间轨道交通列车安全、平稳、不间断地运行，尽可能延长工务设备使用寿命，必须对工务设备进行维修。轨道交通公司针对工务设备养护维修的检查、计划、分析、作业、验收五个环节都进行探索与优化，形成"精益管理"的工务设备养护维修模式。

1. 创建综合维修安全生产管理信息系统

综合维修安全生产管理信息系统的建立有助于打破专业信息孤岛，共享检测、分析和生产计划数据，提高综合维修计划编制效率，为轨道交通固定设备、维修和安全生产提供现代化的管理工具和决策支持手段。

以铁路为例，综合维修安全生产管理信息系统功能垂向覆盖国铁集团、各铁路局集团公司、综合维修段、车间和工区五级工务部门，横向涵盖工务、电务、供务三个专业。综合维修安全生产管理信息系统以安全生产为主线，利用动、静态检测监测数据，结合地理信息系统，通过综合分析找出设备质量变化趋势，探索修理辅助决策算法，制定作业计划，全程记录作业过程，为指导生产提供决策依据。

（1）检测分析管理：信息系统辅助工电供专业检测数据的规范收集实现专业联合检查；信息系统辅助工电供专业形成结合部单元的量化评定，实现专业联合诊断。系统采用物联网、大数据、移动应用等现代化技术手段，通过对动静态检测数据的分析综合判断病害成因，为合理制定综合维修生产计划，强化现场安全作业，远程调度指挥，科学、高效管控生产作业过程，为工电供生产信息的闭合管理提供有效技术支撑，实现了工电供设备状态大数据"一张图"、生产组织"一张表"。

（2）生产监控管理：生产监控管理是通过为段、车间、工区人员配备定位智能终端设备，综合利用无线电通信、卫星定位、电子传感等技术对现场作业点进行实时监控，全程跟踪作业过程，对作业关键环节进行控制。该功能基于地理信息系统（GIS）地图开发，结合轨道交通专用地图实时显示各站段当日作业情况、作业人员的位置、运行轨迹、现场图片、人员上下道情况等，对违规上道作业予以报警提示。可实现对作业工机具的智能自动化识别管理、作业人员的智能定位、作业门电子锁开关的智能远程控制等功能，可有效防止工机具遗留线路、人员超范围作业，方便工机具的智能管理，且后期可对施工过程进行视频智能化的回放分析。

2. 探索工务设备维修规律

在列车荷载、外部环境和线下基础结构影响的作用下，工务设备会出现不同程度的几何形位偏差和结构伤损，需要采取相应的养护维修措施，即通过调整轨道几何状态、整治结构伤损恢复线路质量，保证高速列车的安全、平稳运行。

传统上，轨道交通工务设备主要采用以周期修为主、状态修为辅的维修模式，即当工务设备使用年限达到规定的维修周期或设备各项技术指标超过相应的管理标准时进行相应的修理。状态修是从设备实际状态出发开展的一种修理方法，其关键在于对设备状态的及时感知和管理标准的合理。由于轨道交通结构病害呈现随机性的特点，不宜采取周期修的维修模式。目前，由于对高速轨道交通轨道结构（特别是无砟轨道）状态变化规律尚未完全掌握，开展传统意义上的无砟轨道状态修也存在一定难度。

因此，在轨道交通对行车安全性要求更为严格的背景下，轨道结构应采取更加积极主动的预防修+状态修相结合的维修模式，即在"预防为主、防治结合、严检慎修"的原则下，在设备状态劣化前采用科学先进的监测、检测手段，实施有效的养护维修措施，即依据线路设备实时状态及其变化规律分等级地采取针对性养护维修措施。

现场养护维修经验表明线路设备状态变化规律受初始状态、地理环境、养修管理方法等多种因素影响，表现为一定"记忆性"。开通前的初始缺陷也是运营后疲劳性结构病害的主要来源，这说明在时间维度上对于线路设备状态的跟踪及其变化规律的研究不应仅局限于运营阶段，而应在线路开通运营前即对设备初始状态和线路初始质量进行把控，与此同时在空间维度上，维修的基础是对线路状态的科学评价和维修区段的准确定位。目前，无砟轨道的日常检测数据量庞大，包含综合检测车、车载式线路检查仪、便携式线路检查和人工添乘等不同形式采集得到的不同类型和量纲的数据，因此应将各类几何状态和结构状态检测数据纳入统一的评价体系，综合、全面、准确地反映线路质量状态。为此，广州局集团公司正在积极创建更科学、更精细化的评价方法，进而进行修程修制的探索与实践，实现养修资源的合理分配和利用。

3. 丰富与完善检测手段

掌握设备状态是确保列车运营安全的根本。轨道交通"严检、精检"的原则就是要落实设备动静态检查检测制度，构建动静结合、人机结合的检查监测体系，为科学维修提供依据。检查按照组织方式可以分为静态检查、动态检查。其中，静态检查主要指人工巡检，内容包括几何尺寸和结构的检查；动态检查主要通过确认车、高速列车、探伤车和综合检测车进行检查检测。根据静态检查主要内容和周期，设备管理单位开展线桥隧等结构检查。由于轨道交通基础设施要承受列车荷载，要达到"严检"的目的，仅仅依赖人工巡检是远远不够的，还需要动态检查。动态检查以综合检测列车和探伤车检测结果为主要依据，而车载式线路检查仪和确认车添乘等作为动态检查的辅助手段。除了常规的动静态检查手段外，轨道交通集团公司丰富了相关管理措施，研发了相关检测装备，为轨道交通养护维修及运营安全增添了屏障。

（1）引用轨道检查仪，逐步替代静态几何尺寸检查。轨道检查仪是一个集轨道内部及外部静态几何状态参数测量一体化的高效测量系统。因为轨道检查仪安装了陀螺仪，所以对轨距、水平（超高）、轨向、高低、正矢、扭曲（三角坑）等内部几何参数检查较为准确。考虑到检查的时效性与准确性，广州局集团公司采用轨道检查仪替代弦线、道尺进行人工检查，不仅效率高，而且精确性好。此外，由于轨道检查仪可模拟计算轨道质量指数（TQI），用这个指标来统计TQI大值区段作为维修作业的参考较为可靠实用。

（2）研发轨道测量仪，提高检测效率。测量，特别是绝对测量，是高速轨道交通线路养修的基准。为进一步提高测量效率，并落实自主创新之路，需要自主研发一款智能轨道检测仪——四维智能轨道检查仪（SIWEI）。SIWEI采用动态跟踪模式，变"暂停测量"为"持续测量"，并通过优化接收装置进行大密度数据采集（20点/m）；另外，采用全站仪绝对坐标测量与惯导系统测量的结合方式，各测量部件均采用主动式数据采集，小波降噪结合平差计算及独特的测段搭接技术，在测量精度方面有了较大的提高。

（3）开发智能轨道巡检系统。因夜间人工检查存在视线不良、作业不便等诸多困难，中国铁路广州局集团公司研发了巡检系统作为静态结构检查的补强措施。该智能轨道巡检系统具备图像采集存储、分析回放和图像智能自动识别等功能，实现对钢轨表面伤损、剥落掉块、擦伤，道床翻浆、冒泥以及轨道板裂纹、扣件松落等轨道结构病害的检测，大大提高了检查效率与检查质量。

（4）研发手推式双轨磨耗状态检测仪。轨道交通的钢轨焊接接头不平顺、钢轨顶面周期性不平顺以及钢轨型面的非正常磨损等钢轨表面病害对轨道交通的安全、平稳运行影响日显突出。但是，钢轨检测技术和设备对钢轨廓形检测是静态、非连续的，而钢轨顶面不平顺只能测试二维单线波，此外各个检测项目是单独的、分离的。针对上述突出问题，需要研发一种轨道交通手推式双轨磨耗状态检测仪，通过工业摄像机拍摄钢轨轨头断面激光线，捕捉轨头断面轮廓线图像，利用图像处理方法解析出轨头轮廓线参数，通过匹配标准钢轨轨头轮廓求得断面轮廓和磨耗值，设计相关算法求得轨底坡。实现钢轨型面检测、纵向不平顺检测、轨底坡检测的连续同时测量，并利用数学方法把钢轨表面状态进行还原，形成钢轨三维形态，为评判钢轨状态提供现场丰富、多维的检查数据源。

（5）研发动检数据智能处理与分析系统。综合检测列车每 10～15 天检测一遍，对检测数据进行综合对比，查找单次轨道几何状态均值与峰值，统计设备状态劣化规律，这对于养护维修具有重要的意义，但是由于综合检测历次波形图存在起点不一致、图形不连续等不足，不能放在同一界面上对比。人工按里程筛选的方法不仅工作量繁重，而且里程误差导致对比没有实际意义。动态检测数据智能处理与分析系统由浏览器、服务器、轨道动静态数据融合与分析软件三部分构成，其中服务器可实现动态检测波形里程偏差自动修正和对齐、超限数据里程同步、单元 TQI 计算、病害识别、路基沉降识别、线形横移识别等数据处理与分析工作。单机版分析软件基于服务器处理完成的数据，提供最多 20 次波形数据的叠加对比分析，根据线路基础变形引起轨面变化的特征自动识别多种线路基础变形病害等分析功能。该软件的成功运用极大方便了病害的综合分析与预测。

9.5.6 电务设备养护维修

1. 电务运维目标

(1) 实现运维自动化。通过机器设备、系统在没有人或较少人的直接参与下,按照人的要求,经过自动检测、信息处理、分析判断、操纵控制实现预期的目标。

(2) 提升四个感知能力。通过传感器、通信接口获取"触觉"信息,通过工业摄像头获取"视觉"信息,通过语音识别获取"听觉"信息。

(3) 实现六个智能化。实现设备状态智能化分析、故障处理智能化定位、应急处理智能化支持、作业流程智能化、检修维护智能化辅助、设备健康智能化管理。

2. 智能电务建设工作措施

增强电务系统故障判断和检修能力。检修维护智能化是必由之路。推动电务工作由传统型向智能型转变、由经验管理向科学管理转变;围绕作业、设备、管理、外部环境四个影响电务安全质量的关键要素,以集团公司发展规划为指引,以改革创新为动力,大力推进技术标准数字化、管理手段信息化、维修方式机械化、分析诊断自动化建设;坚持以智能电务建设工作思路为指导,大力推进数字化技术标准体系、信息化维修管理体系、机械化维修作业体系、自动化监测监控体系建设。

(1) 推进数字化技术标准体系建设。在确保安全性、兼顾可靠性的前提下,按照量化、可操作的要求将维修的经验转化为维修的流程和标准,便于维修管理人员准确理解和执行。

(2) 推进信息化维修管理体系建设。从维修、施工、应急处置等关键作业入手,积极采用信息化、网络化手段强化安全生产过程控制,提升管理效率和效益。

(3) 推进机械化维修作业体系建设。围绕节约人力物力、减轻劳动强度、降低安全风险等目标,运用新技术、新工艺等加大工装机具装备研发运用力度。

(4) 推进自动化监测监控体系建设。在补强完善既有监测监控功能、推广运用各类成熟先进的监测监控系统基础上积极开展监测监控智能化、一体化技术研究与运用,更及时准确掌握设备运用质量状态。

（5）实现车载信息的智能采集和分析。目前，车载设备运行数据的下载主要靠人工采集，导致效率低，而 DMS 数据不能完全定位故障原因，造成途中故障应急处置缓慢。近年来，珠三角城市群轨道交通网络列车数量不断扩大，而检修人员数量增长有限，导致纯粹的人工检测越来越不适应形势发展需要。因此，必须利用现代化手段实现运行数据的实时下载以及准确定位故障点，做好应急处置。在设备检修方面要实现车底设备的自动化检测，解放人力，精确定位车底有无破损、电缆螺帽有无松动等异常问题。

9.5.7 供电设备养护维修

供电设备包括接触网、牵引变电所等设备。其中，牵引变电所主要功能是将 220kV 电压的外部电源转变成高速轨道交通电气化 27.5kV 电压的专用电源；接触网的主要功能是将电气化专用电能传输给高速轨道交通动车组，同时保障动车组受电弓高速运行和大电流受电的特性。高速轨道交通供电设备运行质量直接关系高速动车组运行安全可靠性。接触网运行维修是通过对设备定期检测、分析诊断、质量评价和鉴定，并依据结果实施修理，恢复设备正常运行状态的循环管理过程。该过程主要包括运行、检测、维修等工作内容。

9.5.7.1 智能运行检修管理系统

智能运行检修管理系统可实现对牵引供电系统的故障预测与健康管理、安全评估、应急指挥、运营安全保障及辅助策划等功能。

故障预测与健康管理（PHM）平台完成关键设备故障预警、故障快速诊断、设备与系统健康评估、系统可靠性分析与风险评估及维修辅助决策等功能。

（1）关键设备故障预警：在设备故障的早期或故障处于潜伏期时及时发现故障隐患，准确预测出故障未来的发展趋势，在故障后果表现之前及时进行预警，并排除故障。

（2）故障快速诊断：对于已表现出较严重后果的功能性故障，通过快速的故障诊断算法准确判断故障位置、故障元件和故障类型，并评判故障程度，有效指导故障抢修的快速、高效进行。

（3）健康评估：通过设定合适的健康指标对牵引变电所及其关键设备进行从系统级到设备级的健康智能轨道交通状态评估，以真实完整地反映牵引供电设备及系统的当前服役状态，体现健康状态发展变化的趋势，为状态检修及故障预警提供依据。

(4) 可靠性分析与风险评估：从牵引供电设备及系统长期运行的角度对系统整体及各设备的可靠性水平进行分析评估，预测设备的剩余寿命；结合外界运行环境可能带来的多种风险因素，有针对性地对牵引供电系统采取差异化的防护措施，从而避免故障发生，提高牵引供电系统的可靠性，减轻风险造成的后果。

(5) 维修辅助决策：结合前四项功能，利用其输出结果，综合制定出合理的维修策略，确定周期修的最佳维修周期、故障抢修的最佳时机与方式以及状态修中各项状态阈值的选取；最终目的是提高牵引供电系统的安全性、可靠性，降低故障发生的概率与风险，减少故障的影响与范围，降低维修维护费用，提高维修维护效率。

9.5.7.2 供电设备维修管理

智能牵引供电系统可全方位采集电气电量、设备状态、环境视频等全方位的信息，形成牵引供电系统大数据。基于牵引供电系统大数据可以深化研究数据挖掘、数据关联、数据分析等技术，以进一步实现智能化功能，实现牵引供电系统的高效运行。例如，在调度方面应研究供电调度与行车调度间的相互协调技术，实现供电与行车相融合的大调度模式，发挥更大的运行效率；在运维方面要充分应用采集到的设备数据分析数据的变化趋势，预测早期故障，实现状态修与设备寿命管理相结合的运维模式。综合利用智能牵引供电的监控监测数据，从安全可靠、节能环保、运行效率等方面建立运行品质评价机制，为持续改进牵引供电系统的服务品质提供决策依据。

1. 以现代化机械为手段提升接触网维修效率

接触网维修装备经历了车梯、检修作业车到检修列、多功能、多平台作业车，使综合作业效率大幅提升。接触网检修列作业平台长达 171 m，能够满足 30 人同时作业。检修列配有 51 处视频、语音监控系统，车上、车下实时联控。接触网多功能作业车双机启动时车辆最高运行速度可达到 160 km/h，较现有作业车提高了 40 km/h，提升了作业、抢险效率，此外随车配备的导线拨线装置、升降旋转作业平台、高空作业斗三种作业机具满足了各种作业环境、作业内容的需求。多平台作业车由三个相互独立操作、独立工作的平台组成。其中，平台 1 可向上方移动，主要用于接触导线的检修作业；平台 2 可向上方、向左侧移动,主要用于承力索和吊弦的检修作业;平台3可向上方、向右侧移动,主要用于支柱、支撑装置的检修作业。多平台作业装置可多人多点同时作业,能对接触网线索、悬挂部件、绝缘子和回流线等进行全方位检修和维护。接触网综合检修列车和多功能(多平台)作业车联合作业可全面检修所有接触网零部件,解决了传统检修部分零部件不到位的问题,做到了全覆盖、无死角和零遗漏。以前,人工车梯作业一台车有12个人,作业平台只满足2个人作业,其他人员均为辅助防护工作。在过去检修列上,司机、防护员等非检修人员约占工作组人数的70%,在一个天窗仅能检修接触网0.4千米条;在现在检修列上,仅占30%,在一个天窗可完成检修接触网2千米条。

2. 以生产计划为抓手,科学管理生产任务

接触网生产任务计划主要包括年度、月度检测和维修计划以及周检测、维修计划。其中,年度检测、维修计划由供电段制定,于前一年的11月底前分别下达至各车间,同时报集团公司核备;月度检测、维修计划由供电段编制后,于前月25日前分别下达至运行、检测和维修车间。

(1)生产计划编制原则:①以维修车间为主线优先安排维修工区检修计划;②以问题管理为导向,按照"先严重、后一般,先正线、后站线"原则观察设备评定结果,检查重点设备的问题详情,统筹劳力、材料、机具、天窗等资源,安排整治队伍;③保护设备安全,提高设备质量,优先解决一级缺陷和严重的设备缺陷;④合理安排作业项目及工作量,用足天窗,提高天窗点内作业效率;⑤充分利用天窗资源,通过组织联合作业、集中作业减少辅助工时,提高作业效率,降低分散作业带来的安全风险。

(2)生产计划提报流程:①供电、维修车间根据技术科下达的年度检修计划,同时根据6C系统动态检测和人工静态检测等缺陷数据,综合考虑维修能力、天窗等因素合理编制月度计划报技术科审核,作为周计划的申报依据,提高维修针对性;②技术科结合上级部门或供电段安排的临时任务,平衡、审核后下达次月检修计划;③供电、维修车间需对次月检修任务进行调整时应将计划变更申请一并报技术科审核;④技术科审核通过后方可调整月计划内容,并下达到相关车间,对本期未完成的维修计划顺延结转至下月优先完成;⑤供电、维修车间根据段下达的月度计划,以及前一周计划完成情况,结合新增设备缺陷、施工配合、专项整治、隐患排查、季节性工作等编制周计划;⑥维修车间

提前将周计划报给供电车间，而供电车间平衡、汇总后报技术科审核，提高缺陷处置及时性。

（3）天窗修计划提报流程：①由天窗作业主体车间编制维修周计划；②维修车间维修周计划由设备所辖供电车间签字确认后，报技术科审核、汇总，供电车间编制维修周计划时要充分考虑配合维修车间工作量，合理编制供电车间维修周计划，报技术科审核、汇总。

（4）施工计划提报流程：①由施工作业主体车间编制月度施工计划；②维修车间月度施工计划由设备所辖供电车间签字确认后，报技术科审核、汇总。

3. 以精细化为重点，提高接触网维修质量

为提升设备运行品质，推行接触网精细化维修，在全面检测、监测基础上，按照"精细管理、科学检测、全面检修"原则采用机械化集中作业方式，恢复设备各部件标准值。

（1）精细化维修作业方案制定：①为保证修前评估质量，对计划检修的区段在检修实施前一个月制定维修作业方案；②由技术部门牵头采取巡视检查、静态测量、数据分析等方式，重点从设备检查质量、检测监测数据分析诊断、上周期设备运行及检修情况、历年设备故障情况等方面对每项设备的技术数据及运行状态进行大数据分析，研判设备运行总体趋势和重点风险，发现和掌握各类设备缺陷，提出检修整治的方案，形成维修作业方案报告，提高设备检修的针对性和预见性，防止盲目修、过度修和漏检漏修。

（2）精细化维修作业过程控制：通过作业内容明示化、检修作业分区化、现场监控视频化和检修管理智能化强化检修作业的过程控制，保证检修质量。

4. 以视频作用发挥，推行接触网维修可视化

（1）作业摄像装置运用：为解决管理人员掌握现场设备维修作业可视化需求，从强化现场施工维修作业监控等方面入手在安全帽上和接触网作业车平台上安装摄像装置，提高现场可视化程度。管理人员可对当日现场所拍摄的音频、视频资料进行分析，及时发现作业班组在接触网检修作业过程中安全管控、现场防护、检修程序和执标情况等方面存在的问题，提出针对性整改意见，切实做到现场施工维修管理安全和设备质量真实可控。

（2）检修列监控装置运用：为有效解决接触网综合维修列和作业组员作业行为需求，从掌握现场作业标准等方面入手在接触网综合维修列各作业平台上

安装视频监控装置，提高现场可视化程度。作业中，在控制台设置专人监控，发现违反作业标准的行为立即纠正；作业后，对视频监控文件进行转储分析，还原作业行为过程，对作业不规范行为及时组织整治。

（3）移动单兵系统运用：为有效解决调度生产指挥中心掌握现场抢修和施工信息需求，从供电设备故障、事故应急处理和营业线施工管理等方面入手，通过移动单兵系统将现场画面和通信情况传输至调度端，提高现场可视化程度。具体情况有：①当供电发生应急故障时，利用移动单兵系统便于调度生产指挥中心第一时间制定抢修方案，缩短故障应急处置时间等；②营业线施工时，利用移动单兵系统便于调度生产指挥中心掌握现场的施工情况、采取的安全措施和现场的施工进度等。

9.5.8 动车组运用维修

9.5.8.1 动车组修程修制现状

轨道交通运行的动力分散电动车组（简称动车组）是由动车和拖车或全部由动车长期固定地连挂在一起组成的车组，其中动车具有牵引动力，拖车不具有牵引动力。动车组是当今世界高新技术的集成，采用了机械、材料、电子、计算机、网络通信、工程仿真等领域的最新技术，采用了高速轮轨关系、大功率牵引、制动控制、运行控制、空气动力学工程、可靠性与安全性技术等轨道交通专业领域的最新重大成果，是高速轨道交通的标志性装备。

动车组实行以走行千米数周期为主、时间周期为辅（先到为准）的计划预防修。动车组修程分为 5 级。其中，一、二级修为运用检修，在动车所内实施；三、四、五级修为高级修，在具备相应检修资质的检修单位实施。

9.5.8.2 动车组修程修制面临的主要问题

动车组高级修工作自 2007 年开始从零起步，经过近年来的理论探索和运维实践积累了一定经验，但对装备质量变化规律、运用维修规律的认知仍处于累积过程中，面临一些亟待破解的难题：

（1）修程修制仍有较大优化空间。目前，出于对安全性和可靠性的考虑，总体原则上，我国的修程修制设置偏于谨慎，计划预防修的理念占据主导。对标世界先进同行，我国动车组检修里程间隔偏短，高级修停时偏长，在检修项目和标准的设置上还存在过度检修、过剩检修的问题。

（2）自主修能力有待提升。到 2023 年底，约有 60% 的整车委托制造企业高级修，由动车段承担高级修的动车组中约有 40% 的关键系统和部件委托制造企业检修。由于制造企业对运用质量需求研究和掌握不够，检修中常常直接采用新造标准和技术参数，不恰当地提升了检修标准，造成过度修，使成本提高。

（3）未建成良性可持续的运维体系。目前，珠三角城市群动车组高级修中约 80% 的工作量按照原造原修的原则由原造厂完成。由于这种模式不可避免地带来了检修市场垄断，因此产生的检修技术垄断、材料配件封锁、检修成本偏高、回送修时延长等弊端已严重影响了高级修的效率和效益，制约了动车组使用管理的良性发展。

（4）未形成合理高效的专业化集中检修格局。珠三角城市群轨道交通动车组车型多，配属种类多，部件检修复杂。目前，相关动车段、机车检修段、主机厂都在通过推进自主修、合作修、部件供应商属地修等方式筹建检修点，有的动车段要承担六种技术平台动车组的检修，有的车型和部件分散在七个以上维修点检修，缺少总体布局规划。

9.5.8.3　构建动车组预警预测及健康管理体系

随着珠三角地区轨道交通的快速发展，对轨道交通动车组的运用和维修水平提出了更高的要求。如何提升轨道交通动车组的状态管理和运用能力，提高轨道交通动车组健康管理与运维决策水平成为轨道交通动车组运用管理的迫切需要。

1. 创建以可靠性为中心的维修（RCM）思想

作为复杂的机电一体化大型装备，动车组的故障规律不再简单遵从磨损理论，而单一的计划预防修已不能很好满足现代装备维修需求。要研究建立符合动车组技术特点、发展趋势和管理要求，以设计确定的维修周期和系统部件的寿命周期为依据，通过连续监测装备性能变化，用足装备性能稳定的周期，发挥装备最大效能的维修思想，实施 RCM。

（1）修程修制的正向设计：检修实践表明科学的修程修制应从设计源头进行规划。在机车车辆研发阶段，自觉运用现代维修理论、RAMS 技术和全生命周期成本（LCC）方法开展维修顶层规划和正向设计，实施主要系统和部件同检修周期策略和可更换可兼容策略，推行模块化、单元化设计，实现修程修制的"优生优育"，以便在 LCC 优化方面获得事半功倍的效果。

（2）基于大数据开展 PHM 研究的修程修制优化：借鉴航空业利用 PHM 研究对修程修制开展优化的经验，我国机车车辆行业充分运用造修、监测检测大数据开展 PHM 研究。在运用环节通过车辆及地面安全监测检测设备实时监控运行状态，实现超前防范；在检修环节充分利用大数据分析、人工智能开展 PHM 研究等手段从故障模式、原因、影响、规律等方面对运用维修数据进行全面深入分析，科学确定检修项目和范围，合理选择维修方式和策略，逐步实现计划预防修向精准修的转变。轨道交通列车是高速轨道交通典型的现代化技术装备，其检修管理的很多方面都体现了代修思想。随着新车型、技术和材料的大量应用，传感器技术、计算机信息处理技术乃至各种自动检测技术正逐步投入使用，车辆检测技术正在向智能化高科技、自动化方向发展，在车辆故障检测方面积极弥补由传统人工检查带来的不足，以往定期、定型及分解的列车检修方式，也正向状态监测、以功能为中心和非分解型的检修方式发展。为推进智能运维工作，在监测分析与标准化、维修模式与修程修制、生产组织与管理模式以及行业运维能力建设等方面应制定智能运维的技术标准，加强数据共享指导修程修制优化，强化数据应用提升管理效能，并培育专业化的运维服务企业，从检、维、修、管四个方面实现智能运维综合效益。

2. 构建动车组运用维护体系

动车组预防性维修体系分定期维修和状态维修两种。对重点设备（如轮对）进行定期探伤，确保动车组性能和运行安全；在动车组运用维护信息管理系统建设方面以运用、维修、技术、物流四类业务为主线，包括调度、作业、技术、设备、安全、质量管理和动态监控等应用子系统，分为配属、履历、大部件、计划和故障五大模块，形成覆盖国家轨道交通集团公司、轨道交通局集团公司、动车段、动车所及主机厂的四级框架体系。动车组运用维护信息管理系统已在实施运用，基本覆盖全路的动车组运用检修信息共享及技术管理平台，实现了动车组全路调配运用和网络化维修管理，为动车组安全运用和维护提供了技术支撑。因此，将 PHM 技术引入动车组运维管理当中，通过建立多源数据库、故障预警预测模型、应急指挥辅助决策模块及开展视情维修探索、部件及整车健康评估，构建起一整套动车组的预警预测及健康管理体系。

基于大数据进行智能运维管理，以故障预测与健康管理为核心实现关键零部件服役性能状态智能评估、故障诊断及预警报警、故障精确定位、备品备件动态预测、运维决策建议提供，为实现计划预防修向预见性维修转变提供支撑。基于大数据的智能运维技术参见图9.15。

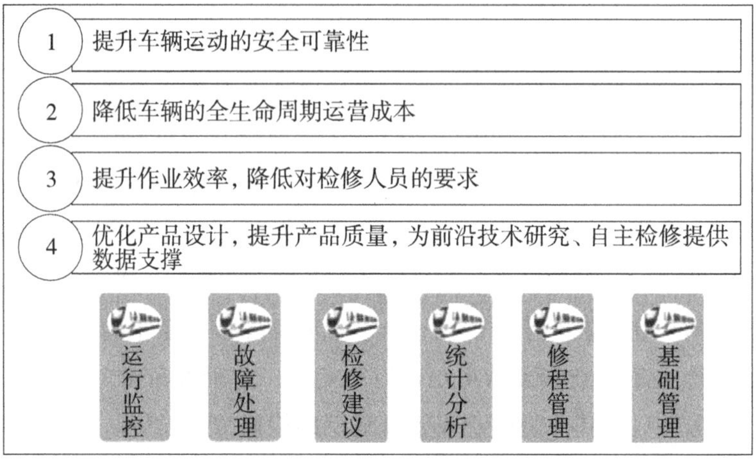

图9.15 基于大数据的智能运维技术

结合高速无线通信、信息安全、数字孪生等技术的故障诊断和维护技术的研究与应用实现智能巡检、故障精准定位和软件远程升级、趋势分析预测等功能；基于边缘计算的智能传感技术的研究实现列车状态感知数据的分散预处理、智能传感的局部试验和考核验证，满足列车健康诊断的轻量化和快速反应需求；研究车辆高度自感知、自诊断、自修复的诊断和维护技术，满足车辆自动化和智能化的进一步需求。

（1）建立覆盖动车组全寿命区间的多源数据库。当前，动车组运用检修过程中存在大量相互独立的动车组相关信息系统，主要有动车组设计制造厂商的MRO系统，铁科院在全路范围内建立的动车组管理信息系统（EMIS）、高速动车组远程无线传输系统（WTDS），动车组检测设备厂家自有的轮对踏面动态检测系统（LY）、受电弓及车顶状态动态检测系统（SJ）等。当前，这些系统在动车组运用管理体制下，相互独立却又息息相关，形成了一个个信息孤岛，对日常的使用来说极为不便，同时无法从整体上来进行大规模的数据分析和信息挖掘，无法满足动车组配属数量日趋庞大的情况下动车组运用部门对信息进行精确掌握的需求。结合当前的实际需求，对EMIS、WTDS、LY、不落轮镟机床、空心车轴探伤等系统信息数据进行关联和融合，同时进一步拓展现有的数据采集渠道，通过建立动车组入所在线智能检测系统和加装动车组转向架故障监控系统，采集动车组转向架的状态和振动数据，建立覆盖动车组全寿命周期的履历数据、故障数据、车载状态数据、检修检测数据的数据库，一方面为动车组性能状态的长期跟踪分析和故障应急指挥提供全面丰富的信息数据，另一方面也为动车组故障预警预测和维修决策提供有力的数据支持。

（2）建立关键部件故障预警预测模型。PHM技术应用的一项重要内容就是通过跟踪研究部件的服役性能演变规律，预先诊断部件完成其功能的状态，确定部件正常工作的时间或里程长度，即开展部件的故障预警预测工作。基于搭建的覆盖动车组全寿命区间的多源数据库对动车组关键部件开展长期跟踪监测，研究其服役性能演变规律，采用可靠性、大数据、机理研究的方法建立故障预警预测模型，先后建立动车组车轮、轴箱轴承、齿轮箱轴承、牵引电机、转向架整体、客室空调、客室侧门、蓄电池等关键部件的故障预警模型。相关模型的主要建立方法有：①通过分析车轮多边形与运行总里程、镟后里程、季节因素、平均速度、运行线路等因素的关联关系，采用决策树的算法进行因素分析和模型训练，建立车轮多边形的预警模型，并与现场车轮多边形测试数据进行比对和验证，实现对车轮多边形程度的预测，指导运用部门合理组织开展车轮镟修工作；②通过研究轴承的温度变化情况与动车组速度、环境温度、运行时间、线路情况及个体差异等因素的关系，采用离群因子检测、异常值检测的方法从绝对温度、同侧温差、等效温度三个维度对动车组轴箱轴承、齿轮箱、电机早期故障进行预警；③通过软件仿真的方法建立高速列车耦合系统动力学模型，基于动车组日常检修过程中对动车组走行部部件的检测参数、走行部稳定性、车体平稳性、轮对作用情况、转向架振动情况、脱轨安全性等进行计算和评估，并给出相应的预警信息和维修建议；④基于客室空调压缩机高低压、客室温度数据建立客室空调预警模型，对客室空调制冷剂不足、漏氟及其他空调性能异常的早期故障进行预警，结合动车组日常一二检修过程对报警车组空调进行入库排查，避免途中空调故障带来的巨大影响；⑤通过对侧门开关门过程中电机电流、电机电压及过程执行时间等参数进行记录和分析，描绘车门动作过程中各参数的变化情况，选取车门电流值、动作时间等参数作为车门动作性能参数，通过置信区间法和奇异值检测方法筛选出性能异常的车门，并在日常维护中加强维护保养；⑥通过对蓄电池充放电原理进行研究和分析，结合动车组日常运用规律，基于远程实时数据中环境温度、列车网压、蓄电池电压等数据变化情况判定蓄电池的性能状态，对出现性能下降的蓄电池单元及时安排进行入库排查。随着动车组车载感知网络的完善、故障机理研究和数据规律分析的深入，故障预警的范围和准确性将不断得到提高。故障预警模型的研究和应用推动了运用部门对动车组故障和异常事件从被动响应向主动预防转变，及时对早期故障进行预警，可以更好保障动车组运行安全和运输秩序。

（3）建立动车组应急指挥辅助决策模块。当前，在应对动车组途中故障的处置过程中通常采用局、段两级应急指挥中心的方式进行处置，极大地提高了各种非正常情况下的应急响应能力，保证了轨道交通的运营安全。同时，由于我国高速轨道交通的建设与运营时间较短，动车组应急指挥建设方面也有短板需要补强：①动车组运用维修领域各子系统数据信息基本完备，但互联互通、数据共享还不够，在应急处置过程中大都依靠各种系统的切换来获取信息，不便于快速综合各种信息，制定应急处置方案；②动车组途中故障处理的预估时间只能依靠应急指挥人员的经验进行判断，误差较高，不利于指挥效率的提升及后续应急处置方案的制定；③应急处置方案的制定以及采取何种应急预案主要依靠应急指挥人员人工优选，难度大，要求高，如遇途中动车组发生故障时如何根据故障发生时具体的故障信息、部件实时数据、环境数据、人员信息等选择最优的应急预案，这缺乏合理的应急处置方案评估与优选体系；④日常应急指挥过程中产生了大量的应急指挥经验和应急数据，但未能实现结构化存储，也没有有效的知识沉淀机制，导致知识流失严重，同时由于数据孤岛和原始的应急数据处理方式，无法对相关应急数据进行充分挖掘和利用。动车组应急指挥决策功能模块着重围绕应急处置、科学决策、知识沉淀和应用共享等方面进行构建，通过构建知识引擎、数据挖掘算法、智能检索系统、智能推荐系统等基础组件提供方案管理、流程管理、决策辅助、统计分析等基础功能，实现应急处置、方案优化、应急监控与管理等应用，通过面向应急指挥决策系统自身以及应急指挥人员、管理人员等提供应急处置的记录和数据的分析应用，采用预案推演等手段辅助其优化应急处置的流程和预案，实现应急处置的不断自我学习和完善。

（4）开展部分部件的视情维修。随着动车组车载信息感知网络、车地通信以及先进的诊断与预测等技术手段的运用，已经具备对动车组部分部件开展视情维修的能力。

3. 建立动车组部件及整车的健康评估体系

动车组部件及整车的健康状态评价对动车组的健康管理体系至关重要。通过对健康评估过程中各个维度的研判可以有针对性地进行故障预测，通过对同类动车组健康评价等级变化趋势的研判可以为高级修周期的优化提供数据支撑，通过对动车组健康评估等级变化趋势的研判可以对动车组后续健康评估等级的变化趋势进行预测，同时通过对动车组开展健康评估可以为动车所在日常生产过程进行选车用车、故障排查及维修时间上下限的调整提供一定的参考。

通过对动车组关联数据的分析，结合现场的运用经验，采用三个维度的数据结果分析合成的方式来进行动车组部件和整车的健康状态评估。三个维度分别为动车组走行千米、故障历史、部件检测参数；具体选取方法采用了一种"仿生"的思路，其中动车组走行千米反映了动车组的健康状态随时间年限变化的共性规律，故障历史反映了动车组健康状态个体的差异，部件检测参数则能够直接反映动车组当前的健康状态相关性能指标。

单个维度的评估是对动车组健康状态的一个不充分的证据，而合成的本质是综合这些不充足的证据来推断动车组的健康状态，因此达成这一目的的通行的方法是使用 D-S 证据合成，将自行判断证据充足程度以及各证据之间是否有冲突来动态合成结果。通过采用这种方法将动车组部件和整车健康状态分成"健康""良好""注意""恶化""疾病"等五个等级，便于动车运用部门开展故障的排查、倾向性问题的整治及动车组健康状态变化趋势的研判。

随着信息化系统的不断迭代升级，轨道交通调度集中系统会跟随着新技术的发展而不断更新，系统未来将向智能化发展，设备的监测数据获取也不增加额外数据采集、传输设备。在降低系统复杂性的同时，增加了智能运维的功能，这将为智能运维的规模化应用、智能维保综合效益的实现提供关键条件。

9.5.8.4 检测机器人助力动车组检修智能化发展

1. 需求分析

珠三角地区轨道交通路网规模和动车组数量日益增长，检修工作量也随之增大。随着高新技术的发展与应用，智能化成为动车组维修的趋势。传统的人工检修动车组车底的方式对检查人员的体力和经验都有着很高的要求。以 CRH2 型动车组为例，对车底部分的检查需要依次对车底、车钩、制动装置、驱动装置、牵引装置、转向架架构、轮轴及踏面清扫装置等部分进行检查。最初一辆八节编组的动车组需要两名检查员对车底部分进行检查，涉及近 20 000 个零件；同时，检查员必须有 2～3 年的经验，才能在第一时间发现问题；每次检修时间在 80～90 min 内。在使用动车组检测机器人后，一对机械臂可以完成两个人的工作量，节省 10 min 以上时间。动车组故障检测机器人系统物理设备构成参见图 9.16。

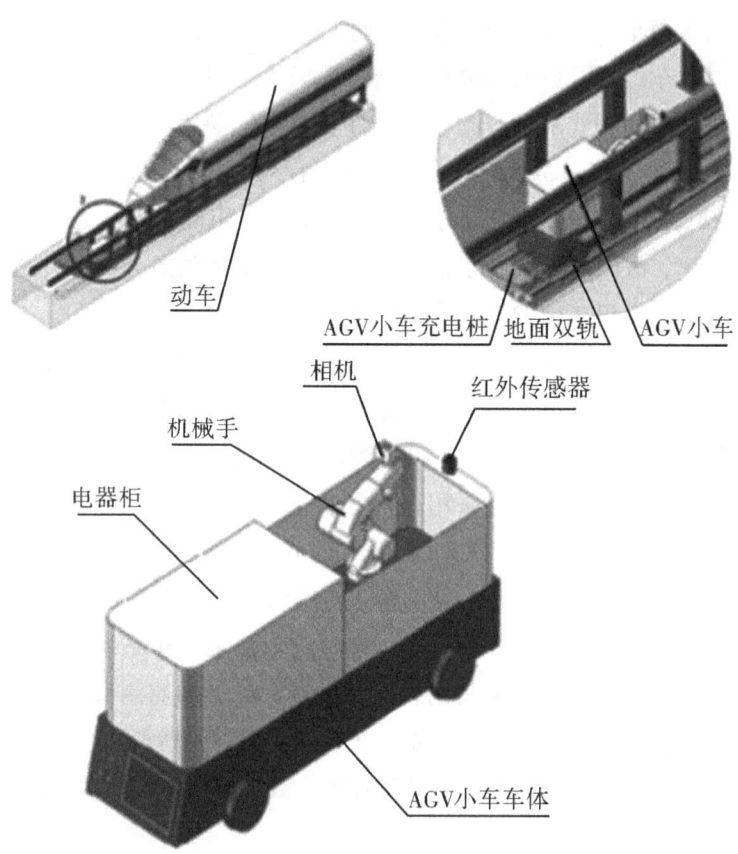

图 9.16 动车组故障检测机器人系统物理设备构成

采用机器人进行检修工作可有效避免工作人员在长时间工作产生的疲惫、注意力不集中等问题，同时避免维修人员在高温天气工作产生的安全隐患，在提高动车组检修效率的同时还能保证质量。动车组故障检测机器人系统可以全天候 24 h 进行检测，从接收检测任务指令开始，按照操作流程依次完成信息采集、上报。

2. 检测机器人核心技术

（1）高精度图像识别技术：高准确性的动车组故障检测自动报警可以为检修提供有效的技术支撑。利用机器人检测动车组车底故障图像数据，研究高效的故障识别技术是动车组故障检测机器人系统的重要创新技术。通过参考动车组车底原图像与故障图像的自动分析和比对对异常部位进行有效的差异识别，并自动进行报警等级的标记与分类，以实现动车组车底故障的自动识别与预报，为一级修检修作业、检修管理的高效率监控奠定基础。

（2）机器人智能定位技术：研究机器人智能导航、智能定位技术是建设检测机器人系统的一项重要基础工作。围绕系统建设目标，根据各型机器人设备的技术特点、接入方式等因素制定统一的控制流程，提出完整的控制方案，有效降低系统集成的技术复杂度，减少项目研发和实施的总体成本。

（3）机器学习技术：机器学习是通过机器人对同一故障目标识别的反复训练，通过编程语言的改进、故障特征识别准确度的提高自动改进和完善的图像识别算法。利用机器学习，不断提升机器人故障识别技术判断的准确率，实现高准确率的故障上报，在足够海量数据的前提下最终实现人工零复核。

（4）海量图像数据传输与处理技术：针对海量车底故障图像数据与有限网络带宽的矛盾，研究制定相应的数据处理与传输方案是解决网络传输瓶颈的重要方法。根据海量车底故障图像数据的特点设计高清图像压缩传输的技术方式，在保障图像质量的基础上有效地降低图像数据量；研究有限网络带宽下大数据量传输的网络传输方案，在高效利用网络带宽的基础上实现海量数据的实时传输。

（5）运用检修作业与管理业务整合技术：制定动车组故障检测机器人检测作业与管理业务整合方案，在保障检修作业的基础上开发统一的动车组车底故障机器人检测作业平台应用软件，使机器人检测作业、预警、故障处理、故障分析等流程密切融合，以形成通过多部门协调联动来快速响应预警，及时处理安全隐患和有效控制事故发生。

动车组故障检测机器人的应用效果良好，降低了检修作业工人的工作强度和工作压力，但技术仍未完全成熟。当前，机器人检修准确率约为97%，而3%的误判还需要人工消除，这距离100%准确率的目标还有一定距离，需要系统进一步的学习与优化以及检修大数据的支持。

第10章 城市群多层次轨道交通一体化融合综合评价

10.1 城市群多层次轨道交通一体化融合评价指标体系

随着城市群、都市圈不断发育，跨行政区的城际交通需求增长迅速，并呈现较为明显的空间层次差异化特征。以轨道交通为代表的城际交通系统凭借准时可靠、经济快捷的特点在构建高效、便捷的城际交通体系以及支撑城市群空间组织方面具有巨大优势。因而，加快推进城市群轨道交通"四网融合"，进一步发挥轨道交通在综合交通体系中的骨干作用，既是促进城际交通低碳发展的重要抓手，也是区域一体化发展的重要支撑。在此背景下，剖析城市群多层次轨道交通一体化融合的发展需求、内涵和路径，建立城市群多层次轨道交通一体化融合评价指标体系，对一体化融合的方案、效果进行综合评价，以进一步指导优化完善方案。

10.1.1 城市群多层次轨道交通一体化融合评价指标的选取原则与方法

1. 评价指标选取原则

目前，我国对城市群轨道交通线网规划的评价指标有数十种，但一些指标比较片面或存在重叠问题，且侧重多层次轨道交通融合方面的指标涉及不多，选取不同的指标也会得出不同的评价结果。因此，为使评价结果尽可能客观全面，选取科学合理的城市群多层次轨道交通一体化融合评价指标十分重要。具体评价指标选择原则如下：

（1）系统性和全面性原则：城市群多层次轨道交通一体化融合评价是一个多目标、多层次、多指标的复杂决策问题。根据国家相关指导文件和城市群多层次轨道交通发展的需要，城市群多层次轨道交通一体化融合需要达到的多个目标可以提炼为"一张网、一张票、一串城"。多层次体现为目标层、准则层、指标层三个层次。其中，准则层从网络一体化、通道一体化、枢纽一体化、运营一体化等四个方面入手；指标层包含 17 个指标，定性与定量相结合。

（2）可比性原则：城市群多层次轨道交通一体化融合评价指标体系不但要适用城市群不同融合方案效果的评价比较，同时进行微调后要能适用不同城市群不同方案的评价比较。

（3）与规划目标一致性原则：城市群多层次轨道交通上位规划及城市群、都市圈、城市总体规划目标是多层次轨道交通一体化融合评价的行动指南。选取的评价指标应力求与上位规划目标一致。

（4）非相容性原则：在满足全面性与系统性原则的同时，各指标间应满足独立性，即非相容性。重叠的指标不仅会增加操作难度，也会引起权重累积，造成偏差，最终影响评价结果。

（5）针对性原则：由于城市群地域广、人口多、珠江口东西两岸都市圈及城市发展程度不同，都市圈发展形态存在差异，都市圈和城市发展也各具特点。因此，指标选取宜适应城市群、都市圈、城市发展的特点，针对城市群发展情况和已有路网特点综合考虑城市群都市圈发展形态差异，在保持整体框架一致的前提下做出局部范围内适应性调整，以体现针对性原则。

2. 评价指标选取方法

由于城市群多层次轨道交通一体化融合评价系统结构复杂，涉及面广，评价指标多，因此指标的选取既要考虑全面性原则，也要考虑独立性原则。目前，常用方法有德尔菲法、因果法、目标层次分析法和复合法。其中，目标层次分析法是系统性分析方法，不割断各因素对结果的影响，适用于对无结构特性的系统以及多目标、多准则、多时期等系统进行评价；把定性方法与定量方法有机结合，对复杂系统进行分解，将思维过程数学化、系统化，能把多目标、多准则且又难以全部量化处理的决策问题转换为多层次单目标问题；层次分明，指标围绕目标，并具有扩充性。在目标层次分析法，首先确定目标层，进而向下展开为准则层，随后为指标层，最后为方案层。

10.1.2 城市群多层次轨道交通一体化融合评价指标体系构建

在城市群多层次轨道交通一体化融合评价过程中，所有步骤都是围绕规划目标展开，因此需要明确多层次轨道交通一体化融合目标。一体化融合目标一般包括布局合理性、功能完善性、覆盖程度、层次分明度、高效便捷、内外连通性、经济性以及提高运输能力、减少运营成本、增加运输利润、降低工程项目实施难度、带动城市群都市圈发展等多个方面，可以高度凝炼为"一张网、一张票、一串城"目标。将该目标分解为不同的组成因素，根据指标选取原则确定指标选取内容，采用目标层次分析法按照各组成因素间的相互关联影响以及隶属关系将组成因素按不同层次聚集组合，形成一个多层次的分析结构模型；建立评价体系架构，从而将问题归结为方案层相对于目标层的相对重要权值的确定或相对优劣次序的排定。根据目标建立准则层。准则层根据系统性和全面性原则可细分为网络一体化、通道一体化、枢纽一体化、运营一体化四个不同的准则，其中网络一体化选取与城市群都市圈的规划协调性、与城市群都市圈的空间适配性、线网经济密度、线网覆盖节点比、线网综合覆盖密度、线网连通度等六个指标，通道一体化选取通道线路重叠系数、出行距离可达性、线网平均负荷强度、客流断面不均衡系数等四个指标，枢纽一体化选取枢纽衔接分级体系、站城融合程度、平均换乘次数、平均换乘时间等四个指标，运营一体化选取运输组织一体化、售检票一体化、运维资源共享程度等三个指标。各类指标可分为定量指标和定性指标。其中，对于定量指标，基于城市群统计年鉴和 GIS 进行提取和统计分析来获得；对于定性指标，由专家评分确定。城市群多层次轨道交通一体化融合评价指标体系参见表 10-1。

表 10-1　城市群多层次轨道交通一体化融合评价指标体系

准则层	指标层	指标类别
网络一体化 A	与城市群都市圈的规划协调性 A_1	定性指标
	与城市群都市圈的空间适配性 A_2	定性指标
	线网经济密度 A_3	定量指标
	线网覆盖节点比 A_4	定量指标
	线网综合覆盖密度 A_5	定量指标
	线网连通度 A_6	定量指标
通道一体化 B	通道线路重叠系数 B_1	定量指标
	出行距离可达性 B_2	定量指标
	线网平均负荷强度 B_3	定量指标
	客流断面不均衡系数 B_4	定量指标

续表

准则层	指标层	指标类别
枢纽一体化 C	枢纽衔接分级体系 C_1	定性指标
	站城融合程度 C_2	定性指标
	平均换乘次数 C_3	定量指标
	平均换乘时间 C_4	定量指标
运营一体化 D	运输组织一体化 D_1	定性指标
	售检票一体化 D_2	定性指标
	运维资源共享程度 D_3	定性指标

10.2 城市群多层次轨道交通一体化融合评价指标体系释义

10.2.1 城市群多层次轨道交通网络一体化融合评价指标

1. 与城市群都市圈的规划协调性

轨道交通线网是国土空间规划、综合交通规划等上位规划的重要组成部分。城市群中通常分布若干大城市和特大城市，同时分散着诸多小城市、城镇，具有多核心、多层次的特性。以粤港澳大湾区城市群为例，大湾区总面积约56 000 km²，其中包含了广州、深圳、香港特别行政区、澳门特别行政区四个国家核心战略城市和地区，也有蕴含巨大发展潜力的二、三线城市，如江门、惠州、肇庆等。在如此大面积的区域内，多层次轨道交通作为城市交通骨架应该适应区域的城镇布局，适应该地的经济发展需要，促进城市之间、城镇之间的经济融合发展与合作，提升城市群的整体经济实力。

该指标为定性指标。可以通过对比轨道交通线网规划与上层总体规划等方面对指标进行综合评估。

2. 与城市群都市圈的空间适配性

城市群的空间结构随区域地形、区域发展差异等因素变化，通常以核心城市为中心，并向外放射形成不同的层次结构，不同的空间层次的经济情况、出行需求等均存在着差异。多层次轨道交通线网的布局应随着空间层次的差异予以支撑，结合不同的空间层次进行合理布局。

3. 线网经济密度

线网经济密度是评估多层轨道交通系统效益的一个重要指标；它通常指的是多层次轨道交通线网所覆盖区域的社会经济量占整个城市群的社会经济总量的比值，能够反映多层次轨道交通对城市经济发展的贡献程度，是表征城市群城市受多层次轨道交通影响的一项客观定量指标。线网经济密度的计算公式为：

$$A_3 = \frac{E_{覆盖}}{E_{总}} \qquad (10-1)$$

式中，$E_{覆盖}$ 为多层次轨道交通线网所覆盖区域的经济活动量，单位为亿元；$E_{总}$ 为该城市群的生产总值，单位为亿元。

4. 线网覆盖节点比

线网覆盖节点比是指城市群区域内拟规划线网方案连接城市节点换算个数与城市群区域内所有城市节点换算个数之比；其值越大，则线网所覆盖的城市节点越多，也就说明线网的服务水平越高。线网覆盖节点比的计算公式为：

$$A_4 = \frac{N_{link}}{N} \qquad (10-2)$$

式中，N_{link} 为城市群区域内拟规划线网方案连接城市的节点换算个数；N 为城市群区域内所有城市的节点换算个数。

5. 线网综合覆盖密度

线网综合覆盖密度是对轨道交通综合线网的总体规模和覆盖深度的综合反映；其值越大，则线网所能覆盖的范围越广，网络越稠密，线网的服务水平越高；其通过计算线网的总长度、城市群总人口以及城市群区域的总面积进行衡量。线网综合覆盖密度的计算公式为：

$$A_5 = \frac{L}{\sqrt{P_{all} \times S}} \qquad (10-3)$$

式中，L 为多层次轨道交通线网的总长度，单位为 km；P_{all} 为该城市群的总人口；S 为城市群的区域面积，单位为 km²。

6. 线网连通度

城市群多层次轨道交通线网是一张非常庞大且复杂的网络，布局结构越合理，则运营的成本越低，所得到的收益也越高。评价布局的合理性可以通过线网连通度进行评价，而且连通度越大说明规划线网的稳定性越高。线网连通度的计算公式为：

$$A_6 = \frac{L/\xi}{\sqrt{S \times N}} \qquad (10-4)$$

式中，ξ 为线网的非直线系数，即节点间线路长度与直线距离的比值，一般取 1.1 ~ 1.3；N 为城市群的节点数量。

10.2.2 城市群多层次轨道交通通道一体化融合评价指标

1. 通道线路重叠系数

多层次轨道交通区别于单一轨道交通，在通道内可能存在两种及以上层次的轨道交通线路，各线路之间可能存在着相互重叠、功能重复等问题，而且重叠的线路数量越多，则各层次线路的功能就会存在着可替代性，一方面造成资源的浪费，另一方面意味着该通道的韧性较强，在遇到线路故障等异常情况或者运输高峰时刻下可以有效缓解单一线路的压力。因此，在进行评价时，应该使通道线路重叠系数在一个合理的区间内。线路重叠系数可以定义为线路重叠长度占路网总长度的百分比。通道线路重叠系数的计算公式为：

$$B_1 = \sum_{k=1}^{K} B_1^k \qquad (10-5)$$

式中，$B_1^k = \dfrac{\sum_{j=1}^{j} d_{kj-ki}}{d_{ki}}$ 为通道 k 内线路的重叠系数；k 为路网中的通道个数；d_{ki} 为通道 k 内轨道交通 i 方式线路的长度；d_{kj-ki} 为通道 k 内轨道交通 j 方式相较于 i 方式路段的重叠长度。

2. 出行距离可达性

出行距离可达性是指乘客在城市群范围内乘坐轨道交通可到达的距离与城市群中平均最远出行距离的比值，可以用于客观评价城市群多层次轨道交通线网的覆盖广度；其值越高说明轨道交通覆盖的范围越广。轨道交通可以到达的区域远远超过居民平均最远出行距离，能够满足大部分居民的出行需求。出行距离可达性需要考虑城市群的空间层次变化，一般以都市圈作为起点，根据空间层次布局规划提出的放射轴确定各方向的最远出行距离，进而考虑该放射方向轨道交通的覆盖距离。以粤港澳大湾区城市群为例，在有多个都市圈中心的情况下，我们需要综合考虑每个都市圈的出行距离可达性以及每个都市圈中心对于城市群区域的出行距离可达性。出行距离可达性的计算公式为：

$$B_2 = \frac{\sum_{f=1}^{F} \frac{l_f}{R_f}}{F} \quad (10-6)$$

式中，l_f 为放射轴 f 方向轨道交通的最远可达距离；R_f 为放射轴 f 方向轨道交通的最远出行距离；F 为城市群多个中心主要放射轴的数量总和。

3. 线网平均负荷强度

线网平均负荷强度是衡量多层次轨道交通线网的客流负荷情况的重要指标之一，以线网上的线路客流负荷强度来衡量运量与运能是否相适应，用于评价多层次轨道交通线网的运营效率和经济性；它通过计算单位轨道交通长度上的客流量来进行客观评估；其值越高意味着每千米轨道交通上承载的乘客数量越多，表明轨道交通系统的使用率较高，相反则可能表示轨道交通系统的使用率不高，客流分布不均或线网规划与区域需求不匹配。线网平均负荷强度的计算公式为：

$$B_3 = \frac{R}{L} \quad (10-7)$$

式中，R 为多层次轨道交通线网的日均客流量，单位为万人次/d。

4. 客流断面不均衡系数

客流断面不均衡系数是衡量多层次轨道交通线网在不同区间和线路上承载客流均衡程度的关键指标，它通过计算多层次轨道交通线网各区间各线全日客流断面最大值与平均值的比值进行定量评价。客流断面不均衡系数的计算公式为：

$$B_4 = \frac{\sum_{n=1}^{N} \frac{Q_n}{\overline{K_n}}}{N} \quad (10-8)$$

式中，Q_n 为第 n 条线路的全日双向最大断面流量；$\overline{K_n}$ 为第 n 条线路的客流平均值；N 为线网线路的总条数。

10.2.3 城市群多层次轨道交通枢纽一体化融合评价指标

1. 枢纽衔接分级体系

枢纽衔接分级体系是指城市群多层次轨道交通系统中综合衔接车站的分级指标，能够对枢纽车站的衔接换乘效率、枢纽承载系数进行评估。通常来说，枢纽衔接体系可以分为三级体系。其中，一级枢纽衔接多层次轨道交通四张网的"四网融合"枢纽,以承担城市群对外交通功能为主,同时兼顾城际铁路、市域(郊)铁路、城市轨道交通,主要为大型的轨道交通枢纽站场;二级枢纽衔接城际铁路、市域(郊)铁路、城市轨道交通三张网的"三网融合"枢纽,以承担城际交通功能为主;三级枢纽衔接市域(郊)铁路、城市轨道交通两张网的"两网融合"枢纽。

该指标为定性指标。在进行指标评价时先对单个衔接枢纽进行评价,然后综合城市群内所有的衔接枢纽,通过评估它们在城市群中的分布合理性以及它们各级枢纽的数量综合得出枢纽分级体系指标。

2. 站城融合程度

站城融合程度是指多层次轨道交通线网沿线车站与城市或地区在空间规划、商业经济、城市环境、社区生活等各个方面的契合程度;其值越高表明多层次轨道交通系统与该城市的开发建设进程相契合,能够将轨道交通系统很好地融入城市空间结构布局和经济发展需求。

该指标是定性指标。可以通过对比站点规划与城市空间规划之间是否相互匹配来等方面对指标进行综合评估。

3. 平均换乘次数

平均换乘次数是指乘客在完成一次出行过程中平均需要进行多少次换乘,包括同一制式内的换乘和跨制式之间的换乘,直接反映了城市群多层次轨道交通线网的连通性和城市群地区居民出行的便利程度;其值较低,意味着乘客在出行时通常不需要多次换乘,说明轨道交通具有较好的线网覆盖和直达程度。平均换乘次数的计算公式为:

$$C_3 = \frac{\sum_{O \in S} \sum_{D \in S} V_{OD}^{\text{Transfer}}}{\sum_{O \in S} \sum_{D \in S} V_{OD}} \qquad (10-9)$$

式中,O、D 分别为出发车站与到达车站;S 为多层次轨道交通线网内车站的集合;V_{OD}^{Transfer} 为从出发站点到目的站点的换乘次数;V_{OD} 为从出发站点到目的站点的出行总量。

4. 平均换乘时间

在多层次轨道交通系统中需要考虑乘客在各个制式的轨道交通系统中的换乘效率。相较于同制式内的换乘,跨制式的换乘可能存在重复安检、售票以及换乘物理距离较长等问题,因此换乘时间也会增加。平均换乘时间能够客观反

映城市群内多层次轨道交通系统对乘客的吸引能力;其值越长,则乘客出行的时间成本就越高。平均换乘时间的计算公式为:

$$C_4 = \sum_{a=1}^{A} t_a \cdot \frac{T_a}{\sum_{a=1}^{A} T_a} \qquad (10-10)$$

式中,A 为多层次轨道交通线网的换乘站总数;t_a 为换乘站 a 的平均换乘时间;T_a 为换乘站 a 的日均换乘量。

10.2.4 城市群多层次轨道交通运营一体化融合评价指标

1. 运输组织一体化

目前,城市群轨道交通的发展格局呈现出多层次、多制式、多主体等特点,其中多层次即拥有国家干线铁路、城际铁路、市域(郊)铁路、城市轨道交通四种层次的轨道交通网络,多制式即存在高铁、城际铁路、市域(郊)铁路、地铁、有轨电车等多种轨道交通系统,多主体即线网由多家公司进行投资、建设和运营。国铁、城际铁路、市域(郊)铁路、城市轨道交通的功能定位、服务对象、系统标准、建设主体等都不尽相同。基于这种情况,在各种铁路类型之间采用换乘衔接较为合理,因此对于城市群多层次轨道交通的一体化融合,提升各运营主体之间的一体化运输组织能力尤为重要。运输组织一体化也是评价多层次轨道交通在跨网运输过程中的关键指标。

该指标为定性指标。可以通过对比乘客跨网换乘的车站服务协同标准(如安检互认、导向协同等)、运营服务时间协同服务标准、运输能力协同服务标准等方面对指标进行综合评估。

2. 售检票一体化

票务管理涉及票制和清分,向上承接了乘客便捷出行的需求,向下牵涉各运营商的利益,是一体化运营实现的前提条件。售检票系统的差异是制约乘客跨网换乘效率的因素之一。在多层次轨道交通的一体化融合中,售检票一体化程度一定程度上影响整个系统的运行效率和融合程度;其值越高,则乘客在选择出行方式时无需过多考虑跨网换乘的时间成本,能够有更多的选择,同时提高售检票一体化程度对于运营主体来说能够极大地优化运营流程,提高运营效率,降低运营成本。

该指标为定性指标。可以通过对比票务数字化程度、多运营主体客票售票检票互认程度、是否设置统一的清算系统等方面对指标进行综合评估。

3. 运维资源共享程度

为了满足不同客运量的需求，不同线路所使用的轨道车辆不尽相同，车辆的检修资源和检修能力也因不同的运营主体产生差异。运维资源共享程度越高，则不同线路能够使用的检修资源越丰富，轨道车辆的检修效率越能提高，对于运营主体来说能降低其运维成本，充分调动线网的运维资源。

该指标为定性指标。可以通过对比车辆段共享程度、资源共享系统的建立、不同运营主体之间的运维互认制度等方面对指标进行综合评估。

10.3 城市群多层次轨道交通一体化融合评价指标赋权与计算

为了提高评价指标赋权的合理性，综合主客观赋权方法的优点，尽可能减少不良因素的影响，我们运用层次分析法与熵权法的线性组合来确定权重。

1. 层次分析法确定主观权重

（1）构造相对重要度判断矩阵。通常采用九标度法，即通过九个评价等级标度，将同一层次指标对比标度，据此构造出判断矩阵 A：

$$A = (a_{ij})_{n \times n} \quad (10-11)$$

式中，a_{ij} 为第 i 个指标 x_i 相对于第 j 个指标 x_j 比较得到的标度值。判断矩阵标度的定义参见表 10-2。

表 10-2 判断矩阵标度的定义

标 度	定 义
1	x_i 与 x_j 同样重要
3	x_i 比 x_j 稍微重要
5	x_i 比 x_j 明显重要
7	x_i 比 x_j 强烈重要
9	x_i 比 x_j 极端重要
2、4、6、8	x_i 与 x_j 的重要性标度值介于上述两个相邻的等级之间
1~9 的倒数	若 x_i 与 x_j 的重要性标度值为 a_{ij}，则 x_j 与 x_i 的重要性标度值为 $a_{ji} = \dfrac{1}{a_{ij}}$

(2) 判断矩阵一致性检验。一致性指标越接近 0 代表一致性越高。一致性指标的计算公式为：

$$CI = \frac{\lambda_{\max} - n}{n - 1} \quad (10-12)$$

式中，n 为一致性指标的数量；$\lambda_{\max}$ 是判断矩阵的最大化特征值。通过表 10-3 查找一致性指标的数量 n 对应的平均随即一致性指标 RI 标准值，进而计算一致性比例 CR。一致性比例的计算公式为：

$$CR = \frac{CI}{RI} \quad (10-13)$$

表 10-3　平均随即一致性指标 RI 标准值

n	1、2	3	4	5	6	7	8	9	10
RI	0	0.58	0.90	1.12	1.24	1.32	1.41	1.45	1.49

再判断一致性比例是否小于 0.1，当 $CR < 0.1$ 时认为该判断矩阵具有一致性。

2. 熵权法确定客观权重

(1) 使用极值法，数据标准化的计算公式为：

$$X_{ij} = \frac{x_{ij} - \min(x_{ij})}{\max(x_{ij}) - \min(x_{ij})} \quad (10-14)$$

$$X_{ij} = \frac{\max(x_{ij}) - x_{ij}}{\max(x_{ij}) - \min(x_{ij})} \quad (10-15)$$

式中，正向（收益型）指标使用式（10-14）处理，负向（成本型）指标使用式（10-15）处理。

(2) 信息熵的计算公式为：

$$e_j = -\frac{1}{\ln(m)} \sum_{i=1}^{m} h_{ij} \ln(h_{ij}) \quad (10-16)$$

式中，$h_{ij} = \frac{x_{ij}}{\sum_{i=1}^{m} x_{ij}}$。

(3) 各个指标的客观权重的计算公式为：

$$\omega_i^G = \frac{1 - h_i}{n - \sum_{i=1}^{n} h_i} \quad (10-17)$$

式中，$\omega_i^G \in [0, 1]$，$\sum_{i=1}^{n} \omega_i = 1$。

3. 线性组合赋权

定义层次分析法所获得的主观权重为 $\omega^{AHP} = \{\omega_1^{AHP}, \omega_2^{AHP}, \cdots, \omega_i^{AHP}\}$，熵权法所获得的客观权重为 $\omega^G = \{\omega_1^G, \omega_2^G, \cdots, \omega_i^G\}$，则线性组合赋权的计算公式为：

$$\omega_i = \mu \omega_i^{AHP} + (1-\mu) \omega_i^G \tag{10-18}$$

式中，$\mu \in (0, 1)$。

参考文献

[1] 梁君,付保明,张宁,等. 都市圈轨道交通票务一体化研究[J]. 城轨交通,2023,20(1):72-76.

[2] 刘鹏,曲思源. 智能高铁运营技术与应用[M]. 广州:华南理工大学出版社,2022.

[3] 曲思源. 城际铁路运营组织与管理[M]. 北京:中国铁道出版社,2017.

[4] 应慧刚. 长三角高速铁路运营管理实践与探索[M]. 北京:中国铁道出版社,2013.

[5] 谭彬. 都市圈区域轨道交通一体化运营问题与对策——以粤港澳大湾区为例[J]. 综合运输,2022,44(8):143-148.

[6] 广州市交通运输研究所. 珠三角城市群线网票务政策一体化研究[R]. 广州:广州市交通运输研究所,2021.

[7] 李晓玉,苏跃江,谭静. 粤港澳大湾区轨道交通一体化发展思考——以广州为视角[J]. 交通与港航,2021,8(4):17-24.

[8] 马建军,李平,邵赛,等. 智能高速铁路关键技术研究及发展路线图探讨[J]. 我国铁路,2020(7):1-2.

[9] 冯小芳. 高速铁路综合运输计划协同编制方案研究[J]. 铁道运输与经济,2020,10(42):32-37.

[10] 史俊玲. 国外高速列车技术特点及发展趋势研究[J]. 中国铁路,2016(1):100-103.

[11] 李樊,杜呈欣,王志飞,等. 城市轨道交通智慧车站建设研究[J]. 现代城市轨道交通,2023(7):16-20.

[12] 靳俊. 高速铁路列车运行控制技术——调度集中系统[M]. 北京:中国铁道出版社,2017.

[13] 杨光,裴瑞江. 高速铁路客运乘务管理与组织实务[M]. 北京:中国铁道出版社,2013.

[14] 陆海亭,付保明,张宁,等. 城市轨道交通车站智慧运营管理模式研究[J]. 现代城市轨道交通,2023(5):18-22.

[15] 曲思源. 高速铁路运营安全风险管控[M]. 上海:科学技术文献出版社,2020.

[16] 殷勇. 高速铁路长大隧道应急处置信息系统关键技术研究[J]. 中国铁路,2020(10):78-83.

[17] 中共中央,国务院. 交通强国建设纲要[A/OL]. (2019-09-19). https://www.gov.cn/zhengce/2019-09/19/content_5431432.htm.

［18］张安锋，黄骁，朱春节. 高质量发展背景下上海市轨道交通网络规划与实践［J］. 交通与运输，2023，39（3）：30－35.

［19］夏宇，谭衢霖，李然，等. 城市群高速铁路线网规划评价指标体系研究［J］. 中国铁路，2019（2）：107－113.

［20］石硕，倪苇. 铁路BIM联盟成员单位——中铁第一勘察设计院集团有限公司，基于BIM＋GIS技术的铁路工程管理系统研发与应用［J］. 铁路技术创新，2020（4）：24－28.

［21］王文峰. 动车组智能技术探索［J］. 中国铁路，2020（9）：14－12.

［22］王同军. 铁路5G关键技术分析和发展路线［J］. 中国铁路，2020（5）：1－6.

［23］李新毅，李海鹰，张伦，等. 高速铁路运能评估系统的设计与实现［J］. 铁道运输与经济，2018，4（40）：42－47.

［24］李启翮. CTCS－4级列车控制系统研发关键点分析［J］. 铁路通信信号工程技术，2016，13（1）：1－5.

［25］蒋先国，陈兴强. 智能牵引供电系统现状与发展［J］. 中国铁路，2019（9）：14－20.

［26］刘鹏. 城市群区域城际轨道交通线网规划评价指标体系研究［J］. 现代城市轨道交通，2010（2）：6－8，80.

［27］潘昭宇，张天齐，唐怀海，等. 多层次轨道交通"四网融合"体系研究［J］. 交通工程，2020，20（4）：1－8.

［28］李平，邵赛，薛蕊，等. 国外铁路数字化与智能化发展趋势研究［J］. 中国铁路，2019（2）：31－37.

［29］史天运，孙鹏. 铁路物联网应用现状与发展［J］. 中国铁路，2017（12）：1－6.

［30］陈光伟. 铁路信息系统应用技术［M］. 中国铁道出版社，2017.

［31］黄民. 新时代交通强国铁路先行战略研究［M］. 北京：中国铁道出版社，2020.

［32］陈海伟，巫瑶敏，徐士伟. 广州城市轨道交通衔接设施用地配置模型与应用［J］. 都市快轨交通，2020，33（6）：40－45.

［33］陶志祥. 都市圈轨道交通"四网融合"规划理论与实践［C］∥交通治理与空间重塑——2020年中国城市交通规划年会论文集. 中国城市规划学会城市交通规划学术委员会，2020，12：875－883.

［34］郭婷. 我国都市圈轨道交通"四网融合"发展程度评价研究［D］. 北京：北京交通大学，2022.

［35］王帅，徐士伟. 广州南站综合交通枢纽优化提升研究［J］. 品质交通与协同共治——2019年中国城市交通规划年会论文集. 中国城市规划学会城市交通规划学术委员会，2019（10）：1－11.

[36] 徐士伟, 叶树峰, 赵雪, 等. 广州市城市轨道交通网络规划实施评估及建议 [J]. 城市交通, 2022, 20 (2): 41-52, 10.

[37] 巫瑶敏, 徐士伟, 谭明基, 等. 广州市轨道交通衔接设施评估体系构建与应用 [J]. 交通工程, 2023, 39 (5): 28-35.

[38] 徐士伟, 叶树峰, 莫琼, 等. 国外铁路数字化与智能化发展趋势研究 [J]. 城市交通, 2021, 19 (6): 21-28, 38.

[39] 邓毛颖, 徐士伟, 房庆恒. 基于站城融合的广州铁路客运枢纽布局规划优化策略研究 [J]. 铁道运输与经济, 2021, 43 (8): 78-83.

[40] 山琳. 适用于市域快线特征的交通衔接与TOD研究 [J]. 都市快轨交通, 2020, 33 (6): 27-33.

[41] 徐士伟, 马美娜, 苏业辉. 双循环背景下公铁联运枢纽集疏运一体化——以广州东部公铁联运枢纽为例 [J]. 综合运输, 2023, 45 (8): 11-17, 24.

[42] 刘尔辉, 徐士伟, 李远安, 等. 站城融合背景下山地城市环城市域快铁交通一体化研究 [J]. 交通工程, 2023, 23 (5): 35-42.

[43] 胡必松, 肖畅. 城市群轨道交通网络化规划评价研究 [J]. 铁道工程学报, 2022, 39 (2): 7-13.

[44] 吕颖. 都市圈综合轨道交通线网布局评价指标研究 [J]. 铁道标准设计, 2021, 65 (4): 25-30, 35.

[45] 蔡润林, 何兆阳, 杨敏明. 轨道交通四网融合的发展需求、内涵和路径——以长三角城市群为例 [J]. 城市交通, 2022, 20 (5): 13-22, 30.

[46] 陶志祥. 大城市轨道交通一体化探讨——以广州市为例 [J]. 交通工程, 2020, 20 (5): 14-20, 27.

[47] 陈菁菁, 罗钦. 城市轨道交通车站智能化管理：理论与实践 [M]. 广州：华南理工大学出版社, 2023.

[48] 张艺帅, 王剑, 潘鑫. 我国都市圈综合竞争力指标体系建构研究 [J]. 城乡规划, 2023 (5): 9-19.

[49] 刘鹏. 城市群区域客流出行特征与服务需求分析 [J]. 广西师范学院学报（自然科学版）, 2014, 31 (1): 88-91.

[50] 卢春房, 卢炜. 综合立体交通运输体系发展策略 [J]. 铁道学报, 2022, 44 (1): 5-11.

[51] 姚恩建. 引领综合交通理论创新, 助推城市组群协同发展 [J]. 清华大学学报（自然科学版）, 2022, 62 (7): 4-4.

[52] 李连成. 研判好远景规模, 把握好交通基础设施适度超前建设的"度" [J]. 中国发

展观察, 2022 (8): 47-49.

[53] 刘向阳. 城市轨道交通枢纽治理: 理论框架与运作模式 [J]. 中国铁道科学, 2022, 43 (5): 190-200.

[54] 卢春房, 张航, 陈明玉. 新时代背景下的交通运输高质量发展 [J]. 中国公路学报, 2021, 34 (6): 5-13.

[55] 吴威, 曹有挥, 张璐璐, 等. 基于供给侧的区域交通发展水平综合评价——以中国三大城市群为例 [J]. 地理科学, 2018, 38 (4): 14-22.

[56] 廖创场, 李晓明, 洪武扬, 等. 交通流空间视角下粤港澳大湾区网络结构多维测度 [J]. 地理研究, 2023, 42 (2): 256-268.

[57] 周正祥, 毕继芳. 长江中游城市群综合交通运输体系优化研究 [J]. 中国软科学, 2019, 8: 71-81.

[58] 沈炜, 周林意. 公众参与下交通基础设施公私合作项目风险分担再谈判演化博弈 [J]. 同济大学学报 (自然科学版), 2022, 50 (5): 39-45.

[59] 黄海军, 高自友, 田琼, 等. 新型城镇化导向下的城市群综合交通系统管理 [J]. 中国科学基金, 2018, 32 (2): 96-105.

[60] 杜宇玮. 长三角加强交通基础设施互联互通的关键问题及对策 [J]. 江南论坛, 2021, 3: 6-8.

[61] 陈小鸿, 周翔, 乔瑛瑶. 多层次轨道交通网络与多尺度空间协同优化——以上海都市圈为例 [J]. 城市交通, 2017 (1): 20-30.

[62] Clifton K, Muhs C D. Capturing and Representing Multimodal Trips in Travel Surveys [J]. TRANSPORTATION RESEARCH RECORD, 2012 (2285): 74-82.

[63] Clauss T, Doeppe S. Why do urban travelers select multimodal travel options: A repertory grid analysis [J]. TRANSPORTATION RESEARCH PART A - POLICY AND PRACTICE, 2016, 93: 93-116.

[64] 陈艳艳, 路尧, 孙浩冬等. 国家综合立体交通网下的城市群交通一体化——以京津冀城市群为例 [J]. 中国公路, 2021, 9: 40-43.

[65] 向爱兵. 加速交通运输变革, 助推经济高质量发展 [J]. 宏观经济管理, 2022, 7: 20-26.

[66] 华智, 钟莹莹, 李朝阳. 东京轨道交通发展经验及启示 [J]. 江苏建筑, 2017 (2): 6-9.

[67] 倪金城. 大巴黎都市圈城区与郊区融合的纽带: 巴黎市域 (郊) 铁路 [J]. 城市轨道交通, 2021 (2): 26-31.

[68] 景国胜, 黄荣新, 徐士伟, 等. 粤港澳大湾区轨道交通体系发展的思考 [J]. 城市交

[69] 陶志祥. 都市圈轨道交通"四网融合"规划理论与实践 [J]. 2020 年中国城市交通规划年会论文集,2020:45-48.

[70] 陈川,鲁婧,丁冬冬. 都市圈视角下的珠三角轨道与用地协同研究 [J]. 2020 年中国城市交通规划年会论文集,2021:5-8.

[71] 马小毅,刘明敏,卢泰宇. 现代化都市圈轨道交通规划思考与广州探索 [J]. 都市快轨交通,2020(6):22-26.

[72] 王修华. 多层次轨道交通互联互通研究 [J]. 铁道勘察,2022(3):22-25.

[73] 刘新杰,马小毅,陈建均等. 基于分层轨道交通客流视角的"轨道上的大湾区"规划思考 [J]. 交通与运输,2022(4):26-31.

[74] 谭国威,宗传苓,王检亮,等. 深莞惠都市圈轨道交通发展问题与对策 [J]. 城市交通,2018(5):30-35.

[75] 广州市交通规划研究院. 广州市交通发展年度报告(2022 年)[R]. 广州:广州市交通规划研究院,2022.